汉画像石中的树形图像研究

臧之筠　王志刚　著

学苑出版社

图书在版编目（CIP）数据

汉画像石中的树形图像研究 / 臧之筠，王志刚著
. — 北京：学苑出版社，2023.9
ISBN　978-7-5077-6735-3

Ⅰ．①汉… Ⅱ．①臧… ②王… Ⅲ．①画像石—研究
—中国—汉代 Ⅳ．① K879.424

中国国家版本馆 CIP 数据核字（2023）第 155345 号

责任编辑：乔素娟
出版发行：学苑出版社
社　　址：北京市丰台区南方庄 2 号院 1 号楼
邮政编码：100079
网　　址：www.book001.com
电子邮箱：xueyuanpress@163.com
联系电话：010-67601101（销售部）、010-67603091（总编室）
印　刷　厂：北京银宝丰印刷设计有限公司
开本尺寸：787 mm×1092 mm　1/16
印　　张：13
字　　数：260 千字
版　　次：2024 年 1 月第 1 版
印　　次：2024 年 1 月第 1 次印刷
定　　价：68.00 元

作者简介

臧之筠，出生于1980年1月，黑龙江省北安市人，汉族，硕士，东华大学艺术设计专业毕业，江苏理工学院艺术设计学院副教授，研究方向为视觉传达设计。2014年4月，论文《基于民族文化探讨我国艺术设计的发展》发表于《艺术与设计》；2019年1月，论文《汉画像石中树纹的文化内涵与美学特征》发表于《当代文坛》。

王志刚，出生于1978年9月，黑龙江省北安市人，汉族，硕士，东华大学艺术设计专业毕业，江苏理工学院艺术设计学院副教授，研究方向为视觉传达设计。2016年9月，论文《汉画像石中树纹的审美特征》发表于《艺术评论》；2019年2月，论文《电影画面的色彩对视觉传达设计的影响研究》发表于《电影文学》。

前　　言

　　汉画像石是中国美术独具代表性的视觉形式。汉代的艺术是综合整体的，常通过图像进行表达，通过技法、样式、色彩表现，创造出生动的视觉形象，以造型艺术的图像形式来感动观者。汉画像石、画像砖作为建筑构件，具有建筑的开放性与实用性，以及装饰图像的艺术性，往往会对观者形成视觉冲击力。汉画像石是完美的汉代艺术，通过图像形式集中呈现，人们对其审美认识与思维在当时就已经展开。

　　汉画像石所描绘的扑朔迷离的宇宙世界，莽莽苍苍，横无际涯，具有一种荡人心魄的巨大震撼力。这种深沉雄大的艺术气魄，是时代的产物。只有伟大的时代才能产生伟大的艺术。两汉时期是中国历史上最灿烂辉煌的时代之一，是一个英雄辈出的时代。在强大统一的中央集权制的宽阔历史舞台上，各类英雄人物应时而出，上演了一幕幕慷慨雄壮的历史剧。汉画像石就是从这片沃土上生长出的一株艺术奇葩。作为典型的丧葬艺术，它表现的是生者祭祀、悼念死者的永恒悲剧题材。但在艺术表现上，汉画像石并没有将死亡描绘得凄凄惨惨、悲悲切切，而是充满了对未来、对生命的乐观与渴望。就这一点来说，汉画像石称得上是古典现实主义与浪漫主义完美结合的典范。一方面，它作为丧葬艺术，必须正视和尊重社会礼制和风俗，把当时祭祀祖先的场面加以提炼加工，尽可能准确、真实而又细致地表现出来；另一方面，它又力图表现人们对战胜死亡的渴望。将个人的生死放到宇宙世界的永恒变化中去进行表现，这本身就是一个伟大的艺术命题。用远古神话去描绘宇宙世界，使汉画像石不仅具有一种扑朔迷离的神秘魅力，而且充溢着一股朴野古拙的力量。

　　从考古发现看，汉画像石是发现最多、数量最大，也是画像内容最为丰富的汉代美术作品群。在其存在和发展过程中，汉画像石所取得的巨大艺术成就，使它不仅成为汉代以前中国古典美术发展的巅峰，而且对汉代以后的美术发展也产生了巨大且深远的影响。主要由汉画像石创立和发展起来的汉代绘画艺术原则，为汉代以后的墓室壁画，特别是中国画所继承。魏晋以后，随着犍陀罗佛教造型艺术的传入，中国的石刻艺术走向了新的发展方向。从在中国美术史上承前启后的巨大作用来说，汉画像石是一座巍然屹立的艺术丰碑。

　　汉画像石树形图像是汉画像石的重要组成部分，从汉画像石的各类题材中都可以看到树形图像的影子。本书主要将汉画像石中的树形图像作为主要研究对象，探究树形图像的艺术特色及价值。

　　笔者在撰写本书期间，得到了很多前辈的专业指导，在此表示诚挚的谢意。对于汉画像石中的树形图像的研究是笔者不懈追求的，但由于此书内容涉及面广，且个人观点难免带有一定的主观色彩，书中仍存在不妥和疏漏之处，恳请各位专家批评指正。

臧之筠

2023 年 4 月 1 日

目　　录

第一章　汉画像石概述

汉朝是中国历史上一个极其重要的时期。政治方面，汉王朝探索并逐步健全了与当时的政治体制相配套的各种制度；经济方面，土地私有制与商业经济得以持续发展，小农经济成为国家稳定的赋税来源，官僚、豪族、富商的经济实力增强；思想文化方面，汉初七十年改用"清静无为"的黄老学说治理天下，但也带来了种种难以解决的社会问题，汉朝统治者最终选择了刚柔有节的儒家学说作为统治思想。汉朝产生了把深沉的理性精神和大胆的浪漫幻想结合在一起的生机勃勃、恢宏伟岸的汉文化。汉代是汉民族形成的重要历史时期，它奠定了中华文化坚实的根基，所形成的社会制度与文化精神长期影响着中国历史的发展方向。

汉朝是一个伟大的时代，极尽铺张的汉赋、规模宏大的宫殿、深沉雄大的汉画像石在这个时代产生。

汉朝人民开拓进取，活力四射。建功立业、求富逐利是汉代社会民众的常有心态。汉画像石构成的天上、仙境、人间、冥界图像世界，具有开阔的意境与磅礴的气势。

汉画像石的想象力与表现力极其丰富。例如，流传最广、影响最大的西方昆仑山西王母与东方蓬莱神话的结合，便是新时代文化交融的产物。祖先的墓葬往往负载着子孙后代的深厚期望，墓中的画像将墓主人未竟的心愿与生者的所有期盼都变为"现实"，去表现生死这一永恒主题。汉画像石把神话—历史—现实打成一片，以雄强古拙的气势和力量表现了人征服占有外部世界的胜利和乐观精神。同时，汉画像石所反映的艺术精神毫不含糊地肯定了人的伦理道德精神的崇高性，反对人的兽性化，反对一切残忍的反人道的行为。儒家人道主义精神在汉代得以保持和流传下来，终于成为不可动摇的中华民族的传统精神。

工艺设计文化产生于劳动实践，工艺美术是它的一种呈现形式，物质文化与精神文化由结合到疏离的过程对工艺美术并未造成大的冲击。物质文化和精神文化分化出来之后，原来的兼有物质和精神双重性的工艺美术并没有分解。其延续长达数千年乃至上万年，并且逐渐扩大着自己的领域，品类越来越多。在造型领域，物质文化可分为生产用品工艺与生活用品工艺，精神文化也有民间美术、宫廷美术、文人美术、宗教美术的分类。在其绵延发展的过程中，物质文化的工艺美术，由于与日常生产生活联系密切，因此本身分化不明显，但精神文化的艺术形式分类逐渐清晰，同时，兼有物质文化和精神文化特点的艺术形式也不断出现。汉画像石本身即为建筑构件，图像雕刻与彩绘为建筑装饰，这些建筑技术属于物质文化范畴；图像内容则表达汉代人的理想与希冀，反映精神文化追求。它们融物质文化与精神文化为一体，是工艺设计文化在汉代的具体反映。汉画像石以其丰富的内容、生动的形式为我们展现出汉代"深沉雄大"的大千世界，标志着工艺设计文化的空前繁荣，在中华艺术发展史中占据着重要位置。

汉画像石的工艺设计文化特点在墓葬与建筑艺术中逐步发展：一是建筑、雕刻、绘画的综合性；二是画面载体的多样性与灵活性；三是画面题材的丰富性。工艺设计文化在汉代空前繁荣，汉画像石的发展状态充分显示出工艺设计文化的旺盛生命力。（见图1-1）

图 1-1 汉画像石拓片

汉画像石艺术保持着与原始艺术的联系，从远古的岩画、新石器时期的彩陶、商周的青铜器到先秦楚地的漆器，再到汉画像石，可以看到中国古代艺术的发展轨迹。就汉画像石的整体而言，深沉雄大是其共性特点，但山东、苏北、皖北、豫东地区风格凝重，南阳地区隽秀，四川地区奇丽，陕北地区古拙，具有各自鲜明的个性特征。丰富多彩的汉画像石艺术形式凸显着汉代艺术的生动性，展示着中国艺术在汉代取得的巨大成就。

汉画像石数量大，艺术表现力强，其画面组合方式与内容因时间、地域的不同而各具特色。它们往往以线条流动之美组织人物，构成全幅生动的画面。汉画像石、画像砖确立了或横或竖的长条幅的中国画款式。汉画像石、画像砖的表现方法均对后世的中国美术发展产生了深远的影响。

第一节　定义和类型

一、汉画像石的界定

汉画像石就是指在墓室、祠堂、门阙等建筑上表现一定情节的石刻壁画。汉代人称画像石为"雕画"，而"画像"一词源于宋代的金石学著作，如赵明诚的《金石录》以及洪适的《隶释》《隶续》等书中就多次使用此词，并沿用至今。它是跨越建筑、雕塑和版画的综合艺术形式，原本像壁画一样勾色涂彩，但大部分因时间久远脱落了。那时的雕与画是不分的，其制作程序是画工在打制好的石面上勾勒底稿，然后由石匠按画稿雕刻，最后再由画工上色，便算完成。

二、汉画像石的类型

（一）墓室画像石

墓室画像石就是在地下墓室中刻画图像，墓葬的规模与墓主生前的官衔及财富成正比。在发现的画像石总数量上，这类画像石占绝大部分。墓室建筑用材有全石材、砖石混构两种。有的墓中几乎所有石材上都有画像，有的是大部分石材上有画像，有的则只是在墓门的门扉、门框、横额等显要部位有画像。

（二）祠堂画像石

祠堂主要是祭祀祖先的地方。在汉代，常在墓室旁建立祠堂以祭祀墓主人。这种祠堂是地面上的一种小石屋，用数块石板搭成，祠堂内多刻画彰显墓主功德或教化子孙的题材。由于石板的材质坚固，因此一些石祠堂保留了下来，如山东嘉祥县的武氏祠、山东长清区的孝堂山石祠。

（三）门阙画像石

阙是我国古代设置在城垣、宫殿、陵园、祠庙等建筑大门两侧的高层建筑物，因此又称之为"门阙"。从史书或图片上都可以看到其身影，门阙是汉代建筑的重要组成部分，具有鲜明的民族特色。阙可分为土木结构和石结构两种，留存于世的多为石阙。如今我们见到的多为汉代墓葬前的石阙，常立于大型墓冢前，以示墓主人的地位和气派。

（四）石棺画像石

商周时期石棺画像便有了，但至汉代发展兴盛。厚葬之风的盛行将巴蜀地区的石棺雕刻艺术推到了一个高峰。考古证明，四川不但崖墓众多，石棺也众多，发现有画像的石棺近百具。

（五）摩崖画像石

摩崖雕刻的历史可以追溯到原始社会，在我国的内蒙古、新疆等地都有发现，是一种在山崖上进行雕刻的艺术形式，有题字、摩崖造像、岩画等。其中江苏连云港孔望山的摩崖画像具有较高的艺术成就，它是汉代唯一一处佛教和道教造像群，也是唯一一处与丧葬没有直接关系的画像石。

（六）崖墓画像石

崖墓就是建在悬崖上的墓室。古人常在高山上开凿山洞以安置遗体，此种丧葬方式在西南少数民族地区较为普遍。崖墓画像就是在磨平的石壁上雕画的艺术形式，它与墓室画像石特点相似。四川因多山，崖墓形式较常采用，且成为一大特色。

第二节　社会定位的考证及意义探究

汉画像石所反映的是汉代的民风、民俗、民情，其内容主要为墓主生前生活的写照，但也有对死后生活的企盼，是汉代中下层人士的遗存。汉画像石具有鲜明的时代和地域特征，它的产生是由当时的社会、经济、思想观念等多种因素决定的。

一、对汉画像石的社会定位的考证与研究

汉画像石研究从其产生到消失，从内容到形式，从墓葬到画面等，几乎涵盖了汉画像石的方方面面。但鲜有人提出汉画像石的社会定位问题，即它是汉代社会哪一个阶层的遗存，这是很有必要的。有人认为汉画像石墓是官僚、贵族特有的墓葬，还有人认为墓主人的身份在上到诸侯王、下到二千石的郡守之间。笔者对此有着不同的看法，认为汉画像石应是汉代中下层人群的遗存，它所反映的是民间、民俗的东西。

在迄今发现的用画像石做建筑材料的汉代地上、地下建筑中，没有一座建筑物的主人的身份在列侯或二千石以上。陕北汉画像石墓，从其纪年刻石看，墓主人有羽林、盐官、校尉、太守、长史、令、尉、丞、椽等，多为边将、府吏、地方豪富，未见贵族、王侯。有学者在对全国各大区域出土的汉画像石墓进行统计后得出，中小型汉画像石占总数的

2/3，但实际比例还要大，要占到3/4或4/5左右。因为许多小型汉画像石墓发掘后由于材料很少，没有形成报告公布。在考古调查中，我们曾发现在一些汉墓群中有多座带简单文饰汉画像石的小墓。在几个出土汉画像石的主要地区，没有发现一座汉画像石墓的墓主是王侯级的，即使发现的王侯墓也没有一座是用汉画像石的。王侯贵族等上层统治阶级用的多为"黄肠题凑"墓，或具有"黄肠题凑"的石结构墓，但石材上不刻画。徐州地区迄今已发掘清理了50座汉画像石墓，中小型为多，墓主人没有显赫的身份和地位。50座墓中，出铜缕玉衣的有两座，即睢宁九女墩汉画像石墓和拉犁山汉墓M1。有学者推测这两座墓的主人身份是列侯、大贵人或长公主，但并未把僭越因素算在内。即使推论成立，这类墓也只占徐州发现的汉画像石墓的4%。二千石以下官吏的墓葬有6座，占总数的12%。其余的40多座汉画像石墓的墓主人为商贾巨富和一般平民，占徐州发现汉画像石墓的80%以上。全国现存有20多处汉阙，官职最高的也不过二千石，如四川雅安的高颐阙、山东嘉祥的武氏阙等。山东、南阳能证明墓主人身份为二千石的汉画像石墓在发现的此类墓中占的比例也很小，表明汉代王侯贵族这些上层统治阶级在葬制中不存在使用石刻画像的传统。上述内容证明了笔者的论断，即汉画石刻是民间民俗的产物，其画面内容反映的也是当时的民俗、民风、民情。这就是对汉画像石科学的社会定位。（见图1-2和图1-3）

图1-2 汉画像石拓片 车马出行图　　　图1-3 汉画像石拓片 纺织图

研究文物主要靠历史文献，汉画像石也不例外。既然汉画像石是民间、民俗的产物，我们在研究它时就应从这一点切入，以民俗的眼光来看待它，从民间、民俗的史料中，从现行的民俗民风中去寻找依据。在过去，一些研究者在研究汉画像石时往往到官修的正史中找释文，如《史记》《汉书》《后汉书》等。这当然无可厚非，正史中的专史像《食货志》《舆服志》《五行志》《地理志》都是研究物质文化的重要文献。官修的史册主要是反映、记录统治阶级上层认为的大人物、大事件，这对汉画像石的宏观研究可能有用，但对其微观研究即画面所反映的民间信仰、生产生活方式甚至一些特别的事物用处不大，偶尔有只言片语与汉画像石中的某些事物相对应也只能回答是什么，无法解决为什么的问题。勉强地引用正史，有可能形成言之无物的空论。有学者在谈到汉代的厚葬习俗时，从正史中列出西汉封在南阳的侯王有22个，东汉有25个，因此助长了厚葬风,厚葬又成为南阳汉画像石产生和发展的主要原因。笔者不否认统治阶级的好恶会影响一些社会风尚,但从正史中找出的这些侯王与南阳汉画像石的产生没有必然的关系。首先,这些人不用汉画像石做墓,也就不可能直接带动汉画像石墓的产生和发展。其次,那些侯王很少的地区,如鲁南、陕北、四川的汉画像石墓也不少,我们又如何解释它在这些地区产生、发展的原因呢? 如果我们从其他方面能分析出汉画像石墓产生的原因,也许更有说服力。

经过几代人的研究,正史中可用于考证的资料都查找得差不多了,如果我们研究常见的汉画像石墓和汉画像石,再到这些书中去找,无异于缘木求鱼。不仅如此,还有可能桎梏汉画像石研究的深入,以致偏离方向。以上论述,并不是否定正史对研究汉画像石的史料作用,而是提倡在一些当时的诗、赋、方志、笔记、小说中找释文。另外,汉代的一些文献对当时正在发生的事不一定记录,而汉代以后的一些文献往往会把这些事物记录下来,如《穆天子传》《博物志》《古今注》《拾遗记》《搜神记》等。再者,现存的一些民俗、民风中仍能看到汉代民风的影子,也是我们研究汉画像石的"活化石"。如果我们能朝这个方向努力,汉画像石的研究工作将会更上一层楼。

在汉画像石的研究中,我们会经常看到一些研究者用古文献中的某一段文字来对应诠释某一方汉画像石。如用张衡《西京赋》中对"总会仙倡"的一段描述来对应解释徐州洪楼出土的两块汉画像石,认为画面所刻为"总会仙倡图",因为洪楼出土的两块石上所刻的百戏杂技图比较全面,上有戏车、象戏、鱼戏、龙戏、龟戏、虎戏、转石戏等节目,接着用《西京赋》中对总会仙倡的描写来与两石的画面内容一一对应解释。先不说对这两个画面内容诠释的对错,单就研究方法来说是略显简单了些。总会仙倡是当时京城中也不多见的一种大型的综合性演出,除非洪楼两石的石刻作者在京城看过演出,或看过张衡的《西京赋》,不然他不会刻得如此相像。笔者认为这种机会是很少的。即便石刻作者看过演出或看过张衡的《西京赋》,那么他把这些东西全都刻在石上放到墓里干什么呢? 作为永远的欣赏吗? 笔者认为这是不可能的。研究某一方汉画像石应该综合考虑,不能就画面论画面。事实上,不存在有某一方汉画像石根据某一段古文献而刻,而某一段古文字也不可能完全诠释某一块汉画像石。何况洪楼两石的内容非常庞杂,也有汉画像石所刻与历史文献记载确属同一事物的,但作为民间遗存的汉画像石画面与历史文献往往有很大差距。嘉祥武氏祠画像石中有两处关于王陵母的故事,此故事在《史记》《汉书》中均有记载。故事是这样的:项羽为了欲使王陵为己效力,将王陵母软禁,但对她还是相当好的。王陵使来时,见王陵母"东向坐"。这在当时是尊者的座位。《史记·项羽本纪》鸿门宴一节中,项羽坐的就是这个位置。此外,王陵母送王陵使时是"私送",即暗地里送行。但在汉画像石中,王陵使变为汉使,王陵母见汉使时是被士兵揪住的,王陵母自杀也是当着楚将的面,而不是在私送时。这说明一些历史故事在民间流传中被老百姓做了许多加工,反映在汉画像石这种民俗载体上,就不能与历史文献一一对应了。

二、对汉画像石隐含意义的探究

根据汉画像石内容中的某些信息来判断墓主人身份的做法，已为广大汉画像石研究者所摒弃，如根据《车马出行图》中车骑的情况来推测墓主人生前的官位等，而把画像内容看作墓主人生前生活的真实写照的观点还没得到应有的反思。这种观点认为，汉画像石的内容是墓主人生前生活的再现，是为了死后能继续过生前那种奢侈的生活而刻在石头上的。

东汉时期非常崇信"谓死如生"的观念，认为"死人有知，与生人无以异"，幻想生前的奢侈生活死后还会搬到"冥间"继续享受。有学者认为，汉画像石的内容既是为了炫耀墓主人生时的生活，也是为死后创造一个美好的环境。那些社会生活的画面，或是他们生时的直接写照，或是故意有所铺展，用来炫耀自己，当然也希望死后继续过这种生活。也有人认为，汉画像石体现一种强烈的欲望——人死以后并不是重复生前相关的生活过程，而是要发生质的转移——过不食人间烟火，渴饮玉泉饥食枣，甚至不食五谷、吸风饮露之类的仙人生活。日本著名考古学家林巳奈夫对汉画像石中所知车马仪仗的画像进行了详尽对比，并综合文献加以研究后说："这些图像并非如一般所认为是墓主官职地位的如实反映，而是反映了一般民众的愿望。就某一汉画像石的内容而言，到底反映的是墓主人生前的真实生活，还是对死后更高生活层次的企盼，这还要做一些具体的分析。"①

从宏观上讲，汉画像石的内容反映了汉代的生活，是汉代生活的百科全书和真实写照。但就个体汉画像石墓而言，其画像不是墓主人生前生活的真实写照，而是对死后生活的企盼。过去我们一些研究者之所以认为墓中的某些画面是墓主人生前的经历或生活的写照，有时是根据画像的内容推测的，更多的是根据画像的榜题推测的。许多考古资料证明这种观点是错误的。

汉画像石是中国历史上特有的在两汉时期厚葬的产物，它客观地反映了汉代的社会现象和历史文化，反映出汉代人对两汉时期以及汉以前历史的观点和态度，是对人类文明史的一个有力印证。通过对汉画像石的研究可以把中国两汉时期辉煌的岁月重新展现在世人面前，以弘扬两汉文化，让世界更加了解中国。汉前承周秦，后启唐宋，两汉400余年在中国历史上是一个重要时期，也是一个非常辉煌的时期。通过对汉画像石的研究可进一步丰富中国的美术史、体育史、歌舞史、农业、冶炼、军事、礼仪等方面的发展历史和汉代人对汉以前历史的认识以及对当时社会现象的认识。汉画像石是人类的文化遗产，我们应按照《中华人民共和国文物保护法》自觉地保护它。

笔者认为，汉画像石研究的任务应主要包括以下几个方面：探讨汉画像石兴衰的规律；阐述汉画像石中画面的含义，搞清每块画像石的性质和用途；弘扬汉画像石的艺术成就，研究它的起稿、雕刻、彩绘及配置；通过对汉画像石的研究使其成为专门的汉画

---

① 林巳奈夫. 后汉时代の车马行列［J］. 东方学报，1996（37）：191-212.

像石考古学学科。汉画像石研究涉及面很广，它同多学科进行交叉，要使汉画像石研究成为独立考古学体系还需要几代人的努力、完善和认可。

第三节　研究方向

21世纪，关心汉画像石研究的人们都希望它出现新的面貌，结出新的果实。值此之际，回顾一下过去的研究历程，可能十分必要。

1954年，中国考古学家曾昭燏主持山东沂南北寨村汉画像石墓的发掘与研究，拉开了新中国汉画像石研究的序幕，揭开了汉画像石研究的崭新历程。此后，大量考古调查发掘的新资料以各种不同的方式公之于世，规模不等的综合著录式图册相继出版，研究论文数以百计，还出现了专门研究区域汉画像石、武氏祠和武氏墓群石刻以及对汉画像石进行综合研究、汉画像石与东汉道教发展研究的著作。在这些研究论著中，新意迭出，把汉画像石研究向前推进了一步。

在实际的历史中，并不像历史学家通常说的那样，对历史的回顾决定了对未来的选择。起初的情形往往是，对未来的估计在相当的程度上左右着人们应回忆哪些历史，凸显哪一部分过去，强调什么样的遗产，突出何种传统。所以，任何所谓的"回顾""检讨"，几乎都是有立场、有预设的。历史不是自我呈现的，而是被叙述的，学术史尤其如此。因此，本节通过描述汉画像石研究的变迁之迹揭示各种方法的短长，从而显示出目前看来较为完善且有生命力的研究方向，这是本节的意义所在。

一、史料价值的发掘

史料价值主要是指汉画像石图像反映了当时社会的一些什么问题。通过对图像及汉画像石建筑的考察，学术界普遍认为其史料价值很高，史学大师翦伯赞在《秦汉史》第二版序中对石刻画像的价值给予了极高的评价。他指出："除了古人遗物以外，再没有一种史料比绘画雕刻更能反映出历史上的社会之具体的形象。同时，在中国历史上，也再没有一个时代比汉代能更好地在石板上刻出当时现实生活的形式和流行的故事来。""这些石刻画像假如把它们有系统地搜集起来，几乎可以成为一部绣像的汉代史。"[①]不仅如此，翦伯赞在该书中还大量引用图像和考古资料来证史，这在秦汉史著作中是少有的。

汉画像石的史料价值在20世纪初期就引起了学者们的关注。山东沂南北寨村汉画像石墓的发掘资料发表之后，考古学家曾昭燏、孙作云等马上就意识到了它的史料价值的重要性，著文论述墓中图像反映的当时人的思想观念。后来在这方面最著名的是考古

---

① 翦伯赞.秦汉史［M］.北京：北京大学出版社.1996.

学家信立祥，他对汉画像石，尤其是祠堂画像的布局反映当时人的宇宙观进行了深入的探讨，指出：从祠堂石刻画像的题材内容及其在祠堂内的布局看，当时人们把一座小小的祠堂看成一个完整的宇宙空间，这个无所不包的宇宙空间又划分为三个世界，即天上世界、仙人世界、人间现实世界。祠堂顶部象征着天上世界，两侧壁的最高位置象征着仙人世界，壁面的其他部位则象征着人间世界，石刻画像按其内容分别被安排在象征这三个世界的位置上。通过对这些画像内容的考察，可以非常清楚地看到当时人们所理解的人与上天、仙人的关系以及人与人之间的关系。

汉画像石的史料价值远不止在思想史上，对研究汉代社会的方方面面，诸如当时的经济生活、典章制度、风俗习惯、艺术等都是不可多得的图像资料。对图像的分类叙述有助于人们了解某种或某类图像在当时的流行情况，以及它们对研究汉代社会的意义。

在学者们发掘汉画像石史料价值的同时，凡涉及中国古代史各个方面，尤其是研究汉代史各个方面的著作，如美术史、音乐史、舞蹈史、服饰史、饮食史、体育史等，相关学科的学者无不使用汉画像石的图像资料。我国文物专家、考古学家孙机在研究汉代的物质文化时更是大量使用了汉画像石图像，是用汉画像石图像研究物质文化史的典范。

二、图像内容与榜题的考释

利用历史文献对无榜题的画像石图像进行考释是解读图像内容的重要手段之一，但已有的研究中存在着不顾形象在画面中的位置以及整个画面的整体意义的问题。这些研究者只是拿着单个形象与有关的历史文献对照，觉得像文献中记载的什么东西就指认形象为什么东西，别人想反驳都很困难，只能置之不理。因此，对无榜题图像内容的考释要充分考虑到图像所在位置及其意义。（见图1-4、图1-5）

图 1-4　汉画像石拓片
徐州汉画像石艺术馆藏

图 1-5　汉画像石拓片　河伯出行
徐州汉画像石艺术馆藏

众所周知，汉画像石主要是为死者服务的功能艺术，除了一些用于装饰的花纹、补白的小像外，绝大多数图像在设计之初都是有其含义的。这个含义包括两个方面，一方面是整个建筑图像的整体意义，另一方面是单幅图像（画面）的意义。因此，要考释单个形象的名称及其意义，必须考虑到它在图像中的位置以及整个图像的意义，乃至整个建筑内图像的整体意义。否则，只是孤立地考释单个形象，不仅不能帮助人们正确解读图像，于学术无补，反而会引起混乱，与汉代人的想法南辕北辙，也浪费了自己的时间、精力和智慧。

用图像学方法研究汉画像必须充分考虑到当时思维的特点、思想的特点及丧葬礼俗的特点。汉画像石主要是为死者服务的功能艺术是毫无疑义的，但古人用图像的方式表现其功能时是不是很严密周到，却是个值得研究的问题。中国古代虽然出现过公孙龙那样的名家，却没有发展出一门能与现代逻辑学接轨的学问来。我们祖先的思维特点是不具备严密的逻辑性的，想说什么就说什么，有时虽然也摆出一些所谓的证据，但并不进行严格的论证，证据本身的来源有时也有很多问题，这一点在先秦诸子中都有明显的表现，到了汉代并没有多少改观。学者尚且如此，我们就更无法指望民间工匠用严密的图像形式来表达自己或当时的社会思想了，更多的时候，他们只能是象征地表示一下而已，所谓心到神知。因此，根据图像的布局，用空间位置来说时间的先后，把整个图像连起来，在有的建筑或图像中可能有用，更多的时候则难免把自己的意图强加给古人。在用图像学方法解释图像的含义时要充分考虑到当时思想的特点、思考问题的特点，以及用图像表现思想的特点。认知是可以，也是应该的，这样可以推动学术的进步，使研究更加深入。但对汉画像石这类古代历史文物的研究，如果不充分考虑当时的社会环境特点，单凭今天我们希望的逻辑整体去理解古人，可能会有离古人更远的危险。

图像内容与榜题的考释属个案研究的范畴，此类个案的深入探讨，不仅有助于我们正确解读图像，认识它是什么，对准确把握图像的意义也大有裨益。

对图像内容的考释从沂南北寨村汉画像石墓发掘之后就开始了，最先从事这项研究的是考古学家王仲殊，他结合古代文献对北寨村墓中的七盘舞进行了考证研究。曾昭燏等在出版的发掘报告中对有关内容做了大量的考释。以后，蒋英炬对热棒图的考释、赵化成对车的考释、郑岩对山东嘉祥武氏祠隋侯之珠的考释等，都是对汉画像石图像内容考释的成功之作。

汉画像石引起宋代金石学家赵明诚、洪适等人的注意，受到清代金石学家黄易、翁方纲、阮元等人重视的一个重要原因就是其上的榜题文字。榜题对于我们正确解读图像内容、了解图像的布局、探讨图像的艺术功能等都有很大帮助。

学者们对汉画像石榜题的考释主要集中在对 1973 年山东苍山城前村墓发现的元嘉元年（151）汉画像石题记和对 1980 年山东嘉祥宋山发现的永寿三年（157）汉画像石题记的考释。此外，对早年出土的山东东阿苫他君祠堂题记、北京秦君书佐石阙题记等也都有一定的研究。

通过对这些题记的研讨，可以看出，墓室和祠堂建筑在汉代仍有一定制度限制，秦君书佐石阙上的"迫于制度"所指即此。另外，墓室和祠堂的图像布局有一定的规律，苍山城前村墓汉画像石题记和宋山祠堂画像石题记分别记录了墓室和祠堂图像的布局，虽然不能断言有普遍意义，但至少是众多布局方式中的一种。

小块榜题的考释则增加了图像中可释读的内容，如信立祥对山东嘉祥焦城村祠堂后壁上"此斋主也"的正确释读，对帮助人们正确理解祠堂后壁图像具有重要意义。考古专家蒋英炬对山东博物馆藏早年出土于山东嘉祥的一块画像石上"案子"的考释，让人们认识到了图像上的晏子形象。

新发现的汉画像石榜题丰富了人们对汉墓室建筑和画像石图像的认识。例如，江苏邳州燕子埠元嘉元年（151）彭城相缪宇墓中的"守固吏"榜题告诉我们，当时把围绕主室的回廊称为"固室"。山东邹城面粉石厂新发现的孔门弟子图上的榜题让人们看到了汉代民间对孔门弟子组成的认识，23位弟子中，不仅没有颜回和子路，而且有几位不见于司马迁《史记·仲尼弟子列传》，如"口枢""颜侨"，这表明为此榜题作书的人心中孔子弟子的地位和司马迁心中的有所不同。不仅名字有出入，排序也不同，如"公冶长"排在第2位，"商瞿"排在第15位，"梁鳣"排在第22位，在《史记》位居其后的"颜幸"却排到了第1位。

汉画像石作为坟墓艺术中的一种，与壁画、画像砖等有共通之处，有的甚至共存于一墓之中。学者们在研究具体图像，如历史故事图、西王母图、天门图、车骑出行图、射爵射侯图时，未受到汉画像石的局限，而是把各类艺术品中的图像收集起来，综合分析，取得了令人瞩目的成果，但在对坟墓艺术进行综合研究时，又多是分而论之，忽略了其中的联系，笔者曾撰文梳理汉代墓室建筑装饰的发展与演变，以及墓室建筑装饰与随葬品的关系，但研究是非常初步和粗线条的，要把这一研究深入下去，还需加强汉画像石与其他坟墓艺术的比较研究，还要做更多的分析工作。

三、考古类型学的引入

考古学基础研究包括资料著录和研究两个方面。目前，对汉画像石考古学基础研究存在着资料记录方式简单的问题，迄今所见汉画像石资料，多以拓片的形式出现，少有原石照片和线描图。这样一来，当人们对着拓片谈汉画像石的雕刻技法时，只能凭过去的经验去想象，而初学者则几乎不知所云。有些汉画像石由于本身刻得不好或保存不理想，图像不易辨认，如果没有线图，读者根本无法检验报告描述的准确性。另外，有的拓片质量不高，极易误导学者。因此，为了促进汉画像石的研究，对汉画像石资料记录式的改进与多样化，使资料的记录与报告更加准确、清晰、全面是非常必要的。

针对汉画像石考古学研究目前存在的问题，蒋英炬从以下四个方面指出了要努力的方向：一是要正确认识和对待汉画像石实物标本；二是在汉画像石研究中，要更好地运用考古类型学的理论与方法，并借鉴别的学科有用的方法，进一步推进汉画像石考古研究和系列的建立；三是开阔视野，广泛占有资料，努力做出深入、系统的研究；四是对汉画像石坚持开展多学科的综合研究。这四个方面都应当引起人们的关注。

最早对汉画像石进行形式分析的西方人路德维克·巴卡霍芬用形式分析的方法将20世纪早期所知的汉画材料分为若干阶段。1961年，我国学者史肖研在对汉画像石进行形式分析时，仍以"空间概念"为衡量标准，同时考虑到地域因素。

20世纪60年代中期以后，随着汉画像石资料的日益丰富和考古类型学在中国的普及，中国学者开始自觉地、独立地把考古类型学的方法引入汉画像石的研究，这就把早些时候有的学者对某类汉画像石建筑的资料综述上升到学术研究的高度。学者们是把自己所在省或汉画像石分布区作为一个研究单元进行分布、刻法与分期的研究，取得了可喜的研究成果，其中用功较多的是关于雕刻技法和题材内容的分类、墓葬的型制分析与分期研究。汉画像石理论家信立祥对汉画像石祠堂和墓进行了全面的类型研究，不仅考察了建筑形态本身，还对图像的题材内容和布局进行了研究，是将类型学应用在汉画像石研究中的典范之作。

邢义田、曾蓝莹等学者对汉画像石作坊和格套的研究是考古类型学在汉画像石研究中的发展。邢义田在对汉碑、汉画和石工的关系研究后指出："当时的石工的确有固定的粉本，可以依样画葫芦。高明的石工也可以在不改变格局、不失画旨的情形下，做极富技巧的变化。格套可以方便一般的石工，对巧匠却似乎没有造成创作上的限制。讨论格套和创作变化之间的关系，还须注意到构成格套的单位和同一题材画像在整个建筑中的位置。不论是画像墓或祠堂，其画像总是由若干部分组成的。这些部分例如西王母东王公图、车马图、庖厨图、歌舞饮宴图等，如果由格套式的布局或内容组成，可以说构成一个格套的单位。"[1] 在分析汉代画像内容与榜题的关系时，他又指出："有些时候，虽然刻画某类的内容，已有固定为人熟知的格套，但是石工为了某些原因，做了超乎格套的变化，为了不使观者产生误解，还以榜题解决问题。"[2] 他在研究《七女为父报仇图》时，继续强调了格套对于汉代画像的重要意义。曾蓝莹以山东安丘董家庄画像石墓的制作痕迹为例，研究汉画像石的作坊、格套与地域子传统，认为应随着地域子传统流布的雕饰格套，来思考汉代画像石墓的拼组性格与雷同现象。正是从这一角度考虑，她得出结论，安丘汉墓不规整的画像制作，是在作坊与丧家之间较宽松的互动关系下展开的，它表现的不是哪一方的刻意设计，而是丧家在作坊提供的格套中拣选的结果。她还进一步指出："安丘董家庄画像石墓并非孤立的现象，它和汉代大山东地区的石刻子传统息息相关。而地域子传统所呈现的不只是画像风格的传递，还包括题材的流通与结构体的复制，这些都透过在墓葬营造中扮演关键性角色的雕饰格套具体而微。"[3]

① 邢义田.汉碑、汉画和石工的关系［J］.故宫文物月刊.1996（14）：44-58.
② 邢义田.汉代画像内容与榜题的关系［J］.故宫文物月刊.1996（14）：70-83.
③ 曾蓝莹.作坊、格套与地域子传统：从山东安丘董家庄汉墓的制作痕迹谈起［J］.国立台湾大学美术史研究集刊.2000（8）：33-86.

四、艺术功能的阐释

对汉画像石艺术功能进行阐释是为了认识汉代人对坟墓建筑进行装饰的意义和目的。对汉画像石史料价值的发掘是用今天的眼光看它反映当时社会的方方面面，而对艺术功能的阐释则是要探究当时人们的想法。虽然从某种意义上来讲，艺术功能阐释也是对史料价值的发掘，但两者的角度是有所不同的。学者们对汉画像石艺术功能的阐释主要包括以下三个方面。

一是对它整体功能的论述。这一方面蒋英炬的研究最有代表性。他指出："从汉画像石的产生背景，以及它作为墓葬及其附属在地面上的祠堂、墓阙等刻画装饰的存在形式，可以说汉画像石是为丧葬礼俗服务的一种功能艺术，是密切联系并从属于那些'鬼神所在，祭祀之处'的墓葬建筑物。其艺术功能不仅有装饰华丽的作用，更主要的是它充实了墓葬建筑物的内涵意义，而这种艺术功能是随着画像石墓葬习俗的发展，不断充实、丰富和完备的。"汉画像石艺术"为死者开辟创造了另一个神奇的世界，人死亡后进入的是'天人合一'的、祥瑞纷呈的、有各种神灵护佑的、可辟邪消灾的、能羽化升仙的、有理想道德规范的、充满着安乐生活享受的天地境界。这种为丧葬服务的画像艺术，对祭祀死者和为死者禳灾祈祥来说，足以使死者的灵魂得到满足和慰藉了"。最后，他总结说："汉画像石艺术功能的终极结果，是从属并满足着人们对死的观念和欲求，抚慰着生人的灵魂。为死者丧葬礼仪服务的汉画像石艺术，其实质是人们自身的艺术。"[①]

二是对单体建筑整体功能的研究，著名艺术史家巫鸿把这称为"中层研究"。美国著名的汉学家费慰梅最早提出对汉代石祠和坟墓建筑形态的重构和整体观察是对其艺术功能阐释的必要前提，她还试图复原武氏祠，虽然她的复原存在一定问题，但整体思路是正确的，后来蒋英炬和吴文棋的复原就是建立在她的研究的基础上。对于现存和可以复原的单体建筑，以及汉画像石题记，学者们对其艺术功能进行了研究，普遍认为，建筑形态和图像布局都反映了汉代的宇宙观念。巫鸿对武氏祠进行了"中层研究"，他认为，建筑的空间平面造成了三个图像群体，分绘于室顶、山墙和内壁。这三个群体表现了汉代思想的三项基本概念：室顶的祥瑞图反映了"天"或"天命"；山墙上的西王母和东王公象征了"仙"或"仙界"；内壁上的图像则表现了"人界"或一部汉代人眼中的中国通史。这一观点与信立祥对祠堂画像石的总体考察得出的结论是一致的。汉学家包华石以社会风尚和趣味说明画家风格的差异，他认为武氏祠画像风格反映了士人的美学价值观念，而朱鲔祠、打虎亭汉墓壁画等则是汉代富豪宦官阶层崇尚侈靡之风在艺术中的表现。

三是对具体图像意义的阐释。例如，日本考古学家林巳奈夫通过对汉画像石上车马

---

① 蒋英炬.关于汉画像石产生背景与艺术功能的思考［J］.考古，1998（11）：90-96.

仪仗的综合研究，认为这些图像不是墓主官阶地位的如实反映，而是反映了一般民众的愿望。笔者曾撰文专考汉画像石上的接吻图，指出它与汉代盛行的房中术有密切联系，而在一些汉代人眼中，房中术不仅是与性生活有关的养生术，还能使人长寿、助人成仙，还可以祛病消灾、转祸为福。考古学家赵殿增和袁曙光对汉画像石上"天门"及其图像组合进行研究，认为升天成仙是四川汉画像石画组合的主题思想。邢义田对所谓"树木射鸟图"进行研究，通过对该图构成的格套元件的解析，认为它实际上应正名为"射爵射侯图"，图中之人在桂树下弯弓射猴或射雀、鹊，应是取其射侯、射爵，以达富贵之意。

对具体图像艺术功能阐释用功最著名的是对汉画像石上伏羲、女娲和西王母、东王公两对主神的研究。美术史家陈履生从两对主神形象系统的模糊性特征中看到了内容的多义性和可做多种描述的特性。有学者认为，细审西王母画像，无论其坐姿、神态甚至个别须弥状宝座，均与佛教有某种联系，从而表明这类画像或许是西来佛教与东方道教相融合的艺术产物。美术史学者李淞全面总结了汉代艺术中的西王母形象，把西王母图像志分成核心图像、必要图像、辅助图像与区域图像，进而对图像观念与外来影响进行了探讨，最后指出，终乎两汉，伏羲、女娲神像依然故我，西王母图像却时时翻新。盖因它是中国人关于西方的神话，本身处于不断的扩充与变化之中，本来西方的观念、神话与图像，不会与它擦肩而过。而中国文化的选择，又受制于本土的传统和需要，传统以时髦方式在新形式中得以复活。西王母的"不死之药"的确神奇，在对传统图像观念不断修订或添加的过程中，似乎使得中国传统艺术也获得了一种不断周而复始的再生能力，并因此而永生。

在对汉画像石进行艺术史的研究时，要充分考虑到它本身的整体性，不宜将其分割以适应西方或自己新造的哲学或美学术语。

目前，在艺术史研究方面存在着简单套用一些西方哲学或美学术语的现象，有些学者不仅急于将问题上升到理论层面缺乏具体的分析，往往失之空疏，更为严重的是套用的术语是否与中国的传统文化相符也没有认真思考过，常常割裂图像的完整性以适应术语的解释，给人以削足适履的感觉。关于这一点西方学者早就有所警觉，马盖尔明确指出："为了正确地欣赏中国艺术，西方人必须把他们自己的先存概念全部扔掉，必须抛弃他们以前的艺术教育和文艺批评传统，以及所有从文艺复兴到目前的美学准则。西方人必须特别警惕不要随意把中国画家和著名西方艺术家加以比较，后者的鸿篇巨制覆盖了我们欧洲艺术馆的所有墙面。"[①] 数十年来，汉画像石研究成绩斐然，但其中也存在学术研究发展过程中必然会出现的问题，而进一步发扬成绩，减少问题的发生，并努力寻求新的学科增长点是未来研究的方向。

---

① 转引自巫鸿.国外百年汉画像石研究之回顾［J］.中原文物.1994（1）：45-50.

第四节　相关研究的阶段化分

汉画像石的发现和研究大体经历了三个阶段，即金石学阶段、考古资料积累阶段和综合研究阶段。

一、金石学阶段

第一阶段为金石学阶段，时间上大体从北宋末年到 20 世纪初。作为一种明显的地理标志，矗立在墓地中的汉代石祠堂、石墓阙及其画像，最先受到战争史家和地理学家的注意。东晋末年，戴延之在《西征记》中首次记载了今山东地区鲁恭墓前的石祠堂、石庙及其画像。北魏末年，地理学家郦道元在《水经注》中记述了今山东、河南南阳等地李刚、鲁峻、胡著等人的石祠堂及其画像。但是，这些石祠堂及其画像，都是作者在记述地理形势和河川时作为地理标志而写进著作中的，还算不上是汉画像石的学术性著录。

北宋中期以后，随着金石学的兴起，一些金石学家开始有目的地收集和著录汉画像石。北宋末年，金石学家赵明诚"访求藏蓄凡二十年"，积累了大量金石铭刻拓片资料，著成《金石录》三十卷，前十卷为目录，后十卷为跋尾，对藏品进行评论和考订，其中汉画像石拓片占了相当大的比重。书中首次著录了今山东嘉祥武氏祠的画像。该书由于主观欣赏的比重远远超过客观研究，因此对画像石记述非常简略，使读者很难通过其描述了解画像的具体内容。真正意义上的汉画像石著述，始于南宋洪适的《隶释》和《隶续》。《隶释》一书不仅收录了比《金石录》更多的汉画像石的题榜刻铭，而且对画像内容有了更详尽的描述和考证。在《隶续》中，收录摹写了包括武氏祠在内的山东、四川等地的大量汉代石祠堂、墓碑、墓阙上的画像，在汉画像石研究中首开摹录图像的先例。元明时期，学术废弛，金石学日衰，有关汉画像石的著作寥若晨星。清代以后，随着乾嘉学派的兴起，金石学复兴，这一阶段汉画像石研究的特点，一是资料主要来自未经科学调查和发掘的零散画像石，大多数学者甚至只以收集的拓片为资料，因此研究对象几乎都是地面上散存的石祠堂、墓碑和墓阙的画像，墓室画像石几近于无；二是著录和研究偏重题榜铭刻文字和历史故事画像内容的考证，对大量无文字题榜的画像石则很少加以注意。这种研究方法的局限，使金石学家不能对汉画像石做全面的、科学的考察。

二、考古资料积累阶段

第二个阶段约从 20 世纪初到 20 世纪 60 年代，这是一个用近代考古学方法积累汉画像石资料的阶段。1907 年，法国汉学家沙畹和日本古建筑学家关野贞分别调查了山东、河南等地的汉代石祠堂、石墓阙及其画像，并出版了印制精美的图录；1914 年，法国考古学家色伽兰等人调查了四川嘉陵江和岷江流域的汉代崖墓、石阙及其画像。在调查中，他们用考古学的科学方法进行了测量和记录，从而使汉画像石的研究开始走出金石学家的狭隘书斋，进入考古科学的庭院。与此同时，河南南阳地区的汉画像石也引起了文化界人士的关注。1930—1937 年，考古学家关百益和孙文青相继出版了《南阳汉画像集》《南阳汉画像汇存》，南阳汉画像石的风貌开始为世人所知。抗日战争期间，相关专家与学者分别调查了四川彭山、乐山和重庆附近的汉代画像石阙及崖墓画像。20 世纪 50 年代初，俗文学研究专家和藏书家傅惜华将所收集的大量山东地区的汉画像石拓片，编辑出版了《汉代画像全集》初编、二编。

研究方法也不再是简单地著录图像或孤立地进行画像题材内容的考证，而是将汉画像石作为考古学的研究对象，力图从整体上加以考察。最初，沙畹和关野贞结合汉代建筑形制和丧葬礼制对山东、河南等地石祠堂、石阙及其画像所做的研究，费慰梅对武氏祠的复原构想，都对汉画像石的研究起了推动作用。金石学家所忽视的汉画像石雕刻技法此时得到了充分重视。20 世纪 30 年代，美术理论家滕固在《南阳汉画像石刻之历史的及风格的考察》一文中，把雕刻技法的分析提到了首位，认为雕刻技法是决定汉画像石艺术风格的最主要因素。他通过与希腊、罗马石刻艺术的对比，将汉画像石的雕刻技法归纳为"拟绘画的"和"拟浮雕的"两大类，这一分类原则，仍未失去意义。

但这一阶段的研究，忽视了对社会关系的注意，对汉画像石本身的发展序列、同一建筑内不同内容画像之间的关系，特别是墓室画像与祠堂画像之间的有机联系还没有给予注意。因此，这一阶段只能认为是一个资料的积累阶段。不过，通过这一阶段的研究，汉画像石的地域分布及其雕刻技法、艺术风格特点已经被大体搞清，从而为进一步深入研究奠定了基础。

三、综合研究阶段

从 20 世纪 60 年代起，汉画像石的研究进入第三阶段即综合研究阶段。早在 20 世纪 50 年代末至 60 年代初，考古学研究已经开始注意了对隐藏在考古资料背后的社会关系的考察，并注意了考古资料所反映出的各地区发展的不平衡性和阶段性，这也正是考古学区系类型和分期断代研究的课题。正是在这种学术思想背景下，考古界开始了对汉画像石分区与分期的研究。在此基础上，汉画像石研究的各个方面，诸如雕刻技法、图像内容的解释和考证、图像的配置规律、各类题材内容画像之间的联系，汉画像石所反映出的汉代礼制、风俗、宗教信仰、汉画像石所属建筑的复原等专项研究也相继展开，汉画像石研究出现了一个佳作不断、异彩纷呈的新局面。（见图1-6）

图 1-6　汉画像石祠堂拓片

这一时期，各地考古工作者对不同地区的汉画像石的雕刻技法、艺术风格、题材内容等方面的特点和分期问题进行了深入研究，其中蒋英炬、吴文祺对山东地区汉画像石的产生条件、雕刻技法、分期所做的分析，代表了这一研究的新水平。在复原零散画像石的所属建筑方面，蒋英炬、吴文祺对武氏祠所做的科学复原，使这批久负盛名的零散画像石变成了有巨大学术价值的科学资料。而蒋英炬利用嘉祥出土的零散画像石对小祠堂的复原，对汉代墓地祠堂的形制有了新的认识。在综合研究方面，信立祥于1996年和2000年分别用日文和中文出版了《中国汉代画像石的研究》和《汉代画像石综合研究》，填补了我国这方面研究的空白。

第五节　区域分布和产生的社会背景

一、汉画像石的区域分布

两汉时期汉画像石分布相当广泛，覆盖面积占大半个中国，主要集中在黄河流域和长江流域，以黄河流域中下游为中心，东起胶东半岛，西到甘肃、四川一线，北自陕西榆林、北京、辽宁辽阳，南至浙江海宁、云南昭通一线。安徽、湖北、浙江、北京、天

17

津、甘肃、云南、贵州出土了一定数量的汉代画像石墓或画像石刻。四川、重庆以出土崖墓、汉阙、石棺、石函画像为主。

汉画像石在某些时期流行于某些区域，分布极不平衡，不同区域的题材内容和艺术风格又独具一定的地方特色。为了更好地研究它，考古学家按其分布的密集程度，把汉画像石划分为几个不同的区域。信立祥在《汉代画像石综合研究》一书中，把汉画像石的分布划为五大区域：第一分布区是由山东省全境、江苏省中北部、安徽省北部、河南省东部和河北省东南部组成的广大区域，其范围以山东省西南部和江苏省西北部的徐州市为中心，东起海滨、西至河南省的安阳和永城一线，北自山东半岛的北端、南达江苏省的扬州，汉画像石的发现地点已达 200 余处。这个地域所发现的汉画像石数量占全国汉画像石总数的 60% 以上。第二分布区是以南阳市为中心的河南省西南部和湖北省北部地区，其范围北起河南省的叶县、襄城，南至湖北省的当阳、随县。这里汉画像石的出现时间可以早到西汉中晚期之交，是汉画像石最重要的发祥地。第三分布区是陕西省北部和山西省西部地区。第四分布区是四川省和云南省北部地区。汉画像石集中分布在长江支流的嘉陵江和岷江流域。第五分布区是河南省洛阳市周围地区。

本节侧重对五大分布区域的分布状况进行具体论述，并从地方文化与雕刻技法的角度，考察汉画像石分布之间的交流与相互影响，探究产生的社会背景。

二、汉画像石产生的社会背景

（一）山东汉画像石产生的社会背景

山东是我国遗存汉画像石较多的地区之一。在全省 110 个县市中，已有 50 多个县市有汉画像石，地下不仅有装饰豪华的画像石墓，地上还有雕刻精美的画像石祠和画像石阙。从该区出土的昭帝时期元凤年间（前 80—前 74）的凤凰刻石、成帝河平三年（前 26）《麃孝禹碑》上的立鹤画像，还有肥城北大留带有五铢钱的西汉刻石，可以证明山东汉画像石早在西汉中晚期就产生了。

山东汉画像石不论分布范围、出土数量及精美程度，在全国都是首屈一指的。一方面，这是由于古老的"齐鲁"之邦富有鱼盐之利，农业和手工业齐头并进。西汉时期，冶铁、制盐、丝织等官营手工业居全国之首，经济发展遥遥领先，为厚葬之风的盛行奠定了经济基础。另一方面，山东又是孔孟故里，两汉宠儒之风最盛，在这一"天时"条件下产生了大量高级官僚，由此奠定了深厚的文化和社会基础。山东汉画像石因其发展周期相对漫长，表现技法丰富多样以及所处地理位置的差异等，艺术风格百花齐放。

山东盛产青石，而青石质地细密，适合于精雕细刻，因此，山东汉画像石以画面构图绵密、精美复杂著称。山东肥城孝堂山郭巨祠是东汉早期画像石祠，也是唯一一座完整的石祠。画面人物密密麻麻，紧密罗列，且多用阴线造型，忠实于生活的真实表达，因此风格精细繁密、平和隽永。

山东嘉祥的武氏祠则出现于东汉中期，宋代就有人考释著录，可见名气之大，其艺术水平也毫不逊色。从神话传说到历代帝王，从孝子游侠到现实生活，宛如一部浩浩荡荡的鸿篇巨制，宏大而丰富，浩繁而深刻，见证了儒家重名教、礼乐的思想。武氏祠画像石人物众多、构图紧密，而人物姓名及题记的文字绘刻，让画面显得更加精细典雅。作者在平整的石面上采用高妙的剔地手法，画面平起，轮廓高度概括，人物大多作八分脸（半侧面），忽略五官，剪影效果强烈，尽量曲中求直、大体大块，体现了儒家宽博大气、庄重含蓄的艺术风格，也反映了其"中和之美""充实之美"的审美观。如武斑祠的《荆轲刺秦王》，画师选择了剑拔弩张、千钧一发的时刻。只见荆轲怒发直冲，双臂上扬，呈进攻前倾立三角，被御医紧紧抱住，匕首穿柱而入，秦王则绕柱而逃，袖子被砍下半截，秦舞阳则吓瘫在地。一幅惊险紧张的画面，被刻画得从容庄重，简括的团块迸发出震人心魄的力量。

山东沂南因离孔孟故里较远，属于后楚文化和泛楚文化范围，因此具有浓郁的楚文化气息，如百兽率舞的大傩场面。沂南北寨村画像石墓当属东汉晚期，其艺术水平不亚于武氏祠，天上人间，古往今来，一片浑融，尽在倾力铺陈渲染中，足见墓主生前威仪，也暗含了儒家求功名的入世观。沂南画像造型准确生动，不同于武氏祠专注块面，以阴刻为主，用更多的线表现细节，使画面丰富而流畅，于浑厚中透出灵动。人物的衣纹刻画均匀流畅，与绘画"十八描"中的"高古游丝描"相似。它的用线艺术简洁、精致，如描绘大场面的乐舞、六博画像石（见图1-7），构图充实饱满、错落有致，生动再现了东汉繁荣的娱乐文化。

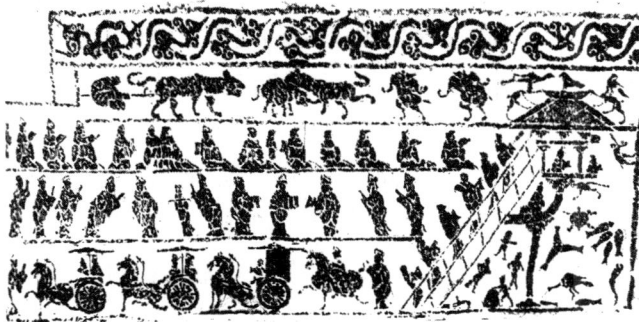

图1-7 汉画像石拓片 乐舞、六博 山东邹城郭里出土

（二）苏北汉画像石产生的社会背景

苏北、安徽、山东、河南省东部、河北省东南部同属于汉画像石第一个分布区域，是地域最广阔、汉画像石分布最密集的一个区域。在这个广阔的地域中，发现了最早的

汉画像石，2005 年，在清理徐州云龙湖西边的韩山汉墓时，发掘出两块西汉早期的汉画像石。徐州汉画像石的分布以苏北徐州地区为中心，向东、南、西三个地方呈放射状分布。

苏北地区是全国汉画像石较多的地区之一。从自然地理上说，它可以划分为徐州市及邻县的苏鲁山区与淮阴及扬州一带的江淮平原。苏北地区汉画像石主要分布在江苏省北部徐州，此区在地理上与鲁南连成一片，汉画像石的风格也基本上和山东南部相同。徐州是中国汉画像石集中分布地之一。

在汉代，徐州是国家重要的政治、经济、军事中心，又是全国重要的交通枢纽，自古就是兵家必争之地。同时它又是开国皇帝刘邦的故里，一直是汉代刘氏封国地所在，因此皇亲国戚、豪门贵族云集于此。这个地方的汉画像石分布有其自身的规律。整个分布以徐州为中心，向东、南、西三个方向呈放射状分布，渐远渐疏。

以徐州为中心的苏北地区的材质主要有石灰石和砂石两种。石灰石质坚而脆，青灰色泽，约占总数量的 80% 以上。砂石质地疏松，略呈黄褐色泽，约占总数量的不足 20%。这两种石材在苏鲁地区盛产，此画像石区域的江淮平原缺乏石料，据研究石材理应源于苏鲁地区。

江苏徐州曾为楚地，且离孔孟故里较近，因此苏北汉画像石出现了楚、儒交融的风貌，一反嘉祥画像的教化意义，而专注对现实生活的讴歌。徐州地区的材质与南阳有共同之处，其艺术风格也有几分相似，都以简约粗犷为美。但也有明显区别，徐州汉画像石一般面积较大，画面中人物众多、高楼林立、车马聚集，在画面的构成、人物组合及表现大型建筑物方面取得了丰硕的成果。自古徐州是兵家必争之地，题材内容上却多是纺织、家居、庖厨等生活场景，可见人们厌恶战争，追求安居乐业的生活。例如，徐州沛县出土的六博乐舞图，印证了"有朋自远方来，不亦乐乎"的好客传统。画面分三层，下层是客人马车停在一边，马夫正在给树下的马喂草。中层是宾主做六博游戏，酒具陈列在旁边，这里没有过多的礼教约束，只见一人低头指着棋面，一人高扬起手臂且眉飞色舞，两人可能在争论着棋局。上层则是为客人准备的乐舞，一舞者长袖翩翩起舞，一人则倒立于台上，旁边两人伴奏。画面形象简单，却透出楚文化的浪漫之风。又如庖厨饮宴图（见图 1-8），画面也分为三层，下层为庖厨，有人汲水，有人切菜、添柴等，忙得不亦乐乎，墙上则挂满了鱼肉；中层为随从人员恭候在两边，中间有侍者捧食而过；上层为饮宴者，四人排列开来，身后有侍者持便面（一种扇子）伺候。瑞鸟则左右两边聚集在屋顶上，一幅丰衣足食、颇显尊贵的图景，内容上有儒家秩序礼教规范，而形式上又不如武氏祠的敦厚，呈现出温文尔雅的风格。

图 1-8　汉画像石拓片　庖厨饮宴图
江苏睢宁张圩出土

（三）南阳汉画像石产生的社会背景

河南是我国出土汉画像石比较集中的区域之一，其中最具有代表性的是南阳市。南阳市是河南乃至全国出土汉画像石居冠的城市。

南阳位于河南西南部，地处中原，属于汉水流域。秦汉时被置为南阳郡，是汉代五大城市之一。从经济上来说，由于南阳郡地处南北交通要冲，成为当时全国最大的经贸集散地。汉时，就在这里设置了铁官、工官等官营手工业场，是全国闻名的冶铁中心。西汉时，南阳就因水利、农业和工商业高度发达而富冠海内。从政治上来说，这里曾是霍去病、张骞、王莽等人的封地，也是东汉开国皇帝光武帝刘秀的家乡，故而皇亲国戚、达官贵人集聚此地，形成了一个贵族阶层。加上发达的冶铁业为画像石的创作提供了便利工具，南阳盆地的山石为画像石的创作提供了充足的石料，这一切都促成了南阳拥有大规模的豪华陵墓。南阳汉画像石多采用石灰石刻制。因石灰石质坚而脆，不适合精雕细琢，因此工匠们因材制宜、扬长避短，运用洗练粗犷的雕刻手法。在形象的刻绘上，不拘小节，追求大形，放凿直去，形象生涩质朴，达到一种稚拙的审美境界。

南阳在战国时属楚国，楚地巫风浓郁、风俗奇诡，散发着浪漫主义的气息。南阳汉画像石直接采用了楚画新颖的题材，并有了进一步的拓展，且吸收了楚画的线条语言技巧，从而创造出富有运动美感的形象。南阳汉画像石犹如抒情小品，画面一般有 1～3 个形象出现，众多形象集中在一个画面的情况比较少，因此，构图疏朗，主题突出，没有汉代绘画多层次、满密的特点，且一般都在四周刻有边框。肆意洒脱，单纯空灵，丰富的想象力，澎湃的情感，使南阳汉画像石展现出了浪漫主义的神采。例如，河南邓州市祁营汉墓出土的《手搏图》（见图1-9），中间一武士披甲佩剑，瞠目弓步作空手立掌状，威武之气不可阻挡。左边一人已被他打得惨叫摔倒，右边一人正跨步挥钺，连蝎子、壁虎都跑来观战，两边回绕的龙凤则起了点缀烘托作用。画面不见丝毫矫揉造作，满是生命灵气的自由流淌。

图1-9　汉画像石拓片　手搏图　河南邓州市祁营汉墓出土

（四）川渝汉画像石产生的社会背景

四川汉画像石，不同于山东、河南、陕北三处，是因为它的种类繁多。属于画像石范畴的包括石阙、石棺、石函、崖墓等的雕刻。四川境内遗存的画像崖墓、画像石棺，为其他地区所不见或少见，汉画像石不仅数量多，而且精美绝伦，流行下限可能晚至三国蜀汉时期（221—263）。

四川及重庆在古时候称为巴蜀，这里山川纵横、物产丰富、人口众多，地理上的优势使这里成为一个繁华的地方。秦统一后，设郡县、兴水利、修栈道及移民巴蜀，中原先进的生产技术和文化在这里得以传播，促进了经济及文化的发展。同时，将冶铁业、纺织业和制盐业的产品销售到全国各地，繁荣了市场，拉动了经济增长。汉代的成都就是著名的手工业、商业中心。巴蜀得天独厚的地理条件、丰富的山石资源、发达的冶铁技艺，都推动了巴蜀地区的汉画像石艺术发展。

川渝汉画像石一般分为崖墓汉画像石和石棺汉画像石两大类。石棺由于选材精良，石质细腻坚实，容易实现精雕细琢。同时装饰上的认真投入，造型手法的一丝不苟、严肃认真，充满一种理性色彩。川渝地区由于偏于一隅，没有受过多礼教束缚，汉画像石中现实生活的题材很多，充分体现了当时人们对生活的热爱和追求，以及对生命力的崇尚，其造型优美、灵动。例如，成都曾家包东汉墓出土的《天府殷实图》（见图1-10）表现了家庭手工业和运输业的繁荣。远处的山层峦叠嶂，有野兽出没，一人正俯身射鹿；中间是一幅家庭画面，武器架上横列着矛、戟、叉、刀等，两旁各有一人在纺织；往下是有人在酿酒，另一人则赶着运粮马车从右边来。前边的广场上，一名妇女汲水，一名妇女烧饭，周围鸡鸭猪狗成群，叫声不断，到处洋溢着浓厚的生活气息。

图 1-10　汉画像石拓片
天府殷实图
四川成都曾家包东汉墓出土

四川的画像砖也很有特色，所谓画像砖，就是在未干的砖坯上，用阴纹木刻的模子捺印出阳纹装饰画面，然后入窑焙烧而成。与画像石一样是图像平起，堪称是姊妹艺术。四川画像砖摆脱了中原传统的固有模式，在题材和技法上都有创新。如一些罕见题材的运用，播种、收割、弋射、酿酒、制盐等，充分展现了汉代以农耕经济为主、其他副业兴旺发达的社会现实情况。

（五）陕北汉画像石产生的社会背景

陕西和山西两省以黄河为界，东西相邻。陕北和晋西为两个隔河相邻的汉画像石区，处于陕北黄土高原的北缘，是冈峦层叠、沟壑纵横的黄土丘陵地带，两区大致以长城为界，北临一望无际的沙丘和草滩。在全国范围内，陕西和山西两省是我国第三个汉画像石分布区，是一个独立形成和发展起来的区域。陕西汉画像石主要分布于陕北榆林地区和无定河流域，以米脂、绥德为最多，北部的榆林市，东部神木市、吴堡县、清涧县，西部的子洲县及横山区、靖边县等，也都有发现。20 世纪 50 年代以来，在陕北绥德、米脂、榆林一带，先后发现了一批汉画像石墓，并收集到不少零散出土的汉画像石。其题材内容和艺术风格与山西离石出土的汉画像石类同，故陕北和晋西北被视为汉画像石墓分布的又一集中地区。

陕北发掘的著名的汉画像石墓有和帝永元十二年（100）王得元墓和安帝永初元年（107）牛文明墓等。20 世纪 80 年代以来，在榆林地区神木、子洲等地新发现了一些汉画像石墓。另外，该区又收集了散存汉画像石 300 块，这样，陕北汉画像石墓分布又得到进一步扩大。

23

陕北位于中国北部地区，秦汉时与匈奴等民族杂居，且军事摩擦频繁。这里是汉朝抵御匈奴南侵的重要军事基地，也是汉朝通往北塞的交通要道。因此，国家在此要害地方进行了一系列的改革，国家政策的倾斜、内地先进技术的引进、各民族贸易的繁荣，都促进了该地区经济文化发展。同时陕北盛产页岩石料，为画像石提供了充足的物质材料。

陕北汉画像石构图规整对称、疏密得当，承袭了秦代法家的严谨风格。在形象处理上，不追求琐碎的细节。在处理曲线、细线和一些小的形象时，采用了类似剪纸中"连"的手法，各个形象之间紧密衔接，且多置于长形或方形的界格内，由此增强了画面的整体效果。陕西榆林的画像石具有较高的艺术价值，是黄土高原上的一朵奇葩。其画面形象轮廓简洁圆润，形象内部的阴刻线极其有限，很多地方直接用墨线勾勒或彩绘。因此，该地区的汉画像石拓片有一种剪影式的感觉。这种独特的艺术风格与陕北地区的剪纸不谋而合。同时，值得注意的是，在处理人物或动物等主要形象时，往往简洁到接近剪影，而在主要形象以外，又常装饰繁密的植物纹、云纹和工整的几何纹，由此，形成了"密不透风，疏能跑马"的对比境界。同时，此地的汉画像石色彩较其他地方突出，可能是天干色彩易于保存的缘故，程序是在雕刻好的石壁上以墨线或朱彩绘出图像细部。

从画像石的题材上来说，在陕北地区，人们似乎较少关注政治，历史故事的题材也较少，人们更关注的是社会生活。因此，汉画像石以牛耕、收获等农业生产为主，动物形象丰富，具有浑厚朴质的艺术特点。例如，绥德出土的《双牛耕田图》（见图1-11），一根横杠架在两头牛的身上，共挽一犁耕田，后跟跨步扶犁者。

图 1-11　汉画像石拓片　双牛耕田图
陕西绥德出土

第二章　汉画像石的工艺设计

关于汉画像石的工艺设计，本章主要分三节进行详细探讨：第一节探索汉画像石在制作初期的石材选择；第二节在第一节的基础上探索了汉画像石的雕刻种类，其中对雕刻技法做了初步引入，详细的雕刻技法会在第三章中重点详述；第三节借鉴前人研究对汉画像石的彩绘技术做了进一步探索。

第一节　选材

艺术的形式要依附于特定的物质材料，而材料和工具也会反过来影响艺术效果。因此，作为媒介的材料和工具本身也是灵感的源泉，常常提供很多形式因素去丰富艺术经验的表达。例如，中国的绘画材料主要是纸，西方则是油画布，中国的宣纸适合渲染神韵的艺术效果，西方的油画布则更方便精雕细琢。再如，版画有版画的味道，瓷器有瓷器的味道，而我们常见到的汉画像石资料，都是拓印下来的拓片，在纸上也会留下特有的金石味，可见材质不同，艺术效果也各有千秋。汉代人为什么会采用石头来构筑墓室呢？笔者认为这与古代人对石头的崇拜是息息相关的。当时，西方已经普遍采用巨石造神殿、坟墓或塑像，认为石头有灵性而将其作为神的象征物来崇拜，中国很可能受其影响。此外，石头材质坚固，可以保持墓室的永固。

一、石像的选材

自西汉昭帝、宣帝时期，就开始流行纯石墓室。墓室之所以不采用简单的壁画形式，而选择费时费工的石头来雕刻，是因为人们发现墓室的壁画在潮湿的环境里很容易被侵蚀毁坏。为了便于画面永久保存，人们便开始在石头上刻制图形，然后再施彩进行装饰，以达到壁画的效果。

汉画像石一般就近取材，因此带有画像的汉墓多集聚在山区。而平原地区的石材往往是从附近的山区通过水运的方式运输而来的。汉画像石一般采用青石或砂石。青石是石灰石的一种，石质较细，硬度较高，打平磨光后呈灰蓝色或灰白色。砂石也就是所谓的页岩，呈淡褐色，因其质地粗糙含砂粒，所以称为砂石。石质不同，画像石的艺术效果也会有所差异。例如，山东汉画像石多属于青石，适合精雕细琢，匠师将其表面打磨平整，再施以画刻，因此画面黑白对比强烈。例如，临沂汉画像石的形象造型可谓是精微之极，人物的眉毛、胡须均用阴线根根刻出，线条精细均匀，有的在人或动物身上刻绘有精细的直线纹、网纹或鱼鳞纹，与刺绣有异曲同工之妙。而四川的砂石，匠师则因材制宜，用未经打磨的毛料进行雕琢。石面本身具有石质的肌理，修整石面时又常留下刀斧纹，纹路不深且成行密布，或竖或斜，因此画面犹如雪雨般漫天飞舞，创造了一种独特曼妙的艺术效果，这就是所谓的"石花"。汉画像石常常在石面上以肌理的形式反映出石花，它以点的形式给人以美感，不仅记录了岁月沧桑，也记录了工匠们独特的技法和审美情趣。一般而言，石质粗糙的汉画像石有两种"石花"：一种是主体形象在石质凹处通过拓印的方式反映在纸上的白点，斑驳错落，自然生动；另一种是在形象外的背景上工匠凿纹留下来的刀斧纹，通过拓印，在大面积的白色中反映出黑色。两种"石花"一唱一和，打破了单调沉闷，给汉画像石增添了无限情趣。这种黑白相间、你中有我、我中有你的搭配方式，不仅丰富了艺术效果，也统一了整个画面，使汉画像石焕发出了勃勃生机和独特的金石味。同时雕刻技艺及用工时间也会直接影响到艺术效果，有的历经数月的精心打造，有的则仓促行事草草了结。

二、汉画像石的肌理

汉画像石在制作中有从粗石到细石的加工过程，由于各地石质与制作过程不同，所形成的石面肌理效果各异。汉画像砖由泥坯烧制，形成了砖面的肌理效果，在不同的区域也有差别。在造型艺术中，物质材料对造型形象不但起媒介作用，而且材料本身的表现肌理也直接构成形象的感性形式。颜色和大理石的物质特性不会在画和雕刻的领域之外。同样，石质肌理与砖质肌理的审美特性是由汉画像石、画像砖形象与形式组合而显现的。西汉早期的霍去病墓石雕是运用石质肌理雕刻而成的成功作品。其中的蟾蜍石雕就是运用一块类似蟾蜍形状的不规则石块，在头部用阴刻与阳刻线对五官稍加凿饰，其余保留石块的初始形状不做处理，使石块的石质肌理恰到好处地表现出蟾蜍的身体细节，达到形与神的完美结合。至于霍去病墓石质肌理的运用，是有意识的艺术表现，还是无意识的偶然现象，人们还在进行探讨研究。但1974年秦兵马俑的出土，其准确的比例、严谨的造型对霍去病墓石雕肌理的探讨结论有所帮助。

从现有的汉画像石材质看，多采用石灰岩与砂岩。石灰岩硬度高于砂岩，且质地比较细腻，因此石灰岩是汉画像石的首选材料。地域不同，石灰岩与砂岩的质地与色彩多有变化，就砂岩而言，苏北砂岩的质地比较松、略呈黄褐色，四川乐山、重庆的砂岩呈红色，陕北的砂岩颜色多为灰蓝或灰红，质地软。画像是通过石材的材质表现的，石灰岩与砂岩的质地与色彩的丰富性形成了画像石肌理的材质变化。

汉画像石肌理表现受当地画像石的艺术特点与雕刻方法的影响。南阳汉画像石浪漫生动、隽秀奇丽，以明显凸出感觉的隐起雕刻，呈现出石材材质、石材本身肌痕、所凿刻的肌痕三者自然统一的肌理效果。

山东武氏祠风格规严质朴，工整细腻，汉画像石以起伏不大、较为平整的凸面刻制作，显现出刻意加工后的石材材质的细密严实的肌理效果。四川汉代画像崖墓分布于大河的岸边山壁，具有巴蜀文化特点，在红色的砂岩上用隐起刻与起突刻制作，以砂岩的粗糙肌理表现突起面较高的画像，砂岩石材质地与画像有机融为一体。

汉画像石的肌理有以自然为主的石纹肌理和以人工为主的石纹肌理两种类型，以自然为主的石纹肌理以河南南阳唐河针织厂汉画像石墓为典型（见图2-1）。该墓是南阳汉画像石墓的一个早期墓葬，选用唐河寥山的石灰岩，凿制石料130块，在1.60米深的方形土圹里砌筑石结构墓室，其中雕造汉画像石74块。这些汉画像石保持了所用石料的较粗糙石面，没有进行另外的打磨，显现了南阳汉画像石早期墓室建筑结构与装饰用石的艺术处理的统一性。该墓画像风格粗犷生动、浑厚朴实，形成了几种类型的画面肌理。

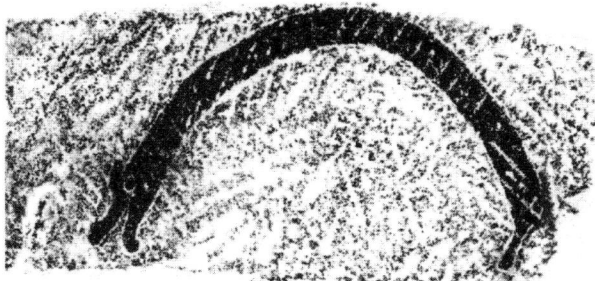

图2-1　汉画像石拓片　虹霓　河南南阳出土

（一）以自然为主的石纹肌理

这种肌理以石质的自然粗糙纹理经常出现在画面的主体形象与背景上。南阳唐河针织厂汉画像石墓的拔剑武士、高祖斩蛇画像都表现出了画面的肌理。拔剑武士画像用长幅画面刻画一武士，目视上方、拔剑出鞘、威风凛凛、英武雄壮，石的自然裂痕贯穿于武士画像与背景上，画工石匠利用石之裂痕，恰石面质地粗糙，且有道道裂痕，所以每个人物的外轮廓和身体内部细节均依据石面的裂痕刻画，或长或短，或浅或深，与石面肌理浑然一体，粗犷豪放的形象呼之欲出。

该墓画像有意识地选用质地不同的自然石纹，形成不同肌理的对比变化。例如，在晏子见齐景公画像中，画面横排一行人物，全部在自然的粗糙石纹上雕刻。为反衬这种粗放的人物形象，把形象外底子似用小凿平整地凿去一层，留下石面自然的细小纹路，以对比增加形象的感染力。

在墓顶十二块汉画像石组成的天象图上，以规则的、动势强大的石纹肌理形成整体神秘美感。画面用一种肌理方式表现，在粗糙的石面上大胆地凿刻画像，背景不加任何修饰，呈现出方向一致的石痕肌理。这种石痕可能是在分解石块时自然保留下来的，是画师工匠先于画面接触的无意识行为。规则凿痕的整齐排列更容易表现石质的坚硬感，同时又呈现出石质的雕琢之美。

（二）以人工为主的石纹肌理

下面以山东汉画像石为例进行分析。山东汉画像石的形式多样，石椁墓室、石室墓室、石祠、石阙因存在形式与画像内容有别，肌理的表现方法也不同。我们以平整的石面肌理、背景垂直凿痕肌理、背景水平凿痕肌理、几何形凿痕肌理进行分类，探讨它们的表现特点。

平整的石面肌理：从长清孝堂山郭氏祠堂可以看到，画像石的石面磨合十分光滑平整，依据现在当地石匠对汉代石所做技术判断，可能是利用石块相互打磨而制成的。该祠堂壁面为阴刻线与凹面刻，阴线刻的阴线不深，凹面刻的凹面平整亦不深，因此就要求石面处理得平整细腻，以显示出画像的风采。正是因为有了光洁平整的石面肌理，才能够衬托出画像所依存的阴刻线与凹面。

背景垂直凿痕肌理：山东武氏祠画像严整规范，画像的组合一般呈现横向排列顺序。画像形象凸出面平整，形象之外的底上凿刻整齐又有所变化的金石细线。这些凿刻之线缠缠绵绵、规规矩矩、齐而不板、密而不实。即使今天模仿武氏祠画像制作，也很难做出这种垂直凿线的艺术效果。

背景水平凿痕肌理：武氏祠武氏东阙子阙身东面画像竖向展开，画面中连弧纹框饰内有捧盾的人物与升腾的龙、虎图像，为加强人物与龙、虎的联系与画面的统一，人物与龙、虎的背景用水平凿痕肌理石纹装饰（见图2-2）。而在同一子阙身的北面画像，背景用垂直凿痕肌理石纹进行对比表现。

图 2-2　汉画像石拓片　山东嘉祥出土

几何形凿痕肌理：山东西汉画像石椁墓开始以几何图形与图案进行表现。其方法常以平行凿线刻画成几何图形与图案。在山东临沂庆云山 2 号墓石椁左侧板内壁画像中，左右两端单元画像相同，中间为圆壁，外套方形框。圆壁用垂直与水平凿线相交形成，方形框内以水平凿线凿成变化的多个三角形组合。

几何形凿纹肌理是汉画像石早期的一种画像表现方式（见图 2-3），在西汉中期的河南南阳湖阳镇汉画像石墓的墓门也是以雕琢的几何形图案来表现画像的。由此看来，以自然为主的石纹肌理与以人工为主的石纹肌理两类方法，实际反映肌理表现的发展过程。在汉画像石的开始阶段，人们对构图的理解还比较模糊，于是借用天工，自然地使之统一。但当认识发展到一定程度时，便采用一种人工处理的肌理来表现艺术形象。南阳汉画像石似乎较多地反映了早期画像石的肌理特点，山东汉画像石则较多反映晚期汉画像石的肌理特点。心理学家鲁道夫·阿恩海姆认为："在人类发展的早期，其所拥有的一切意象都是借助于图与底之间的简单分离而造成的：代表事物的图看上去明确、有特定的结构，而且从一个没有边际、没有特定形状、均匀同质，看上去不太重要或常常被忽略的'底'中分离或突出出来。"[1] 图是指画面形象轮廓线内的面；底是指画面形象外的背景。在图的关系的讨论中，鲁道夫·阿恩海姆既重视形象研究的本身，也注意底在艺术中的作用，汉画像石的肌理表现对塑造画面形象起到重要作用。汉画像砖的木模制作决定了汉画像砖的平整砖面，它与汉画像石的平整石面肌理有接近的艺术功能。

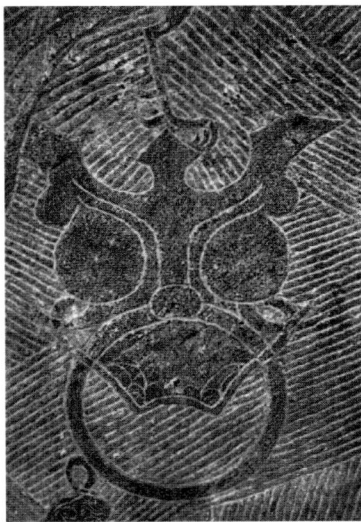

图 2-3　汉画像石拓片　墓门
南阳汉画馆藏

以人工为主的石纹肌理在东汉时期的南阳也经常使用，南阳麒麟岗汉画像石墓画像雕刻精美，人物背景凿痕规则处理，形成规矩的人工肌理底面，衬托出生动的人物形象。

① 鲁道夫·阿恩海姆．视觉思维［M］．滕守尧译．北京：光明日报出版社，1986.

按照爱因斯坦的相对论，任何事物本身都存在着一定的模糊性与不确定性。模糊的观念与清晰的观念同样具有表现力，模糊的形象与明确的形象一样具有表现力。由于看不到具体的造型，因此形象显得含蓄多变、深邃莫测，反而为情节表现提供了充分的再创造的空间。

第二节　雕刻种类

从良渚文化的玉琮，到江西新干大洋洲出土的晚商玉神人兽面形饰、战国的镂空青玉龙凤纹佩，均可视为中国装饰石刻艺术的渊源。汉画像石继承了中国石刻艺术的传统，呈现出鲜明的艺术风格。

在汉画像石墓及祠堂的题记中可以看到汉代工匠雕刻的过程，先进行构思，然后进行"刻画"，"刻"是具体运用的制作方法。王符在《潜夫论》中也谈到"工匠雕刻，连累日月"，使用了"雕刻"一词。后来，汉画像石在研究过程中使用"镌"的术语。北魏郦道元的《水经注》中也记叙："水南有汉荆州刺史李刚墓……熹平元年（172）卒，见其碑。有石阙，祠堂石室三间。"这里记叙金乡山家前石祠、李刚墓祠堂的丰富画像都是用"隐起"刻的方法制作的。由此，我们看到古人对汉画像石已经有"刻画"与"隐起"两类不同方法的分类。这里指出的"刻画"与"隐起"和"似绘画的"与"似浮雕的"方法与内涵是不同的，"刻画"与"隐起"是对画像石建筑构件表现方法的称谓区别，显现出雕刻效果的具体差异，它们同属于汉画像石的传统建筑装饰体系。而"似绘画的"与"似浮雕的"方法是把具有中国传统特点的汉画像石分成了平面的"绘画"与有体积感的"浮雕"。"绘画"与"浮雕"都是西方传来的美术术语，各自都有具体的含义与分类，如果按此细分，汉画像石推理会存在误差，不能准确地表达汉画像石的中国传统建筑装饰特点。因此，对汉画像石以"刻画"与"隐起"两种大的雕刻分类进行深入研究是有效的。宋代李诫在《营造法式》一书中对中国石刻的雕镌方法进行了具体的总结，该书认为"雕镌制度有四等：一曰剔地起突，二曰压地隐起华，三曰减地平钑，四曰素平"。《营造法式》是中国木构建筑最早的理论书籍，是研究中国传统石刻技法分类与定名的重要依据，其雕镌制度分类总结了中国传统石刻的基本特点，汉代建筑构件的汉画像雕刻方式也包括在内。《营造法式》的四项石作雕镌制度，前三项有"剔地""压地""减地"的提法。"地"是石材的表面，是平面的。"平钑""素平"的刻法，是指雕镌后的画面是平面的，似应属于"刻画"系统。"起突"与"隐起华"也是相对于石材平面而言的，是建立在平面基础上的"起突"与"隐起"，似应属于"隐起"

系统。"隐起华"中"华"的意思可以理解为"装饰"，对隐起部分要进行必要的艺术处理，使其保持平面装饰特点。由此看来，中国传统石刻艺术在雕镌过程中要制造平面装饰图像，同时，雕镌分类是基于"刻画"与"隐起"两种类型的（见图2-4）。以"刻画"与"隐起"两个表现系统归纳，汉画像石主要有线刻、凸凹面刻、隐起刻、起突刻等雕刻方法。

图 2-4　汉画像石　西王母　山东博物馆藏

汉画像石早期用阴线刻制，西汉永城梁王墓出土画像石以叶状树与鸟形图像阴线表现。阴线刻在发展过程中与其他雕刻方法有所结合，同时独立成为一种表现方法。阴线刻保持了石材原有的平面感，与《营造法式》所载石作雕镌制度的"素平"刻法较为一致，其石面朴素平整，物象统一在石面的整体感觉上，是汉画像石最基本的平面装饰类型。阴线刻是中国石刻艺术的主要表现手段，它所表现的形象镌刻进石质的内部，保持着石材表层的平面形状。汉画像石的建筑构件功能表面是平整的，比较适应阴线刻表现（见图2-5）。因此，最早的汉画像石是以阴线刻出现的，而且呈现不同的刻饰方法。在汉画像石的发展过程中，逐渐出现了物象的凸凹面变化、隐起与起突的造型变化。为了保持汉画像石的平面装饰性能，在物象的凸凹面上刻以阴线，隐起与起突的形状上刻以阴线，一方面深入表现了物象的个性特征，另一方面减弱了物象的体积表现。同时，纯粹阴线刻的方法也继续向前发展，重庆江津沙河乡水浒村长沟延熹二年（159）2号崖墓以阴线刻制楼阁与阙，山东临淄光和六年（183）王阿命祠汉画像石以阴线刻制画像。汉画像石中线刻的另一种形式是阳线刻，但其出现数量较少。山东平邑县楼阁汉画像石楼阁用阳线，也显示出平面装饰特点。

图 2-5　汉画像石　东汉仕女
南阳汉画馆藏

　　凸凹面刻包括凸面与凹面两种刻法：凸面刻把石面磨平，物象之外减地，物象平整凸显，凸显平面以线刻饰细部；凹面刻在石面上，减压物象使物象低于石面，成稍有弧度的凹像面，凹像面以线刻饰细部。相对于石面而言，两种刻法有不同之处，前者物象是凸显平面，后者物象为凹入平面。相同点为无论凸显面或凹入面，都是平面或近似平面，它们与平整的石面具有相同的平面特性。凹面刻的形成时间较早，西汉中期枣庄小山石椁墓出土的汉画像石中已经使用。凹面刻在凹面上施阴线。凹面刻是在阴线刻的基础上发展起来的，至东汉中期山东长清孝堂山郭氏祠时，画像中的光滑平面以阴线为主，并兼用部分凹入的平面，使画面增加变化，成为汉代画像中独树一帜的风格。阴线刻刻下一条线，凹面刻刻下一个面，这个面也可以说是阴线刻的扩大面，它保留着阴线刻的传统，与阴线刻密切结合。这种结合，一是在凹下面上施阴线，二是画像中有些用凹面刻，有些用阴线刻，形成复杂的视觉形式。孝堂山郭氏祠汉画像石应是其成熟作品的代表。凸面刻在陕西绥德黄家塔永元二年（90）辽东太守墓纪年画像石中出现。至东汉晚期，凸面刻进一步得到发展，陕西的榆林、山西的离石、山东的济宁和临沂、江苏的徐州、安徽的定远、河南的新密等地的汉画像石使用了凸面刻。由于地域不同，凸面刻的形式也存在差异。山东嘉祥武氏祠石刻具有代表性，作为武氏家族的墓地，"墓群石刻主要建造于桓、灵时期（147—189）"，时间长达 40 多年。在制作过程中，首先磨光石面，然后确定物象轮廓，轮廓外刻细密直线纹，以行减地最后以极细阴线刻画物象细部，形成武氏祠的凸面刻画像风格，显现出严密整合的图像程序。山东嘉祥武氏祠画像石与长清孝堂山郭氏祠画像石分别是凸凹面两种刻法的代表。它们所刻画的形象都是以面表现的，比较直观地反映出面在汉画像造型中的重要作用。在这类画像石中，各种物象的面连续成为一个大的画像平面，统一简洁的剪影式效果表现出严密工整的平面装饰特点（见图 2-6）。

图 2-6　汉画像石
朱雀、铺首、应龙、独角兽
西安碑林博物馆藏

　　隐起刻是在汉画像石发展过程中逐渐形成的一种刻法。将石面平整后，在物象外剔地，有些石面在剔地时留有凿纹图案，物象内用阴阳线刻饰细部。西汉中期，隐起刻开始出现；西汉晚期与东汉时期，隐起刻得到了广泛使用，盛行于河南、四川、山东、皖北等地。西汉中期南阳唐河胡阳镇汉画像石墓开始使用隐起刻方法。该墓的连弧纹门楣画像用隐起刻雕刻。至西汉晚期，南阳唐河针织厂、唐河电厂、唐河冯君孺人等 5 个汉画像石墓均使用了隐起刻方法，反映了隐起刻在一个地区集中发展的过程。以唐河冯君孺人墓汉画像石为例进行分析，在雕刻后的石面上对物象轮廓外的部分减地，并处理物象轮廓与石面的关系，使物象呈凸起状，然后用阴线表现物象细部（见图 2-7）。这种雕刻方法在东汉时期得到发展并在全国普及，它们共同具有物象相对的平面表现特点，物象的隐起限制在一定的高度，物象隐起层面是有一定弧度的平面造型，其细节用阴阳刻线来表现，运用的是平面装饰手法。

图 2-7　汉画像石　双鹿、人面虎　南阳汉画馆藏

西汉晚期，起突刻业已使用。山东平阴新屯画像石墓前室门扉辅首，凸起石面1.5厘米，主室隔墙的人面像鼻高出脸面2厘米。东汉晚期的四川王晖石棺画像上面为辅首，下面为启门的女子半身像，物象起突可高达5厘米以上，以简练明了的阴线刻饰细节，较好地表现了转折的形体；形象的处理采用象征性手法，启门女子的面部及身体各部只相对地表现隆起高度，依靠人体的外轮廓造型界定该女子的基本形象部位，造成视觉的空间感，达到了平面装饰效果。起突刻根据起突高度与特点呈现多种变化形式但无论起突高度增加多少，物象的表明均具有相对的平面性，上面要在可视的平面上刻饰阴线，进行画面表现。

四种雕刻技法中，前两种是属于刻画类，后两种属于隐起类。刻画类是先有阴线刻，又在阴线刻基础上形成凹面刻，然后又发展了凸面刻。隐起类是相对于刻画类的凸凹面刻来说的，是根据物象的凸起高度形成的，因此它的隐起刻凸起度高于凸凹刻，而起突刻又高于隐起刻。在大的划分范畴中，刻画类与隐起类技法是汉画像石建筑装饰的两种外在形式，但在具体刻法的使用中，两者是交互存在的。阴线刻在西汉早期山东的石棺墓、河南的梁王墓中开始出现，西汉中期的南阳汉画像石墓出现了凹面刻与隐起刻，山东画像石椁墓出现了凹面刻。西汉晚期，南阳汉画像石墓中凹面刻也有出现，但隐起刻已普及发展，形成了一定的规模；在山东、苏北、豫东、皖北，隐起刻开始出现；在山东，凹面刻得以发展，起突刻也有所表现。东汉时期，南阳汉画像石室墓中隐起刻形成了固定的模式，加上图面的构成效果，形成了南阳的隐起刻风格。山东的凹面刻从东汉中期出现，一直到西汉晚期，成为有代表性的山东风格；隐起刻也贯穿在东汉时期的发展过程中。与山东隐起刻一样，苏北、豫东、豫中、皖北的雕刻方法以隐起刻为主，同时也有凸面刻不断出现；陕北、晋西北以凹面刻作为风格统一的发展方向；四川则以隐起刻作为一致的使用方法，也出现了起突刻方法。

在发展过程中，刻画类较早于隐起类雕刻方法出现，刻画类中的线刻是产生各种刻法的基础。线刻中，阴线刻最早出现，凹面刻与隐起刻同一时期出现，凹面刻实际是阴线刻的一种变化形式，由线扩大到面。就局部来讲，线与面有量的区别，但就整体而言，面是扩大了的线。在视觉的宏观视野下，阴线与凹面都是凹下的物象形体概念，因此凹面刻源于阴线刻。隐起刻与凹面刻之所以同期出现，大概与汉代人的阴阳认识论有关，历史学家顾颉刚指出："汉代人的思想的骨干是阴阳五行。无论在宗教上，在政治上，在学术上，没有不用这套方式的。他们用的演绎法，先定了一种公式而支配一切个别的事物。其结果，有阴阳之说以统天地、昼夜、男女等自然现象以及尊卑、动静、刚柔等抽象观念。"[①] 有阴必有阳，万物负阴而抱阳，隐起刻实际是一种阳刻，是阴刻线扩大为凹面刻形式后由阴到阳相反方向变化的一种形式。丰富多样的雕刻方法组成了琳琅满目的外在形式，形成了汉画像石的独特艺术风貌。（见图2-8、图2-9）

---

① 顾颉刚.秦汉的方士与儒生［M］.上海：上海古籍出版社，1998.

图 2—8　汉画像石　方城县东关画像石墓门
南阳汉画馆藏

图 2-9　汉画像石
人物画像石
山东博物馆藏

第三节　彩绘艺术

一、汉画像石彩绘的发展历程

汉代画像石刻，以其深沉博大的艺术雄风，豪放强悍的霸气和涵盖汉代社会历史的、百科全书式的丰富内容而闻名于世，在中国美术史的进程中占据着十分重要的地位。由于年代久远，加之人为的破坏和自然因素的影响，汉画像石表面受到了不同程度的侵蚀和损坏，致使五彩缤纷的、类壁画又立体感极强的原始艺术面貌，未能完美地展现在世人面前，这似乎成为汉画像石研究中的缺憾。

近年来，南阳市滨河路彩绘画像石墓和天津蓟州区小毛庄汉墓的相继科学发掘，为汉画像石表面施彩现象的考察和进一步研究，提供了较为全面的珍贵的实物资料。

汉代画像石的制作工艺，一般认为是构图、雕刻、施彩三道程序。

构图：在凿平的不同部位的石材上，按照墓葬画像的总体设计，用朱笔或墨笔勾勒出物体的外轮廓线，"画师"线描定稿后，再由石工进行雕刻。

雕刻：汉画像石的雕刻技术随着时间的推移不断发展变化，技法多种多样，最详尽的分类可达 10 余种。笼统地讲，早期的技法以凹面刻和凹面阴线刻为主；中晚期，则多见凿成横竖纹衬底的浅浮雕和平底浅浮雕。

施彩：采用的矿物颜料，与汉代壁画颜料相同。榜题文字类系用朱笔沿阴线刻的凿痕描红而成的。

绘画类分为两种：第一种，在已刻好的画像上，按物像的不同，照壁画的设色或平涂或线描。例如，脸部五官中的唇施红色，面部施白色，眉、鬓、须、头发皆施黑色，建筑物部位上加绘朱色或靛青色等；或在"较粗"的石面物象大致轮廓内，将省略的物象细部进行细微的补充处理，如在石刻的人眼之上加绘黑眉等。第二种，比较特殊，唯见杨官寺画像石墓一例，因凹下去的人物形体小如拇指，受工具的限制，不能细刻，故画师在极小的天地里，用画笔绘画人物，这种石刻与绘画的结合，在其他地区尚属少见。

勾勒画像轮廓，或进行"线描"和画像通体设色，是汉画像石的头、尾两道关键性程序。画稿决定石刻的成败，设色决定石刻的效果。单这两道工序，若施在帛上，即为帛画；若施在墙壁上，即为壁画。无论汉代绘画艺术种类如何不同，但其基本技法——中国画的设色和线描是一脉相承的（见图 2-10）。

图 2-10　彩绘汉画像石
包头市九原区阿嘎如泰谎粮堆汉墓出土

汉画像石的石刻艺术产生的因素是多元的，而在石刻表面设色的原因，则是比较单一的，只能说它是绘画艺术发展的自身规律所致。大约在西汉中期后，汉代墓葬建筑日趋宅第化，在推崇孝道、视死如生的思想支配下，阴宅仿阳宅的建筑要求越来越高，既要求坚固、宽敞，又要美观、富丽堂皇，想要达到上述多功能的奢望，较为理想的设计莫过于汉画像石墓葬了。因此，它一出现便受到封建统治阶级的青睐，而竞相效仿攀比，数百年长盛不衰。

汉画像石表面设色与当时阳宅的壁画艺术有密切的内在联系，有人甚至称其为"阳宅的翻版"。那么，西汉中期的阳宅壁画状况如何呢？我们可以从《史记》《汉书》中的有关记载里窥见一斑。

《史记·封禅书》中记载齐人少翁（齐国方士）对武帝说："上即欲与神通，宫室被服非象神，神物不至。乃作画云气车，及各以胜日驾车辟恶鬼。又作甘泉宫，中为台室、画天、地、太一诸鬼神，而置祭具以致天神。"

《汉书·霍光传》："征和二年（前91），卫太子为江充所败，而燕王旦，广陵王胥皆多过失。是时上年老，宠姬钩弋赵婕妤有男，上心欲以为嗣，命大臣辅之，察群臣唯光任大重，可属社稷，上乃黄门画者周公负成王朝诸侯以赐光。"

《汉书·霍光传》："明旦，（霍）光闻之，止画室中不入。"

《汉书·外戚传》："李夫人少而蚤卒，上（武帝）怜悯焉，图画其形于甘泉宫。"

《汉书·广川惠王刘越传》："其殿门有成庆画，短衣大绔长剑，去好之，作七尺五寸剑，被服皆效焉。"

通过文献可以看出，西汉晚期壁画十分盛行，上至皇宫殿宇、官吏府舍、贵族厅堂，下至儒学校舍、乡里神庙，比比皆是，壁画艺术到东汉时，更是盛极一时，从《后汉书》，汉赋及各种史籍中随处可见，尤以王延寿的《鲁灵光殿赋》最为突出，毫不夸张地说，它包括宇宙、总览人物、讽喻劝善、铺陈百事、人神杂陈，通贯古今。这些文献记载中的"阳事"，在汉画像石中都得到"阴证"。

汉画像石埋藏于地下两千余年，其表面的矿物质颜色大多已脱落消失，但仍能从残留的斑斑颜料上想象到它的原貌应是五颜六色的，充满了浪漫主义色彩。汉画像石经过设色后，更富于立体感和美感，远非壁画所能媲美。从艺术发展规律来看，由汉代壁画到彩绘汉画像石的产生，有着十分明晰的发展轨迹和承袭关系，所以彩绘汉画像石墓是在壁画墓的基础上发展起来的，并和壁画墓并存。

彩绘汉画像石墓从西汉中期开始，经过新莽、东汉，并随着汉画像石墓的消失而消失。

西汉中期，我们可以在河南省商丘市保安山第二代梁王刘买的墓中窥见端倪。该墓凿山为陵，气势恢宏，整个墓室由墓道、雨道、主室、耳室、过道等组成。基壁刻凿规整、精细，顶部及两侧绘画云气，象征天空，彩云间绘有青龙、白虎、朱雀诸神灵，线条流畅，颜色鲜艳如新，还应视为早期壁画由阳宅向阴宅转移的成功作品之一。另外，还有一个重要现象值得重视，即在保安山二号陵墓中室左侧的厕室便坑及柿园墓主室一侧的厕室便坑的踏脚石的上面和侧面，均发现用阴线刻凿的菱形回字纹、常青树；用横竖纹衬底的阳线刻出鸟、树、亭子建筑等画像，画像及其位置虽不起眼，反映出的信息却是很重要的。它意味着大规模的墓室石刻画像即将出现，表面施彩后永久性的石刻画像将要取代壁画，这是一个值得注意的转折时期（其相对年代应为汉武帝时期）。

在发掘的西汉时期施彩的汉画像石墓中，施彩的部位大多在门扉和门楣上。以出现在汉武帝之后昭、宣时期的南阳市赵寨砖瓦厂汉画像石墓为代表，该墓的石刻主要集中在四个墓门的八扇门扉和五根门柱上，画面内容比较单一，门柱上皆刻门阙、菱形图案，门扉上均刻楼阁、凤鸟、树木、辅首及四方连续菱形图案。其雕刻技法是，先将石面剔平，再将物象轮廓以内的石面剔平，呈浅凹状，然后用阴刻线条表达物象细部，最后施彩。门楣上未见画面，但残留有红、蓝、黑、黄等斑斑色彩遗迹，与河北中山靖王刘胜墓的石门扉上辅首的彩绘手法大致相同。这种现象保留着前代的遗风，石刻与石板壁画的互补，石刻表面施彩与石壁画和谐统一，表露出了汉代人的创新意识和对壁画效果的追求，以及在渐变中摸索的轨迹。这种石刻与石板壁画的结合混作，应是汉画像石初创时期的特征和风格，这种有机的衔接符合事物发展由低级到高级，由不完善到完善的一般规律。图 2-11 为陕西省神木市大保当乡汉墓出土的门楣彩绘画像石。

图 2-11　门楣彩绘汉画像石　陕西省神木市大保当乡汉墓出土

进入新莽时期，画像石刻表面施彩的现象有了新的变化。常见的有两种表现形式，一种以简单的朱色线描，仅施在榜题文字或画像的边缘处，画像部分无彩绘。它只是对西汉中、晚期流行技法的继承，此类作品以天凤五年（18）唐河汉郁平大尹冯君孺人汉画像石墓为代表。另一种彩绘表现形式较为复杂，较为典型的代表是南阳滨河路彩绘汉画像石墓。该墓的时代为新莽时期，墓中共出土画像石 39 块，画像 83 幅，其中有 35幅施以彩绘，分别位于门楣，门槛，前室梁柱，石室门柱正面，门扉正、反面，前室门柱和前室过梁的正、侧面。颜色有朱红色、白色、粉绿色、黑色、紫红色、土黄色、粉红色七种。各部位的颜色依据人物、动物、植物、物品的不同而各有所异。人物中，凡执药、执盾、拥彗、执戟门吏，皆黑衣白履、红帻；武士皆红色衣裳；舞伎着朱红色衣裙，黑色发髻；持六博者或穿红色衣裳，或穿红领黑色衣裳，冠的边缘，眼、唇等部位涂有朱红色，面部涂土黄色，颈处、衣领、袖口涂白色，履部涂白色。动物中，龙、兕、鸟、朱雀、白虎、熊等画像的眼部、唇、舌、齿、耳部位用朱红色，植物中灵芝涂朱红色。物品中，六博的几案涂紫红色，酒樽、酒勺涂黑色，盘、盒涂朱红色，金吾涂紫红色外加黑边，帷幔着朱红色，盾有两种，分别饰黑色或白色。

该墓彩绘形式出现了新的特点，它不单是彩绘物象本身，在画像的上、下边框处，或单石或双石并连绘制出整齐的连续装饰图案，增添了视觉上的美感。如墓中画像上端的连续锯齿纹饰，每隔一个三角涂一朱红色三角，间隔有序；下部刻双横线，在两线之间绘11个直径为5.5厘米的三色同心圆，两圆间隔为10厘米，同心圆的颜色由核心至外圆分别为朱红色、粉绿色、白色，色彩鲜艳夺目，类似这种的画像该墓共发现4块。无独有偶，在陕西米脂官庄出土的彩绘汉画像石墓中的设色手法同该墓极为相似。米脂官庄彩绘画像石墓的画像多用墨线勾勒，线条纤细流畅，人物形象、衣脂皱褶、动物羽翼等刻画得惟妙惟肖。画像不但有大面积着墨之处，更见朱、白、褚、蓝、黄诸色描绘图案。

进入东汉时期，画像石施彩情况更为普遍。在河南省南阳地区已经发掘过的44座汉画像石墓中，颜色保存得最多的当属南阳石桥镇汉画像石墓。该墓的建造年代约为东汉早期，砖石结构，整体由墓道、前室、二主室和二耳室六部分组成，绘画的具体部位如下。

南门楣的正面，刻象人斗兽图，图左侧刻一兽呈蹲坐状，右侧一兽昂首扬蹄，呈行动状。两兽通体涂土黄色，并用黑色在兽身体上画出豹纹，右侧一象人，跨步亮掌，呈搏斗状，衣服用土黄色平涂，领口和襟边用两条宽约1厘米的黑条带做装饰。

北门楣的正面，刻斗牛图。图左侧刻一牛作低首前抵状，右刻一人徒手与一持矛象人格斗。两人上衣呈紫红色，领口、衣襟、袖口均用一宽一窄的两条黑线装饰边沿。

门两侧门柱正面，各刻一执戟门吏，两门吏冠饰均施朱红色。门中柱正面，刻一执盾门吏，头戴朱色冠，盾通涂土黄色，用黑色描绘出两条横行鳞纹。

四扉门扉正面，各刻白虎辅首，其中北门两辅首残留有粉红颜色。另外，在该墓的北主室的顶部和四壁（纯砖砌物）均敷有厚约1厘米的石灰面，顶部有菱形图案，周壁在墓底高约58厘米处，用土黄色绘出宽8厘米的宽带，以装饰墓室。

类似南阳石桥汉墓的施彩情况，四川、安徽等地均有出土。在出土的东汉晚期河南省禹州市十里村汉墓中，门额石中刻双虎图，虎身涂朱彩，使其成为彩绘画像石虎。在出土的山东济南青龙山汉墓中，西壁绘有一门吏，头戴平帻，面涂淡朱红色，唇呈朱色，身穿黑领左衽长襦。类似的还有陕西绥德延家岔汉画像石墓，徐州青山泉白集画像石祠、画像石墓等。

从现有掌握的墓葬资料推断，从西汉中期汉画像石的产生到东汉晚期汉画像石的衰亡，数百年间，表面施彩的艺术处理手法一直伴随始终。目前，全国已出土的汉画像石数量近万，如果上述少量施彩画像石能够应验"管中窥豹"的话，那么，可以推断出汉画像石的原貌，应是经过彩绘的。表面彩绘应是汉画像石制作的最后工序，也就是说，只有完成表面彩绘后，方能达到汉画像石墓原设计的效果。

二、汉画像石的彩绘艺术探讨

（一）从社会功能及技术传承看彩绘存在

现代人研究和欣赏汉画像石是将汉代石刻作为艺术品加以审视的，在心理上表现出区别于古人的、完全不同的另外一种审美意义。由于这些汉画像石的场位和环境发生了变化，从而使人们忽视了汉画像石原本所具有的宗教功能。

荀子说："丧礼者，以生者饰死者也，大象其生以送其死也。"[①] 就是说对待死者，要像对待生者一样，不能"厚其生而薄其死"，否则便是不孝。为了体现后人的"孝道"，汉代便大兴厚葬之风，模拟现实的住宅去建造墓室，并进行奢华的装饰，汉画像石墓与汉画像石艺术也随之诞生了。

汉画像石本质上是一种祭祀性的丧葬艺术。汉画像石的拥有者及创造者，在灵魂不死的信仰和功利心理的支配下，出于对墓室装饰的需要，追求真实、好看的视觉效果，在石刻工具不能做细的地方运用彩绘进行修饰、补充，使雕刻看起来更加逼真，并且鲜艳夺目。

有学者认为，汉画像石在艺术形式及内容上无疑是借鉴了战国时期的壁画，但在雕刻技艺上主要继承了商周青铜器的制模工艺和玉器的雕琢技巧。汉画像石的彩绘最近、最直接的参照依据可能是秦始皇兵马俑。秦兵马俑就是在做出的陶俑的基础上再进行彩绘，使其形象更加逼真。然而现在看到的兵马俑，也是没有彩绘的，有的只是一些色彩的残留。是时间让兵马俑的彩绘脱落了，同样是时间让汉画像石褪了色。原本色彩斑斓的彩绘石刻，又回到了原石雕刻的状态。

（二）汉画像石彩绘与"五行五色"色彩观

如果说拓片的黑白表现效果具有简约、单纯的艺术特征，那么，源于中国传统文化精神的色彩观，则具备更多特定的文化内涵和深刻的寓意。任何时候色彩对人类都具有一定的象征意义。这种象征意义有着复杂的饰色思想与深刻寓意，或彰显尊贵，或渲染吉庆，或沟通神灵，或用于辟邪。

远古的祖先通过对自然长期的观察，察知了五色——青、赤、白、黑、黄，并将五色与五方结合，于是有了东青、南赤、西白、北黑、中央黄。汉代人又将汉画像石与"五

---

① 荀子. 荀子［M］. 曹芳编译. 沈阳：万卷出版公司，2020.

行五色"的色彩观相结合，将五行五色体系融入墓室装饰中去，形成了富有中国传统精神的色彩内涵。彩绘画像石的色彩体现了汉代人对"五行五色"色彩功能的痴迷和崇拜（见图 2-12）。

图 2-12　彩绘汉画像砖　牵马图

　　王文娟在论述五行与五色时认为，当色彩与时空相连，时空就赋予了色彩意义，当色彩同方位相应，色彩就加入了由方位而来的"内部空间"的庇护感，于是方位的吉凶、安危就是色彩的吉凶与安危了。[①] 这种观念同郑立君的汉画像石彩绘具有辟邪、沟通神灵、象征吉祥和喜庆等功能的观点不谋而合。[②] 这种观念从原始社会至汉代，乃至当代的民俗活动中都或多或少地存在，如北京周口店山顶洞遗址发现的石珠表面就是用赤铁矿染成红色的。

　　另外，色彩也常用以显示地位的尊卑，如古代宫殿、庙宇都用红柱；汉武帝时有把门扉漆饰成红色的风尚，以显示地位的尊贵，被称为"朱户"。汉代的这种色彩观念进一步强化后，成为中国人的传统。汉画像石彩绘艺术是汉代人"五行五色"色彩观和深刻精神文化内涵的具体体现。

　　总之，在分析汉画像石独特的雕刻艺术和其不可或缺的彩绘时，假如不能回溯到汉画像石原本的制作环境中去，假如不能认识到汉画像石最初的社会功能，我们就不可能完整地理解汉画像石真实的面貌与本质。考察汉画像石彩绘流失的原因以及人们审美趣味变化的过程，有助于我们重新认识和理解古代社会的文化现象。

---

① 王文娟.墨韵色章：中国画色彩的美学探渊［M］.北京：中央编译出版社，2006.
② 郑立君.刿图刻像：汉代画像石的雕刻工艺与成像方式［M］.重庆：重庆大学出版社，2010.

第三章　汉画像石的制作工艺

汉代的画像石是我国历史文化艺术的一个重要组成部分，在中国美术史上占有特殊的地位，也是汉代图像造型艺术的典型形式。汉画像石是附属于墓室与地面祠堂、墓阙等建筑上的雕刻装饰，其作为祭祀性丧葬艺术品，乘厚葬之风、跨两汉之界、造民族之魂，正如鲁迅先生评价画像石所指出的——"深沉雄大"之感，是在中国汉代丧葬礼俗中形成的独特的艺术形式。

第一节　制作过程

一、石材的采集与选定

经过探访与调查，当今各地的石刻制作，包括墓碑、石龛、供桌、石狮子、石牌坊、石鼓等门饰在制作之前首先需要选定合适的石材，确定其材质、大小、厚度等是否符合雕刻标的物品。经与各地石匠师傅交谈、咨询、求教后，笔者对汉画像石的石材采集做出推测，当时石材的选择、采集可能有以下几种情况：匠师推荐并在墓主家过目选定后，由石匠采集请主家审验；主家提出要求，全权委托匠工办理；购买经过加工后的现成石材，供匠师使用。

二、石面处理和组合配套

为了达到整体艺术效果，汉画像石首先进行石材表面的处理。在汉画像石选石与加工过程中应有一定的步骤。有学者通过分析认为其前期雕刻工序大致可分为三步：第一步，按照设计要求，在出产石灰石或其他石料的山上，首先开采出"毛石"；第二步，按照设计要求，对开采的"毛石"进行粗加工，使其成为成形的"粗石"，以利于搬迁和运输；第三步，按照设计要求，将运至墓地的"粗石"进行细加工，使其成为"细石"，以易于起稿、雕刻及彩绘。

毛石料的加工一般会在石料场就地进行，根据墓主家确定的画像石在墓葬内的装置要求，配套组合，规范尺寸，平整刻绘物象的石面。

石刻的背面绝大部分保留了原石的自然形状，凹凸不平和部分剥层依然可见，有些也能看出原生的自然层面。背面没有看到一例磨光的做法，少数偶有极随意的凿纹。因此可以肯定，在对毛石料进行加工时，就已经确定了石刻的正、反面。

仔细观察画像石的正面、背面和四个侧面，发现刻画物象的石面（正面）大多保持了原来的自然平整状态，少量经过稍微修整打磨使石面不仅平整，而且光滑。从刚出土的汉画像石看，大部分石刻呈原自然本色。少数石刻减地处的颜色与物象的颜色明显不同，减地处多呈原石本色，而物象部分的颜色明显深于减地处并且光滑，能看出在石面经打磨后，涂上了一层可能是石蜡类的东西。比如，陕北的石板为砂岩，质地相对疏松，对液体的渗透性较强，涂擦石蜡类的东西后，不仅使石面光滑，而且也能将石面上的原生砂眼、石丁遮掩一些，使刻画物像的石面与减地处的石面在颜色和质感方面形成较为鲜明的对比。这类加工方式虽在汉画像石中所占比例较小，但刚出土时及至过一段时间之后，物象面与减地处所显示的不同石色还是非常明显的。而那些未涂擦石蜡类的石刻，不论是浮凸的物象还是减地处，完全呈现了与原自然石色的一致性。

上、下、左、右四个侧面所呈现的情况不尽相同，多打制平整，凿刻有非常规整的人字纹，粗细不等的斜条纹、条纹或不规则条纹。凡两石相接的面都有凿纹，其目的应该是增加两石间的阻力，使之不易滑动，保持石刻整体组合的稳固和平整。凡不与其他石面相拼接，多是嵌入墙壁内或埋入地下生土中的面，多保持了原毛石状或在画面之外剔掉薄薄的一层，使嵌入墙壁部分与画面有明显区别。

墓门扇石绝大多数上下留有突出的长方形、正方形、半球形门枢，与横梁石和门槛石或砖块上凿挖的臼穴吻合，被臼穴容纳的门枢可以在其内来回转动，使门扉开合自如，也有少数门扉石当时因故去掉了门枢，四侧边皆平整，装置时，与门框合缝平齐。两门扉绝大多数在内边中部对凿圆孔或方孔，安装铁制门环，极少数门扉石也有不凿孔的。

汉画像石的加工程序其实就是山东嘉祥宋山东汉永寿三年（157）许安国祠堂顶石画像题记中所说的"琢砺摩治，规矩施张"的过程。整个取石、加工石材的过程应该是由石匠完成的，他们除了使用铁凿、铁锤、撬棍之外，矩尺和墨斗类的工具也应该是必不可少的。

地理环境提供了丰富的材质，资源一旦被大量利用，应运而生的采集、加工石材的技术队伍也就自然形成了。汉墓中装置画像石风行起来后，自然给能工巧匠们提供了一个大显才艺的用武之地。工匠们除了艺术创造之外，加工石材、刻画画像的工具一定也会有所发明创造，毕竟"工欲善其事，必先利其器"。

三、画面题材内容的确定

整个画面题材内容的确定过程是由丧家还是工匠（或画师）来主导或是参与的，相互之间的主从关系均无从推断。但有一点是可以肯定的，就是丧家主导还是参与会因人而异。一个有一定文化修养、追求和喜好体现个人意愿的墓主人，无论是生前修坟还是死后筑墓，都会按照自己的设计实施或者立下遗嘱供家属遵循实施，至于粉本出于自己手还是礼请高师设计绘制都有可能，这就是汉画像石中有不少跳出"格套"之外的精彩之作的原因。汉画像石中，大多数还是套用"格套""模板"之作，即便如此，最后由匠师级的人物和丧家共同认可应该是必不可少的程序。不论墓主本人或家属决定这些事情，都不免受到时尚和地区习惯的影响。习惯是指较长时间存在的惯常风俗；时尚则指较有时间性，流行于某一时期或某一地区的变化。影响到碑刻或画像成品最后形成的，还有实际执行制作的石工、石师或画匠。石工和画匠一方面有自己的职业传统，另一方面需要配合造墓者的要求，如图 3-1 的汉画像石描述的是战争题材。

图 3-1　汉画像石拓片　战争图

汉画像石根据石材的大小、宽窄决定幅度。有时也将较大的石材分割成若干小的画面，一石一画，或一石多画，或多石一画，每画的画幅即成一个完整的画面，并置的画面往往具有内容与形式的关联性，形成连环画的场景。

四、凿刻画面物象

汉画像石的凿刻物象一般较为完整，每个画面有明确的主题内容与相应的情节关联，表现的内容情节比较统一，长宽比率注意数据变化，比例符合审美要求，画面的图面构成完整。目前全国已出土数以万计的汉画像石，由于建筑构件部位不同，画像石的形状多变，呈现的画面形式极其丰富。其画面形式有三角形、圆形、半圆形、不规则形、正方形、长方形等，在长方形画面中长宽比率尺度又多有变化，形成了汉画像石画面的极大丰富性。不同形状的汉画像石要表现汉代琳琅满目的生活场景与精神艺术世界，首先要采取不同的方法表现视觉图面的完整性。汉画像石有极其生动的图面效果，标志着汉代已经把握了中国艺术图形的基本形式。

刻制过程中为满足建筑功能需要，汉画像石画面注重物象的空间把握，在表现外在物象的空间立体形状时，采用统一的构成方法。如对三角形、正方形、长方形物象表现时，把握组成的边界直线；对圆形、半圆形物象表现时，把握组成的边界弧线。同时利用边界线对纵深物象进行平面表现。人的视觉在观看物象时，开始还不曾涉及空间纵深侧面，一般来说首先观察到了物象的边界线，对边界线围合的空间把握形成了汉画像石的平面表现方法，边界线的形状与边界线围合后产生的画面极为重要，它呈现出平面的装饰形式。

从出土的汉画像石可明显看到，凿刻之前，先在平整的石面上用墨线勾画或用凿刀侧向刻画物象，使石面上呈现出一幅墨线或阴线刻图画，然后用平口凿刀在物象外的石面上剔去薄薄的一层，凸显物象。出土的汉画像石上往往可以看到减地时没有完全将原勾画的墨线剔除干净，在突起的物象上留下了原墨线勾勒痕。减地处虽大多刮磨得非常平整，但少数汉画像石上仍能看到减地时使用的平口刀留下的刀口宽度不等的剔凿痕以及变换凿刀倾斜度和角度所留下的凿痕。将物象以外的石面减地后，使所要表现的物象成为平面减地浅浮雕，这类做法占90%以上。也有少量物象外凿去较深的一层，使所要表现的物象高高浮凸起来，相对而言，成为平面减地高浮雕。不论是浅浮雕还是"高"浮雕，都在减地处凿刻麻点、斜纹，有少数在减地处刻画出匀称而又纤细的浅浅的条纹，刀工技巧非同寻常。其条间的距离、划痕的深浅，简直像用一种坚锐而又锋利的、排列均匀的齿状铁器用力刮划而成，或许当时已经使用了齿状铁器划刮。

第二节　雕刻技法

画像石的制作工艺是先画后刻，因此在雕刻工艺上也包括绘画性质的线刻和雕刻性质的浮雕和透雕（见图3-2、图3-3）。

图 3-2　汉画像石　饲马
徐州汉画像石艺术馆藏

图 3-3　汉画像石　人物、六博
徐州汉画像石艺术馆藏

　　线刻也就是物象的轮廓和细部用线条来表现，似以刀代笔的白描画，有阴线刻、凸面线刻、凹面线刻三种。例如，山东孝堂山的汉画像石就是阴线刻，而阴纹线刻就是直接在石质上刻出画面，它是画像石最早使用的方法。武氏祠的雕刻技法是阴刻减地，也就是凸面线刻，它是指在阴线刻的基础上把图像外的空白处消减一层，使画面凸出平面，并用阴线刻出细部，这是画像石运用最多且最具特色的一种表现方法，线和块面的综合运用丰富了画面效果。而河南南阳的画像石在减地凸出形象后，又在形象轮廓线周围深深刻出凹槽，反映在拓片上，形象轮廓呈现出浓重的黑色，而形象减低的凹槽就呈现出较亮的白色，由此形成强烈的黑白对比，使画面形象突出，从而有一种类似摄影的逆光效果。凹面线刻就是把物象轮廓剔成凹下的平面，并施以阴线刻画细部，这种方法也较少使用。

雕刻类的有浅浮雕、高浮雕、透雕。浮雕不仅要表现事物的轮廓，还要表现事物的质感。浅浮雕就是把物象以外的部分削低，使物象呈弧面凸起，这种方法可以让物象更接近立体真实，但如果用纸拓印，物象轮廓就会模糊不清。高浮雕就是在浅浮雕的基础上使物象的轮廓更加突出。透雕就是进一步把物象的某些部位镂空。不过高浮雕和透雕都很少使用，而阴线刻、凸面线刻、浅浮雕是运用最多的。在具体雕刻时，往往是多种技法综合运用，技法不同，画面视觉效果也不同。平面阴线刻、凹面线刻看上去较模糊朦胧，而凸面线刻因将物象周围剔去一层，由此画面突出，在经过墨拓后，物象黑白分明、轮廓清晰，此种方法得到了人们的普遍认可，因此是汉画像石最流行的一种表现技法。

一、线刻类雕刻技法

用线刻类雕刻技法刻成的画像石，其物象的轮廓和细部全部用线条来加以表现。这种画像石作品，与其叫作石刻，倒不如叫作以刀代笔的线描绘画更为贴切。从拓片看，这类作品就是一种白描画。线刻类雕刻技法又可细分为以下三种。

（一）阴线刻

阴线刻是指在石面上直接用阴线条勾勒出图像。这种技法作品的最大特点是画像表面没有凹凸，物像与余白在一个构图面上。因石匠对石面的处理方法不同，这种技法又可分为平面阴线刻和凿纹地阴线刻两种。这是汉画像石最基础的雕刻方法，与汉画像石的发展相伴终始。早期即西汉晚期到东汉初的阴线刻画像石的特点是线条粗深、图像稚拙。

（二）凹面线刻

所谓凹面线刻，就是在石面上沿物像的轮廓线将物像面削低，使物像面呈略低于余白面的凹面，物像细部用阴线来表现的雕刻技法。这种技法也因石面的处理方法不同，而分为平地凹面线刻和凿纹地凹面线刻两种。凿纹凹面线刻主要流行于西汉晚期到东汉早中期，而西汉晚期的作品线条呆板、图像简单。

（三）凸面线刻

这是一种与凹面线刻截然相反的雕刻技法，即在磨平的石面上，将物像轮廓线以外的余白面削低，使物像面呈平面凸起，物像细部再用阴线或墨线加以表现。由于余白面的处理方法和物像细部的表现方法不同，这种技法有凿纹减地凸面线刻、铲地凸面线刻和铲地凸面刻三种表现形式。凿纹减地凸面线刻技法主要流行于东汉晚期的山东嘉祥和江苏徐州一带，图像细部用细腻准确的线条来表现，余白面为减地时留下的细密平行凿纹。由于这类作品雕刻精美、图像华丽，而且有铭刻题记的较多，因而历来为金石学家所重视。图 3-4 至图 3-9 所示图像均为凸面线刻图像。

图 3-4　汉画像石　拜谒图
徐州汉画像石艺术馆藏

图 3-5　汉画像石　人物、马局部
徐州汉画像石艺术馆藏

图 3-6　汉画像石　车马出行图
徐州汉画像石艺术馆藏

图 3-7　汉画像石　车马出行图
徐州汉画像石艺术馆藏

图 3-8　汉画像石　仙人戏兽
徐州汉画像石艺术馆藏

图 3-9　汉画像石　盘龙
徐州汉画像石艺术馆藏

二、浮雕类雕刻技法

为了表现物像的质感，浮雕类雕刻技法不仅要将物像面以外的余白面削低，使物像明显浮起，而且要将物像面削刻成弧面。这类技法可细分为以下三种。

（一）浅浮雕

这是一种物像浮起较低，物像细部用阴线刻来表现的浮雕技法。这种技法，从西汉晚期到东汉晚期的 200 余年间，广泛流行于第一、二、四汉画像石分布区，是汉画像石最重要、最基本的雕刻技法。

（二）高浮雕

这是一种铲地较深、物像浮起很高、物像细部也根据立体表现的原则用不同的凹凸来刻画的浮雕方法。这类作品，因具有较强烈的立体感，一般多配置在门扉或门楣等比较醒目的位置。

（三）透雕

这是一种在高浮雕的基础上，进一步将物像的某些部位镂空，使作品接近于圆雕的浮雕技法。

由于各个分布区的汉画像石的制作工艺不同，汉画像石呈现出千姿百态的不同风貌，山东、苏北的汉画像石细腻精美，南阳的汉画像石壮阔雄大，陕北的汉画像石简洁凝重，四川的汉画像石飘逸潇洒，它们都是汉画像石园艺中的奇葩。而第五分布区汉画像石艺术风格的前后变化，证明了东汉中期以前南阳地区的汉画像石艺术发展水平最高，其后，山东、苏北成为汉画像石艺术水平最高、对其他地区影响最大的区域。

第三节　构图方式

汉代画像石是一种民间美术，其图像构图方式体现出了民间美术的一般构图法则、方法和艺术创作思想，汉代民间画师和民间石刻艺人们的思维方式、对事物的认知、习惯、信仰应该是其图像构图的内在思想方式（见图 3-10）。

图 3-10　汉画像石拓片　西王母
山西大郭村出土

　　在当代，对汉代画像石图像的构图方式的研究，不同学者有着"平面散点布局的方式""分层方式""散点透视法"和"焦点透视法"等阐释。研究现代出土的汉代画像石图像的构图方式不能仅从现代中西方绘画的构图理论、法则与方法入手。从民间美术的构图法则与思想角度深入研究汉代画像石图像的构图方式，应该更有意义。

　　当代不同学者关于汉代画像石图像构图方式的论述有一定理由和重要参考价值，尤其是不少学者从中国传统绘画艺术构图发展的源流等角度来解释其构图法，不无道理。因为汉代画像石是综合性的造型艺术，其图像的"粉本"构图和雕刻出的图像布局，一定程度上反映了中国传统绘画艺术在汉代的发展水平和承上启下的发展规律，特别是不少学者阐释的"平面散点布局的方式""散点透视法"和"全景式的大构图"等，与汉代之后中国传统山水画等绘画艺术构图有很大的相似性和斩不断的血缘关系，所以，从这个角度来研究汉代画像石的图像构图方式的学者是较多的。汉代画像石是汉代的一种特殊的民间丧葬雕刻工艺，属于民间美术创造，其图像的构成方式和视觉艺术形象的安排等体现的是鲜明的民间美术的构图法则与思想。汉代民间画师和民间石刻艺人们的思维方式、对事物的认知、习惯等应该是汉代画像石图像构图的内在思维方式，从汉代画像石的民间美术这一本体出发研究其图像构成方式，应该更有意义。

　　民间美术是一种母体艺术，早在人类造型艺术发端时它就存在。民间美术的图像布局有着自己独特的艺术方法、方式、思想和审美趣味。民间美术家们为了尽可能地把他们所见、所闻、所想的社会现实生活、历史故事、神仙鬼怪和祈福纳祥、人生礼仪、道德价值等思想、观念、感情，描绘或镌刻在同一个画面中，他们往往不拘一格，敢于突破常规，匠心独运，创作出异想天开甚至匪夷所思的艺术作品。例如，在中国古今的民间木版年画、石雕、砖雕、漆器、帛画、墓室壁画和农民画等民间美术作品中，民间美术家们往往把人物、动物、植物、山川河流、天地江海和装饰纹样等视觉形象，或上下分格或左右划区等满满地填塞在一起，构成一幅幅满、密、全的五彩缤纷的画面。这种超时空、跨地域、超固态、超常规的独特艺术表现，展现出了民间美术特有的艺术创作思维方式、构图法则与思想。汉代画像石是一种特殊的民间丧葬雕刻工艺，同样具有母体艺术的特性，其图像构图必然会体现民间美术这一母体艺术的一般构图法则与思想（见图 3-11）。

图 3-11　汉画像石拓片
三皇五帝和北斗星君图
山东嘉祥出土

就上述分层配置方式而言，姑且不论这种图像配置方式在两汉和当时的不同地区是如何发展与变化的，单就这种画面的构图方式来说，就是对汉代之前的彩陶、青铜器等装饰性图像构图方式的直接继承与发展。譬如图像的分层配置方式在甘肃永靖三坪出土的新石器时代属于马家窑文化石岭下类型的旋涡纹彩陶瓮的装饰图案设计上已经出现。在这件彩陶器上，原始社会的美术家们就把瓮的颈部、腹中部和腹下部划分了三个装饰层次。再如北京故宫博物院收藏的一件战国时期的采桑宴乐攻战纹壶、河南汲县山彪镇出土的水陆攻战纹铜鉴等，都很巧妙地采用了分层划区的方式来组合完整的画面。经过两汉的发展，这种分层划区的构图方式在汉画像石等艺术作品中显得更加成熟和多样化。从出土的一些汉代画像石的图像布局看，民间画师和民间石刻艺人们为了把神话、历史、现实生活和吉祥图案等题材内容凝聚在同一块石头表面上，追求一个完整、完美的叙事，表达生与死的价值观念等思想，较多地采用了三层至五层不等的分层方式，有的已发展出了多达八层的层次和多个区间结构。

　　比较而言，从新石器时代的彩陶，经过先秦和战国时期的青铜器等，到汉代画像石上发展成熟和多样化的分层配置图像的构图方式，包括"那些独立性较强以及必须强调的重要画像内容，则经常采用独立配置法"。在汉代之后的各封建时代直至今日仍较多地出现在墓室壁画、木版年画和剪纸等民间美术作品中，而在其同时代的山水、花鸟、人物画等"文人画"作品中却很少采用这种构图方式。这并非奇怪现象：汉代以后在此基础上逐渐发展起来的如山水、花鸟等"文人画"艺术追求的不是完整、完美的叙事画面，而是"删繁就简三秋树，领异标新二月花"（清郑板桥诗句）和"触目横斜千万朵，赏心只有两三枝"（清李方膺诗句）等图像布局，表达的思想寓意与汉代及之前的彩陶、帛画等作品上的装饰性绘画思想有着很大的区别。因为"文人画"艺术家追求的是个性、雅趣与品位，如果采用民间美术分层等构图方式则难以表达这些情趣。分层布局方式包括"经常采用独立配置法"，之所以在汉代之后的民间美术作品中仍然可见，是因为民间美术本来就具有原发性、传承性和程式化等特征，从原始社会直到今天，民间美术的延续与发展有着内在的直系血脉关系（见图 3-12）。

图 3-12　汉画像石拓片　水陆攻战图　山东武氏祠出土

　　汉画像石图像布局体现的"等距离散点透视构图法""平面的散点布局的方式""平视横列法""鸟瞰散布法"和"全景式的大构图"等也同样是民间美术图像构图方式的表现，且它们早在新石器时代的彩陶器、战国青铜器等作品上也已出现。例如，1973 年出土于青海省大通县上孙家寨属于马家窑文化的彩陶盆上的《舞蹈纹图》，其主题装饰由三组五人造型相同的人物形象构成。在图像布局上，原始艺术家把手拉手做舞蹈状的人物形象较有规律地分组横向间隔排列在盆的内壁腹部与口沿的平行带纹之间。这种构图方式即早期的"底线横列法"或"平视横列法"。再如，在一幅战国时期青铜器上的《车猎图像》中，战车、马匹、射猎者和各种猎物等艺术形象被创作者从下而上、较有秩序、一览无余地排列组合在一起，建构出了一个较宏大的田猎场面。其构图方式即较早期的"上远下近的等距离鸟瞰透视法""平面散点布局的方式"或称"全景式的大构图"等。只不过这些构图法发展到汉代有了更加成熟的表现，手法更加巧妙，场面更加宏大。比如，从出土的汉代画像石上雕饰满眼的视觉形象看，它的图像题材内容是非常广泛的，似乎民间画师、民间石刻艺人们总是力图把其所见、所闻、所想的一切题材内容镌刻到一块石面上，并希望所有的艺术形象都要直观地、一览无余地展现给观者。因此，要想在有限的石面空间中容纳众多的神话、历史、现实生活和装饰图案等题材内容与思想寓意，他们就必须采用多种多样的构图方式，或在继承传统的基础上打破常规进行图像组合，但它与此前新石器时代和先秦时期的图像在布局特性、构图思想等方面并没有实质性的变化。

汉代画像石图像构图体现出的"底线斜透视法""等距离鸟瞰斜侧面透视法"和"斜向的透视"，即在已出土的不少汉代画像石图像中出现的人物、马匹或建筑物等相互遮挡，向纵深空间延伸的图像处理方式，就笔者掌握的现有资料来看，应该是秦汉时期包括画像石在内的造型艺术的新创造。然而这些构图样式并不等同于现代所谓的西方绘画布局的焦点透视法。西方绘画布局的焦点透视的基本原理是将隔着一块玻璃板看到的物象，用画笔画在这块玻璃板上而得出一幅合乎焦点透视原理的绘画，其特征是符合人的视觉真实、讲究科学性等。它与汉代画像石图像的人物等相互遮挡的这种向纵深空间延伸的图像处理方式及所包含的思想文化、社会语境都是有很大区别的。汉代画像石是综合性的造型艺术，它的用途和艺术手法是带有综合性质的。这种综合性是现代艺术中不存在的。从内容上看，汉画像石所表现的几乎无所不包，它不但反映了一个汉代社会，而且表现了一个想象奇异的神话世界，把汉朝人脑子里所想的、所希求的都揭示出来了。那时人们不懂焦点透视的法则，这些空间布局方式可能是艺术家们在长期的生产生活中，观察到了人与人、人与物、物与物之间在某种空间、环境中的某种位置关系，得到启发，而对传统艺术构图方式进行的大胆突破与创新，或者为了尽可能地把更多的题材内容更好地组合在同一画面上，尽可能地表达他们的思想、信仰等，或为了视觉真实、完满、完美等而创造的。因为用这种"底线斜透视法""斜向的透视法"和所谓"焦点透视法"塑造的一些艺术形象比传统的二维平面造型立体感强、画面空间显得大，因此物像与空间也显得更加真实，合乎或接近实际生活。他们在有意或无意中创造出了与现代西方绘画焦点透视较相似的这种图像布局方式，但两者却是不能画等号的。

比如，在出土的不少汉画像石上雕刻的人物、动物与建筑物等在一起的场景和一些战争画面中远近上下的人物、动物与建筑物等艺术形象的大小刻画并没有很大的区别，即并没有清楚地体现出"近大远小"的焦点透视关系。以清代乾隆五十一年（1786）山东嘉祥县武宅山村北出土的武氏祠左石室东壁下石画像为例，该图中由近而远或由下而上的两根线条构成的"河流"的刻画有"焦点透视"的意味，但由近而远或从下到上排列在"河流"两边的人物大小却几乎一样。同时，该图中"河流"右边上下刻画的马车与坐车者和马与骑马者的尺寸大小也几乎没有两样。更有趣的是，有些主要人物即使前面被遮挡，但依然被雕刻得很大。如此布局手法在各地出土的不少汉画像石上的人物、车马等图像中都是清晰可见的（见图 3-13）。所以，"底线斜透视法"等仍然是民间美术的图像布局方式、方法，或者说是民间美术的一种新的创意，是对传统构图方式的革新。

图 3-13　汉画像石拓片　祠主受祭图
山东嘉祥出土

　　汉代画像石的图像布局注意遵循了多样性变化与统一的法则、均衡的法则以及疏与密的法则，即在汉代画像石图像中，不管是复杂的图像布局，还是简单的形象构图，各个视觉形象的组合都是杂而不乱、排列有法、疏密得当、秩序井然的，体现出多样统一的布局法则。这些构图方式实际上也还是民间美术构图方法的表现，尽管有时突破常规，不合乎常理，但并不等于杂乱无章，而是有规律可循的。即使是在新石器时代的彩陶器等人类童年时代的各种装饰性作品中也是如此。仍以 1973 年出土的《舞蹈纹图》为例，内壁三组舞蹈人物和用以分割三组相同舞蹈场面的由八根线条并列组合而成的从口沿弯曲延伸至内壁腹部平行带纹的装饰带，以及外壁与内壁腹部的平行带纹装饰，体现出了多样、变化、统一、均衡和疏与密的布局法则，并且都统一于该盆的实用与审美相统一的设计思想和为了表达某种神秘的原始宗教的装饰主旨。如此布构图法则在其后的先秦、秦汉、隋唐乃至今天产生的青铜器、帛画、墓室壁画、剪纸、木版年画等作品中都是存在的。中国老百姓出于质朴的思想感情和审美需求，对民间美术造型要求其具有完美性，即在造型上既求全，也求美，追求完美与美好的有机结合，从而达到和谐与统一的美学境界。因此，汉代画像石的这种构图方式也是中国民间美术的一般构图法则与思想的本质之所在。

　　在出土的汉代画像石图像构图中体现出了采用填白方式，即在画面的主要物象以外的地方，用飞鸟、走兽、小树、云纹等填充其间等显著特点，这实际上是民间美术图像的显著构图方式或普遍的艺术表现手法。民间美术家们在艺术创作中往往不拘一格、突破常规，超时空、跨地域地把各种艺术形象塞在一个画面中表达对事物的认知。也就是他们可把平凡无奇的家禽家畜画成花牛、花猫；可把难入整体视域的景物画成尽收眼底；

可把远景近景等量并重地清楚展示；可不顾人物的解剖比例、物体的固有色相、成角透视法则等而异想天开地自由表现，尤其是民间美术的构图布局，在时间和空间上有无限广阔的天地，它可以把一年四季不同节气的花草，不同属性的题材内容，天上的、人间的、现实的、想象的东西，全部统一到一幅作品中，构成和谐而美好的画面，达到赏心、悦目、怡情的艺术效果，给人以无穷的回味（见图3-14）。所以，汉代画像石图像的这种"填白"方式是民间美术的一种造型手法。用这种独特的造型手法创造出来的作品不仅比较古朴、质拙、真实，而且所填物象与作品的主题思想和画面的总体布局是一致的，其给观众的视觉方式与动觉方式也是很协调的。因为民间美术不是固定视点的静态视像的复制，而是理性综合的象征意象，它有自己的结构逻辑，即主观愿望的心理逻辑。汉代的艺术形象如此，构图亦然。汉代艺术还不懂得后代讲求的以虚当实、计白当黑之类的规律，它铺天盖地、满幅而来。画面塞得满满的，几乎不留空白。然而，它却给予人们以后代空灵精致的艺术所不能替代的丰满朴实的意境。

图3-14　汉画像石拓片　扁鹊行医图

从汉代造型艺术的创作主体来看，民间美术家仍然是这个时代造型艺术创作的主要群体。在中国，先秦之前还无所谓民间美术与宫廷美术、文人美术和宗教美术的分野现象。虽然进入奴隶制社会后，美术就出现了分流的现象，至迟到了汉代，便明显地分成了四个渠道——宫廷美术、文人美术、宗教美术和民间美术的并列，但这时期特别是文人美术家与民间美术家尚未完全分化。尽管出现了"尚方画工"（宫廷画家）、"民间画工"（作画于各州县的厅堂、墓室及其他场所的画匠）和"文人画家"，但"文人画家"为数不多、影响力不大，民间画师、民间工匠仍然是各种造型艺术创作的主力军。这个时期宫廷美术和民间美术的创作主体仍然是众多的"黄门画者""尚方画工"和民间画师、民间工匠，就连有文献记载的西汉画家名手毛延寿、陈敞、刘白、龚宽、阳望和樊育，后汉著名画家赵岐、刘褒、蔡邕、张衡、刘旦、杨鲁等画官，也还不能说是士大夫专业画家。这些工书画、善鼓琴、官居显位或"待诏尚方，画于洪都学"的画官，一方面从事文学、书法、绘画创作，另一方面也从事着各种器械等实用工艺的设计与制作。例如，东汉末年的赵岐，他是一位文人、官员，但也直接参与了民间美术的创作。《后汉书·赵岐传》中说他"年九十余，建安六年（201）卒，先自为寿藏，图季札、子产、晏婴、叔向四像居宾位，又自画其像居主位，皆为赞颂"。这一方面可以说明当时有些有名望的文人、科学家、画家也可能直接或间接地参与了汉代画像石等民间美术活动；另一方面也说明了汉代绘画艺术、画像石雕刻工艺等主要创作群体仍然是民间画师、民间工匠们。

如果从中国画构图发展的历时性关系而言，汉代画像石的"散点布局的方式"等图像构图可以看成早期中国画构图形式发展状况的表现之一，它为其后乃至现当代中国画艺术的发展奠定了基础，其后乃至现当代中国画体现出来的"散点透视法"等构图法则和"无画处皆成妙境"等构图思想、理论与方法，就是对汉代及之前、之后的中国画构图的继承、发展与创新。尽管前者是后者发展的基础之一，但毕竟两者是有一定区别的，它的综合性是现代艺术中不存在的。因此，如果从民间美术的构图法则、方法和艺术创作思想等角度来解读汉代画像石图像的经营位置，应该更合适些。

第四节　画像题材分类

作为汉代墓室、祠堂和阙的特殊建筑材料——汉画像石，在其诞生伊始便具有特殊的功能与含义。由于与丧葬、祭祀等活动密切相关，画像石那庞杂的内容离不开以下几个目的：烘托丧礼和祭祀的肃穆气氛；显示墓主人生前的富贵和奢靡；表现子孙们的孝悌；乞求神灵护佑和蔽以福荫。这些功能性的目的使汉画像石的题材有很大的雷同性。

汉画像石题材丰富，内容广泛，有神话传说、历史故事、击剑比武、庖厨宴饮、舞乐百戏、车骑出行、耕种纺织、珍禽异兽等，包含了汉代的政治、经济、民俗等各个方面，可以说是汉代社会的一个缩影。总的来说，汉画像石的题材可以分为历史故事、现实生活、神话传说和装饰纹样四大类型。

一、历史故事类题材

历史故事类题材的汉画像石通常反映汉代之前的历史事件，常见的有三种人物及其代表性事件。其一，古代帝王以及圣贤的形象，如三皇五帝、泗水捞鼎（见图3-15）、夏桀、文王及其十子、老子、孔子及孔门弟子等；其二，忠臣义士，如二桃杀三士（见

图 3-16）、蔺相如奉璧、荆轲刺秦王、豫让杀身、聂政涂炭等；其三，孝子烈女，如
老莱子娱亲、丁兰刻木、邢渠哺父、梁高行、楚昭贞姜、京师节女等。比较有代表性的
如山东嘉祥武氏祠石刻，层层罗列的历史题材画像占据了整个祠堂墙壁画面的绝大部分，
而且人物故事皆有榜题为赞。这些都是当时封建统治阶级及祠主本人所推崇、效法的楷
模，以宣扬儒家的政治思想和伦理道德观念为主。在这类画像里面，突出宣扬维护封建
统治秩序的忠孝思想和人身依附关系，那些忠臣义士、孝子烈女，都是为其主、为其父、
为其夫尽忠守节或"杀身成仁"的，可以说，这些是奉行封建伦理道德"三纲五常"的
形象标本。

汉代画像石多采用写意手法，常常以一人一马来代替千军万马。以火牛阵画像石为
例，这块汉画像石很可能讲的是战国时"火牛阵"的历史故事。此画像石所刻内容为全
国已发掘汉画像石中的孤例。

据《史记·田单列传》记载："田单乃收城中得千余牛，为绛缯衣，画以五彩龙文，
束兵刃于其角，而灌脂束苇于尾，烧其端。凿城数十穴，夜纵牛，壮士五千人随其后。
牛尾热，怒而奔燕军，燕军夜大惊。牛尾炬火光明炫耀，燕军视之皆龙文，所触尽死伤。
五千人因衔枚击之，而城中鼓噪从之，老弱皆击铜器为声，声动天地。燕军大骇，败走。
齐人遂夷杀其将骑劫。燕军扰乱奔走，齐人追亡逐北，所过城邑皆畔燕而归田单，兵日
益多，乘胜，燕日败亡，卒至河上，而齐七十余城皆复为齐。乃迎襄王于莒，入临淄而
听政。襄王封田单，号曰安平君。"[1]

图 3-15　汉画像石拓片　泗水捞鼎
江苏徐州出土

---

[1] 司马迁.史记[M].长春:吉林大学出版社，2011.

图 3-16　汉画像石拓片　二桃杀三士　山东嘉祥出土

以上记载的内容是，公元前 279 年，燕大举攻齐，在很短的时间里接连攻下了齐七十多座城池，眼看着齐国就要被灭。齐将田单在危急中组织反击，可惜兵力严重不足。于是，田单想出一条应对妙计。他挑选了城中一千头牛，往牛身上披上绸子，画上大红大绿、稀奇古怪的花样，又在牛角尖上绑上尖刀，尾巴上裹上渗透了油的芦苇。一天午夜，田单下令凿开十几处城墙，然后下令将牛尾巴全部点燃。牛尾巴一烧着，一千头牛被烧得牛性大发，排山倒海地冲出城去冲向城外驻扎的燕军，致使燕军慌乱大败。田单随后组织精兵强将，很快收复了失城。

二、现实生活类题材

现实生活类题材的画像石真实、形象地反映了汉代社会生活的各个方面，主要刻画了封建贵族的奢靡生活。这类题材在汉画像石中所占比重较大，常见的画面有车骑出行、楼阁尊居、生产劳动、宴饮庖厨、乐舞伎戏、博弈游戏、射箭比武及水陆攻战等。例如，江苏徐州睢宁县双沟出土的《牛耕图》，反映了当时"男务耕种"的农家劳动情景。图中一人驾牛犁田，儿童随之播种，一人送饭，田边停着装满肥料的大车，车上站着几只小鸟，车旁一犬憩息，犹如一幅优美的风俗画。徐州铜山区洪楼出土的《力士图》《百戏图》及苗山出土的《比武图》等，从多角度刻画了力士练功、比武场面和艺人表演"角抵戏"的高超技艺。当时贵族之家娴于游射田猎，坐良骑、挟弩持弓、牵狗走鹰、宝马雕车为整个上层社会所喜爱的场景，故车马成了汉画像石最常见的题材。汉车马雕刻技巧达到了较高的水平，马的奔腾、车的疾驰，给人以尘土飞扬、如临其境的感觉。这一类画像内容既是对死者的纪念，也是对死者永享富贵的祈求。以下举出两个例子进行说明。

酿酒画像砖：此画像砖反映了酒肆酿酒和销售的情景。画面正中是一妇人正在大釜旁操作，其右一人似在协助。灶前有酒炉一座，内有三坛，坛上有螺旋圆圈，连一直管通至炉上。左侧残缺，根据四川新都所出同一内容的画像砖可知，左侧上部是一推独轮车者，车上置酒，其下一人正挑着酒朝店外走去。酿酒业是两汉时期规模较大的一项手工业。当时的酒肆作坊，在都市和乡镇分布极广。这块画像砖上有酿酒使用的瓮形酒具，有一大瓮待以出售的成酒，还有售酒者、买酒者、运酒者，再现了当时小酒肆作坊生产与销售的情景，也反映了汉代饮酒风气之盛和四川酿酒业的发达。（见图 3-17）

图 3-17　汉画像砖拓片　酿酒　四川彭州出土

农作·养老画像石：画面顶部为动态中的双羊图，一羊回头，一羊直视，二羊通过目光产生了联系，有意有趣。中部为安逸悠然的养老图，画面中心为棕树下闲坐怡然的扶杖老者。左边仓房，一人手捧粮食而出；右边两层楼房，楼上二人，一人侧坐在接受对面一人所呈上之物，貌似主仆关系，楼下房门半掩，一人扶门而立。构图内容丰富，艺术表达清晰，将"老有所终"的社会和家庭主题用合适的艺术语言进行了阐释。画面下部所占构图面积最大、内容充盈，表现的是农作的场面，吊脚楼位于右边。放眼望去，有耕地，有水田，有农作物，有船，有鱼，有荷花，还有辛勤劳作的人们。"老有所终，壮有所用"的儒家社会理想和入世思想，在这幅画像石上表现得如此静谧和谐，体现了社会理想与个人追求的统一，非常具有代表性。（见图 3-18）

图 3-18　汉画像石拓片　农作·养老
成都曾家包汉墓出土

三、神话传说类题材

神话传说类题材的汉画像石表现了汉代人的思想意识和宗教幻想，这些题材多来自远古的神话传说。此类题材的画像，有西王母、东王公、伏羲、女娲、神农氏、黄帝、雷公、电母、风伯、雨师、北斗星君等神话人物，有乘云车及驾翼龙、飞鸟的神人，有驾鱼车、骑鱼的海神海灵，有肩生双翅或羽化自飞的仙人，有各种奇禽怪兽、祥瑞灵异等。例如，徐州沛县栖山汉墓中的汉画像石，有一幅坐在仙阁中的西王母像，仙阁有两层，楼上西王母头上戴胜，凭几而坐，楼下有一大鸟口衔食物，楼外有两仙人捣药，上方有三足乌和九尾狐，皆口衔食物向阁而来。这与《山海经·海内北经》所谓的"西王母梯几而戴胜，其南有三足乌，为西王母取食"的记载基本相符。这类画像内容具有浓厚的神秘色彩，包含了儒、道、阴阳五行等各种思想和神话传说演变发展而来的鬼神形象，也包含了古代人们对宇宙认识的朴素唯物思想。刻画这类题材的画像，主要是为了祈求天地神灵保佑和死后升仙，辟除不祥（见图3-19和图3-20）。夫妻对弈画像石、虎食女魃画像石也属于此类题材。

图 3-19　汉画像石拓片　宋山第四石西王母
山东嘉祥出土

图 3-20　汉画像石拓片
西王母　江苏徐州沛县出土

夫妻对弈画像石描绘的是东王公西巡会晤西王母，二人对弈饮宴的传说。在昆仑山仙树间的天柱悬圃上，左侧的西王母向右执杯做相邀状，右侧跽坐的东王公抬手做相让状，两人之间有一个方桌，上置棋盘，边上有钵、勺。可以想象，夫妻两人边饮宴边对弈，悠闲自得，不为人间琐事而烦心，让世人羡慕不已。

博弈游戏是汉代非常盛行的娱乐消遣活动之一，贵族王室对其迷恋程度已达到"好玩博弈，废事弃业，忘寝与食，穷日尽明，继以脂烛"的程度。汉代画像石中就有许多"博弈图"，一般为榻上二人对坐，中间置博局和箸枰。比如六博，是当时很受欢迎的一种棋具，可以用来赌博。共有十二颗棋子，六黑六白，二人相博，分别执六，所以得名六博。棋局分为十二道，两头当中叫"水"，放棋子两枚叫"鱼"。先掷采，后行棋，行到一定位置，则入水食鱼，每食得一鱼可得二筹，筹多者胜。

女魃是传说中的旱鬼。这种传说最早见于西周。关于女魃的最早记载在《诗经·大雅·云旱》中："旱既大甚，涤涤山川。旱魃为虐，如惔如焚。"更为具体的记载在《山海经·大荒北经》中："有人衣青衣，名曰黄帝女魃。蚩尤作兵伐黄帝，黄帝乃令应龙攻之翼州之野。应龙蓄水，蚩尤请风伯、雨师，纵大风雨。黄帝乃下天女曰魃，雨止，遂杀蚩尤。魃不得复上，所居不雨。"即相传黄帝跟蚩尤之间常年交战，黄帝就请女魃助战，战胜平息了蚩尤。可是女魃由于私自下凡触犯了天规，再也回不了天宫，便从此留在人间，祸害百姓。于是，驱逐女魃、消除旱灾的风俗就形成了。同样是《山海经·大荒北经》中的记载："魃时亡之，所欲逐之者，令曰：'神北行！'先除水道，决通沟渎。"到了汉代，驱除女魃的风俗更加盛行。关于驱除女魃的记载也很多，如张衡《东京赋》写道："囚耕父于清泠，溺女魃于神潢。"用于驱逐女魃的虎是白虎，是古人心中驱邪的神物。应劭《风俗通义》记载："虎者，阳物，百兽之长也，能执搏挫锐，噬食鬼魅。"画像上虎肩生翼，这是汉代人对于神仙的理解，反映出东汉末年经常出现旱灾，民不聊生，人们希望神虎能够替民除害的愿望，是汉代人在当时科学不甚发达的年代里对于自然的理解，把它画在门上，其目的如古书上所言，"画虎于门，翼于御凶"。墓主人希望通过神虎来镇墓，它是对汉代人的世界观的反映。

四、装饰纹样类题材

装饰纹样类题材的汉画像石主要以几何纹及其变形纹样为主，在画像石里起到装饰效果。这类纹饰从形式上可分为对称和不对称两种，内容上包括几何图案、动植物图案等，主要的纹样有柿蒂纹、联璧纹、菱形纹、环形纹、三角纹、绳纹、波浪纹、钱币纹、鱼纹、玄武纹、蟾蜍纹等。（见图3-21）

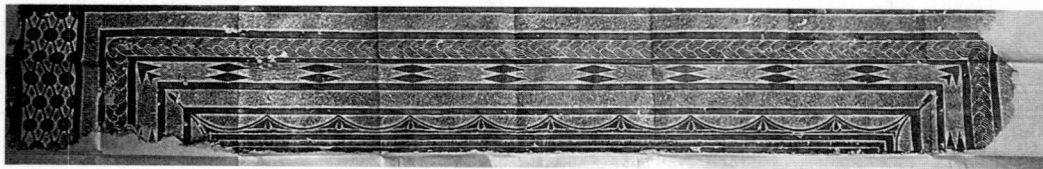

图 3-21　汉画像石拓片　装饰纹样　山东嘉祥出土

五、其他题材

除了上述的一些题材以外，汉画像石中还有其他诸多题材的表现，如体育题材（见图 3-22）、祭祀题材等，对于祖先的祭祀、对于西王母的祭祀，对于五帝（青帝太昊、炎帝蚩尤、黄帝轩辕、白帝少昊、黑帝颛顼）、五神（东方句芒、南方祝融、中央后土、西方蓐收、北方玄冥）的祭祀，对于灵星（天田星）的祭祀，对于后稷的祭祀等。

图 3-22　汉画像石拓片　马术　山东沂南北寨村出土

第四章　汉画像石的艺术意蕴

汉画像石作为一门墓葬艺术，是绘画与雕塑结合的具有装饰作用的绘画形式，具有题材丰富、构图饱满、造型生动、层次分明、雕刻精湛、纹饰精美等独特的艺术风格，是我国艺术宝库中的瑰宝。研究它的艺术风格对我们了解汉代社会的精神风貌、艺术追求、审美趋向大有裨益。汉画像石无论是从构图、造型、雕刻手法还是装饰特色等方面都将成为当今美术考古与学术研究领域的热门课题。

第一节　艺术风格

画像石图案是以石为壁、以雕刻代替笔墨的装饰艺术，也是我国最早的浮雕艺术。由于汉画像石是绘画与雕刻结合的具有装饰作用的绘画形式，故兼有二者的特征。因为石材打磨不容易，所以又造成画像石画面的充盈性，散点透视，以满为美，主副相配，有意想不到的效果。另外，汉画像石还具有雕刻艺术之美，形象单纯洗练，雕刻手法多样，因此在古代艺术中独具特色。很多作品在结构、造型和线条的运用上，已经达到质朴雄劲和生动遒美的境界，形成汉画像石独特的艺术风格。

著名史学家翦伯赞先生在《秦汉史》一书中写道："汉代的石刻，以石刻画像最为发展。所谓石刻画像，并不是一种画面造型的立体雕刻，而是表现于平面上的一种浮雕。而且这种浮雕，并不像希腊的浮雕在表面上浮起相当高的形象，令人感到立体的意味，而是像埃及式的浮雕一样，仅在平面上略作浮起，甚至仅有线条的刻画，以显示一种令人感到画意的形象。" [1]

---

① 翦伯赞.秦汉史［M］.北京：北京大学出版社.1996.

一、善于运用分层分格的构图

汉画像石善于运用分层分格的构图，把天上、人间、包罗古今的众多事物有条不紊地展现出来，形成构图复杂、饱满均衡、细致绵密的特点，不拘泥于物像形似的模拟，而是大胆运用夸张或是"变形"手法，以获得更好的艺术表现效果。汉画像石还充满了浪漫主义色彩，那些乘云驾鹤的神仙，以自然天象拟人化的表现，反映了工匠艺术家们海阔天空、驰骋丰富的想象，是我国艺术的珍品。

《华夏帝王及北斗星君》（见图4-1）画像共分为三层：第一层为《华夏帝王十人图》，第二层为《北斗星君图》，第三层为《官吏车马出行图》。原石由五幅画像构成，由于其风格独特、气势宏大、精美绝伦，被世人称为"天下第一石"。从整体看，该石画面横贯帝王群体和人物、动物群体，场面宏大、蔚为壮观；从每个细节上看，具象写实人物、动物清晰而真切，线的运用极具概括力和表现力。人物造型在避免雷同的同时突出了个性的刻画，如大禹持耜的形象个性彰显，成为家喻户晓、妇孺皆知的标准形象。东晋顾恺之认为，凡画，人最难，次山水，次狗马。画像中十位帝王肖像个个气韵生动、形神兼备，是汉代人物肖像的典范之作，著名的陕西黄帝陵所供奉的黄帝塑像就是以此肖像为原型的。

图 4-1 汉画像石拓片 华夏帝王及北斗星君
山东嘉祥出土

二、多角度的刻画突破时空局限，拓展意象空间

从不同角度表现人物的气质和内心情感。中国人物画的构图处理脱胎于自然，却不受自然的束缚，而能从自然规律的局限中解放出来，取得意象表现的自由。南阳汉画像石中的人物画已普遍采用这种手法。

出土于唐河针织厂汉墓，现藏于南阳汉画馆的《车骑出行》汉画像石：画面中右侧两辆车，皆乘两人。车前有两辆导骑，并持弓弩。狭长形的构图中，人物和车马之间留有较大的空间并且在画面的上方和下方都留出不小的空白，加长了马的小腿，这样使四匹行进中的马显得更加轻盈矫健，衬托出一派闲逸安乐、悠游自在的轻快气氛。

画面中四匹马的动态极为接近，姿态和体格近于重复，画者通过马背上人的动态的生动变化活跃了画面的气氛。左侧第一人骑于马上，肩负一副弓弩，手勒马缰，马稍稍领首，举步前行；第二人似没握紧马缰，马轻仰首，举蹄快走，马背上的人抓住手中的弓弩，作为画面中主体人物的戴高冠者稳坐于车中，前面有一车夫驾车，驾车的骏马正伸脖向前，似在奋蹄直追前面二骑，此组车马后面紧跟另一组车马，由于和前面的车距较近，最后这匹马的车夫似微微收紧了马缰，稍稍拉开车距，车中人物仍是一人身形较大，另一人身形较小。从这幅画中我们可以发现一个有趣的现象，作者根据人物动态的不同和身形的大小表现出他们社会地位的尊卑：戴高冠者稳坐，形体采用较为方正的长方形，重心垂直，体积也较大；导骑者体积次之，但是动态感很强，甚至出现了差点被自己所骑的正奋蹄前行的马颠下马背的较为滑稽和不雅的动态；马车夫的身形最小，在这幅画面中的身份也最卑微。

在南阳汉画像石的《车骑出行》画面中，作者仅是通过简约的轮廓和历经千年以后已显得简略的结构线和匠心独运的空间安排巧妙地呈现给观众一幅声情并茂的车骑出行的画面。乍一看去，四匹身形和动态接近得近于重复的马，马背上和车上简直有点图案化的简单造型的人，近于重复的车，都好像没有什么奇特之处，而经过稍一仔细分析，马的神态、人的神态都极为合乎情理，这不能不令人惊叹。在尺幅的石面上，马蹄轻扬，骑马驾车人的悠游自在，衬托出石面上空白部分广袤的城郊旷野，在尺幅之间营造出了咫尺有万里之势的无限开阔的空间。

三、夸张精练的造型，是艺术创作手段之一

造型是运用艺术手段依循美的规则，将处于变化运动中的事物予以概括、综合、凝聚、固定的物化与升华的过程；创作过程中对形象的提炼、加工以至必要的夸张、变形，都是为了更有效地突出形象本身的审美特点；造型不是创作的最终目的，而是揭示艺术主题的一种手段。中国传统绘画强调"以形写神""形神兼备"，"造型"与"传神"两者相辅相成。汉画像石的图像造型是对形象外部形貌和特征的把握与刻画，在以线造型的基础上进行精雕细刻。

在目前发现的山东汉画像石中，沂南北寨汉墓的画像是用线造型、刻画形象最精到的，不管是直线、折线、曲线，还是波浪线，都粗细均匀、刚劲有力，直线均匀有力，曲线富有弹性，波浪线则回环自如、气随线运，表现出了匠师们技艺的娴熟、做工的精细，以及敬业精神的内蕴，不管是大场面祭祀图中的建筑、人物刻画，奇禽、怪兽、灵异画像中的形象表现，还是带题榜的人物画像的边饰纹样，每一线条都刻画得细致精彩、一

丝不苟，这在其他地区的汉画中都是极为少见的。武氏祠汉画中也有线的运用，但达到如此程度的不多，并且风格各不相同。1951年在烟台福山东留公村出土的《车马行进图》画像有如此精神，但总体量又远不如沂南汉画像石。

在传统绘画艺术中，线是最能出神出彩的重要元素，沂南汉画在大量用线的同时，一直紧抓线的精神不放，长线、短线、直线、曲线，都不放过，细微处，毛发胡须都认真对待，并与人物的形象特征、情节特征、意境特征形神暗合，精、气、神十足。例如，《沂南古画像石墓发掘报告》中的多幅画像的处理，须眉毕现，有的前仰上翘，有的飘洒有致，都与人物动作及故事情节极为吻合。这其中有传统艺术中用线的基础，有匠师们对所表现内容的理解，也有创作者的生活体验，自然更是他们娴熟技巧及认真态度的流露。汉画像石在表现形式上、造型技法上别出心裁。（见图4-2）

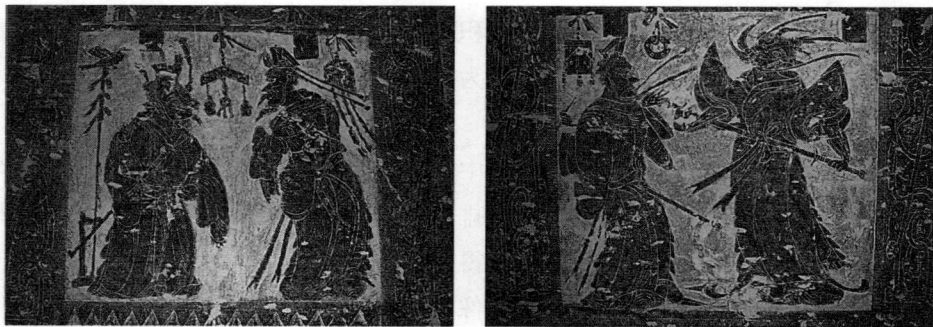

图 4-2　汉画像石拓片　山东沂南北寨村汉墓出土

南阳汉画像石中人物形象的刻画，除少量的平面阴线刻外，大多是以浅浮雕的形式来表现的，采用平底或横斜纹衬底两种形式。线条作为其主要的表现方式，并不着力于局部结构和细节的刻画，而是强调突出画面的整体神韵和气势，通过简练的雕刻表现出夸张的艺术效果。

四、饱满均衡的构图是绘画艺术的基础

在中国传统绘画中，构图又称为"章法""布局""经营位置"，被认为是"画之总要"等。在平面的二维空间上，恰当地安排和处理图像之间的位置和关系，是非常重要的。汉画像石的构图章法、布局排列有序，已形成独立的构图。徐州汉画像石构图的特点主要体现在散点透视、分层分格、饱满均衡、对称呼应等方面，有些汉画像石的构图根据题材内容已形成了特有的规律和程式。

（一）散点透视

汉画像石中采用的"散点透视"的方法，包括仰视、平视、俯视和多角透视，有时

仰视、平视、俯视在同一幅画面中同时出现，如铜山区茅村汉墓出土的《庄园楼宇图》，就是把楼上、楼下的拜谒者、宴饮者、庖厨者、饲马者等各种人物的活动全布置在一个画面里。徐州市郊韩山散存的《邀看比武图》，其画面分为四个部分，就是以四段连续的画面来构成一个完整的主题故事。同一个人物在不同场景中多次出现，把不同时间、不同场景巧妙地组合在同一幅画面中。贾汪青山泉汉墓出土的八米长卷《缉盗荣归图》的画面从右方开始，通过图像的形式把汉代社会上捕拿罪犯、审讯、使用刑具、押送囚犯以及村内庖厨汲水炊烟、亭长拥笏执盾在村口迎接捕盗人员的全过程清楚地展现在人们眼前。"散点透视"使得画面视野宽广辽阔，构图更加灵活自由，冲破了时间与空间的局限，体现了情景交融的美学追求和高度概括的表现手法。

（二）饱满均衡

徐州汉画像石的构图是满的，也可以说成"密"或"繁"，不仅运用多层次分层分格法，而且就算在一个层次内，画面也是满的，运用飞动的云气纹穿拓、飞翔的小鸟来牵连或者在空白处再纹补一些小人物或鸟头，打破了画面的宁静，使空间变得运动起来，使动与静、人与自然巧妙地结合起来，画面虽然饱满均衡，但满而不乱、多而不散。汉画像石巧妙而恰当地运用了变化统一的形式美规律，画面布局多而满，富于变化的局部服从于整体统一的结构，灵活多变、相互交错、前后呼应。一些画面构图饱满完整，内容丰富，一眼看去使人应接不暇，但每幅图都有一个主题，或从上到下，或从左到右，或从中心主题入手，把重要的东西布置在突出显要的位置上，刻画得高大而精致，把次要的布置在虚处、画面的边缘处，主次分明、详略得当。这样，人们在欣赏时便不会感到视觉的吃力，在审美愉悦的同时也能清楚明了地理解画面所表达的观念与意义。

（三）对称呼应

"对称"是指左右或上下具有相同形态的造型，也可以说是以一轴线向两个相对的方向以等距离延展开而形成左右相反的相同图像。汉画像石中的对称造型绝大多数是分布在垂直轴线的左右两侧。呼应主要是指作品中前后、左右、上下的呼应。以江苏徐州汉画像石为例，可大体上归纳为以下两种较为典型的构图程式：一种是主要人物居中的对称构图。例如，沛县出土的《双阙门吏图》（见图4-3）就是一幅中心突出、情景交融的场面构图。画面正中刻一重檐门阙，阙中斜置二戈；两旁有二门吏执棒相对躬立；阙前一人，似捧盾状；阙上方表示野外，有二犬逐一兔，前后二人执网捕捉。该图反映了贵族地主"出则驰于田猎"的场面。首先该画面在结构上以石阙和捧盾者为中心；其次为两侧的门吏；再次是上方形象略小的执网捕猎者。人物形象近大远小，这样使主题突出，远近层次分明，甚有条理，整个画像以平列手法布局，主要人物居中，面对观众，构图均衡对称、结构严谨、形象清晰，具有庄重沉稳的装饰美。这种主要人物居中的对称构图在汉画像石中很常见，在徐州汉画像石中也很明显。值得一提的是，此图整体画面较对称，而上方二犬同向左方逐兔，既打破了对称构图容易造成的呆板局面，又增添了画面的生动活力，足见作者的匠心。

图 4-3　汉画像石拓片　双阙门吏图　江苏徐州沛县出土

　　另一种是人或物偏重一方，空出一、二角留白的构图。睢宁县双沟出土的一汉画像石，下刻轺车，上方刻人首蛇身像。一马拉轺车向右扬蹄嘶奔，车上方的人首蛇身像尾部也右弯延伸，似有动感。而右上角留白，使画面上的物像前行无碍，不至阻塞，给观者一种舒畅的感受。这就是中国画传统理论中所讲的"画三不画四"的具体运用。再如铜山区茅村征集的《亭长门卒图》画像石。画面上刻一俯首执盾的亭长和一拥彗的门吏，主要人物俯首向前，头部倾向左上角，而足占满画面的右下角。拥彗门吏形体和亭长相比显得很小，被安排在画面左边缘。这样使主要人物和次要人物在比例上明显悬殊，仿佛形成了近大远小的透视关系，拉开了两个人物之间的距离。由于画面右上角和左下角留下空白，使画面的空白处有天空和地面的感觉，这就是中国画中"计白当黑"的道理。另外，徐州汉画像石《神人乘羊图》也为此种构图。

　　徐州汉画像石内容平铺直叙，表现直接，造型简括，给人以质朴感，结构布局上追求形式美。构图结构的程式化，是其艺术成熟的表现。以上所述的构图程式，只是徐州汉画像石中的部分典型例子，除此以外还有其他一些构图形式。在南齐绘画理论家谢赫的《六法》中，所谓的第五法"经营位置"，即指绘画的构图。可见自古以来，构图被认为是美术创作的一个重要因素，是构成绘画形式的一个组成部分。从徐州汉画像石的画面构图，可见民间工匠在这方面的远见卓识。

　　汉画像石的艺术风格体现出了时代风格和地域风格的特性，如西方艺术史中的罗马式、哥特式、文艺复兴式、巴洛克式则分别是各自时代的典型风格；又如汉至六朝之画"迹简而意澹"，初盛唐之画"雄浑壮丽"，均反映了不同的时代风格。中国现代文学家、考古学家郑振铎说："汉代艺术是精致的，但没有琐碎之感；是浑厚的，但没有板涩之处；是生动活泼的，但没有浮躁之失；是写实的，同时也结合了伟大的传统的幻想。"[①]徐州汉代画像石同样反映出了与众不同的时代风格和地域风格。全国汉画像石的艺术风

---

　　①　郑振铎.中国古代绘画概述［M］.杭州：浙江人民美术出版社，2019.

格共性大于个性。服刻技法的发展阶段基本相同，在题材、构图、造型上有着千丝万缕的联系。鲁南的汉画像石和徐州地区的汉画像石艺术风格比较接近。河南、四川、陕北等地的汉画像石艺术风格也各有其地方特色。我国的汉画像石分布如此之广，其表现的内容、雕刻、布局等，都有待我们去做进一步的探讨，从而使我国艺术宝库中的这颗明珠散发出更加耀眼的光辉。

第二节　艺术成就

画像石是汉代文化艺术的重要组成部分，对汉代的社会生活做了全面描绘。汉画像石的概括性、变形性、现实性、自由性及旋律性是其主要的艺术特色。汉画像石的独特艺术魅力让人们领略了汉代的文化生活，满足了人们的审美需求，取得的艺术成就在中华美术史上留下了浓重的一笔。对画像石的雕刻技法、构图艺术、写实技法、精神信仰等进行研究能够为研究汉代的政治经济、文化艺术及民俗生活提供帮助，为现代人的艺术创作带来启示。

一、以线刻为主的雕刻技法

"画像石"或曰"石刻画像"，顾名思义就是在石料上刻画物象。当时匠师们用刀斧先刻出图像的轮廓，再用各种线条表现物象的神态，刻画细部。这种画像具有粗犷豪放、浑朴古拙的艺术风格。汉画像石与绘画的区别，主要就在于它是以刀代笔、取石为纸，其形象和绘画一样，都是用线条勾勒出来的。但是以线条为基础的汉画像石的雕刻技法是丰富多样的。目前学者们主要有两种观点：一种观点认为汉画像石有六种雕刻技法，即线刻、凹面线刻、凸面线刻、浅浮雕、高浮雕、透雕等；另外一种观点则认为，汉画像石艺术有八种雕刻技法，即除上述六种外，还有凹入雕和阳线雕两种。

尽管汉画像石中有凸面、凹面、弧面、平面等几种雕法，但其主体都是线条，主要的特点和绘画差不多。大部分汉画像石的线条艺术特点类似绘画中的"没骨画法"，即用刀直接勾勒物象的轮廓，不着力于局部的勾画和细部的刻画，而强调突出物象整体的形似和动势，刀法虽像写意，但形象又是严谨的。这种艺术效果不是"没骨"而是"隐没"了骨，所以汉画像石的线条常表现出一种内在的弹性力，如南阳汉画像石《后羿射日》中后羿弯腰拉弓的神态，《车骑出行》中奔腾的马足，以及《象人斗兽》中犀牛浑身紧张的肌肉，都给我们以弹性力的感觉。

此外，汉画像石为了表现物象的各种特定的质感，还运用了其他线条的画法。如用很细的线条来表现柔滑的衣服，类似绘画中的"高古游丝"的线条画法，细而流畅。山东沂南出土的《丰收宴饮图》，就很好地运用了这种"游丝"线条，把衣服画得柔软飘逸，布的质感很强。在这块画像石中，同时可以看到当时的工匠艺术家为了表现粮食的颗粒以及家畜身上的细毛，还采用了长短不同的"麻点"刻法。山东沂南北寨出土的《建鼓舞》汉画像石，形象非常生动，尤其是羽毛的表现，采用了"顿笔"的画法，把羽毛的质感及其在微风中悠然飘舞的特征都刻画了出来，通过这些线条的变化转折，成功地勾勒出了物象的形象和神态。

更为可贵的是，许多汉画像石还不同程度地利用了浮雕的表现形式。通过剔地，使物象的轮廓突出来，并利用突出来的高低不同来表现物象的起伏。沂南出土的半圆形门的许多部位刻透镂空，立体感极强，可能这些就是我国浮雕的雏形。

二、构图的艺术

合理巧妙的构图可以使主体更为突出、鲜明和生动，收到相得益彰的效果。汉画像石的构图多种多样，有人大致把它分为三类。但是至今对其各种构图的艺术得失却较少有人详加论述，以下就其各种构图的艺术成就做一简述。

第一种：构图繁密，满天满地，不多留白，装饰性和图案性较强。这类汉画像石粗看似有不少多余的装饰和补白，把整个画面挤得很满，如南阳汉画像石中的《建鼓舞》，画面中间树一面建鼓，鼓架为正方形，两边各悬一面对称工整的小铜锣，上端有伞盖对称的羽葆，两个鼓手各执两桴，且鼓且舞，做相同的动作。乍看这里的"建鼓舞"似乎装饰化了，但细看以后，便会认识到伞盖对称的羽葆更强化了两个舞者对称整齐的感觉，给人以对称的美的艺术享受。

汉画像石构图繁密的另一种情况是，一块画像石中出现多种题材。这种现象在汉画像石中极为常见，一般内容复杂却能处理得既分布全幅、十分饱满，又互相联系、有条不紊，既突出某些主要内容又花团锦簇，不显孤立。例如，睢宁县出土的一块门相汉画像石中，刻一石桥，桥上为车行，前有骑吏，各执长矛，后有卫士，持刀跟随，桥下有渔人捕鱼，一人正做撒网状；另一船已满载鲜鱼，准备回驶。汉代匠师利用这块半圆形石料，表现一座拱形桥的上下情景，一桥相隔，层次井然，而且生动逼真，可谓匠心独运。

第二种：有少量补白。这类构图的画面疏朗明晰，内容一般比较单纯，但场面并不见得小，如《拜谒图》（见图4-4）中，主人踞坐，右边四人拜谒主人，左边两侍吏执戟肃立。画面上部饰以飞禽走兽，使整个画面显得匀称美观，同时也衬托出了主人的尊贵。再如，《羽人飞廉》的空白处，散饰缭绕的云气，衬托出羽人飞廉风驰电掣的动感。

图 4-4　汉画像石拓片　拜谒图　江苏徐州出土

第三种：除了必要的"道具"外，画面无任何补白和装饰。一般内容单纯，大部分是一个历史故事或一个生活中的小场面，如南阳的《晏子见齐景公》等，画面横幅展开，上面仅安排四五人，除了须贾捧着件袍子，武士腰挂长剑外，都是空手的人物，空白处也无任何补白或装饰。这类画像中有的人物也比较多，如山东济宁慈云寺天王殿汉画像石中的《出巡图》。前有荷戈导引，后有骑马卫士，中间是主人和驭手在马车上，无任何点缀，朴实无华，人物神态及人与物构成的情节非常鲜明，主题极为突出。

三、开写实艺术之先河

早在仰韶文化时期的一些陶器上，已出现了一些人面纹、鱼纹及一些动物的形象，可以使我们体察到当时以渔猎为主的社会生活，而真正能使我们看到当时社会的绘画艺术，则是从汉代开始的。

翻开汉代史书，就可以发现，当时大的宫廷宴饮活动名目繁多、连年不断，各级官吏、豪富、大贾也竞相仿效。动则大设酒宴，借以媚上骄下、沽名钓誉、拉拢关系，形成了一股极坏的社会风气。这种现象在各地的汉画像石的"宴饮"中有着生动翔实的刻画。以河南新密打虎亭一号汉墓中出土的《宴饮图》为例：宴会大厅上帷幔高悬，富丽堂皇，主人端坐在方形大帐内，其前设一个长方形大案，案上有一托盘，内放杯盘碗碟；两侧各有一列宾客席，从图上看已有三位客人先到，并在互相交谈；画面的左侧有四人，左起第三人身体肥胖，矜持高傲，似是赴宴贵客，刚被左右三人引入。画面表现的仅是宴会的一角，整个宴会规模之大就可想而知了。在打虎亭的另一件汉画像石"庖厨"上刻着十个人，按其操作程序，可分为屠宰、汲水、洗涤、烹饪和来回送食物的侍人等四组。它和"宴饮"联系起来，组成了一幅生动的连环画：前面是大吃大喝的"寄生虫"；后面是汗流浃背、拼力操作的贫民。二者形成鲜明的对照，这是汉代统治者压迫人民、吸食人民血汗的真实写照。

此外，汉画像石中还有"顶杆（见图4-5）""七盘舞""绳技""击建鼓""狩猎""音乐"等。它已摆脱了商周时期抽象化的束缚，用写实的手法反映了汉代社会的各个方面，开辟了绘画写实的先河。

图 4-5 汉画像石拓片 顶杆
山东沂南北寨村汉墓出土

四、浪漫幻想的王国

人世的、现实的图景，在汉画像石中占有重要的地位，这是艺术发展的必然结果。然而，蕴藏着原始活力的浪漫幻想，在汉画像石中也占有很大的数量。它把生者、死者、仙人、鬼魅、历史人物、现世图景和神话幻想同时并陈，原始图腾、儒家教义、谶纬迷信共置一处，展现出一个混沌而丰富、情感粗犷而热烈的浪漫世界。现实主义与浪漫主义的自然融合，这时已经比较成熟。女娲、伏羲是汉画像石中常见的题材，有的分别刻在相对应的两块石上；有的合刻在一起，两条蛇尾紧紧交缠着；还有的在他俩中间刻一个神（或是神中最尊贵的"太一"），他一手抱伏羲，一手抱女娲，像是强把他俩给合在一起。可见，尽管汉代儒家思想已深深浸入绘画艺术，"成教化，助人伦"已被规定为绘画艺术的准则，但它却掩盖不住画像石中富有浪漫主义的戏剧性的表现（见图4-6）。

汉代崇尚儒家学说，"忠、孝、礼、义"思想在汉画像石中反映颇多，然而在儒家思想笼罩下的汉画像石中却闪烁着叛逆的光点。山东出土的汉画像石中有这样一个画面：一个贫民妇女在织布，当她丈夫回来时，来不及下机就倾身去迎抱她丈夫，男子则急步向前，也迎抱他的妻子，整个画面非常生动。"男女授受不亲"是儒家的传统主张，它在整个封建社会中，一直根深蒂固地统治着人们的思想。然而汉代工匠艺术家，却能冲破儒家说教的禁锢，大胆生动地刻画了一般平民的天伦之乐，这是多么浪漫的画面、多么可贵的叛逆精神！

升仙思想在汉代人们思想中非常炽盛。而龙、鹿是升天运载工具，南阳出土的"鹿车"正表达了人们这种得道升天的浪漫幻想的思想意识。画面的中央刻两鹿拉一辆"云车"在飞驰，其中坐着驾车人和即将升天的主人，车后还有一个手执灵芝的羽人及一鹿跟随，空隙处还点缀着朵朵云彩，把升天的气氛烘托得更加强烈。此外，汉画像中还有"后羿射日""嫦娥奔月""虎车"等，都充满了浓厚的浪漫色彩，展示了一个乐观的浪漫幻想的王国。

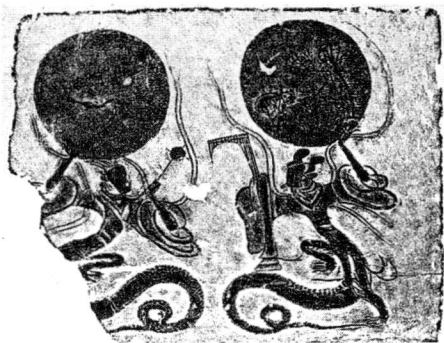

图 4-6 汉画像砖拓片 伏羲女娲
四川彭山出土

五、"传形"与"传神"的统一

过去一般认为汉画像石不注意细部的刻画，即不能"传形"。其实，并不是所有的汉画像石都不能"传形"，只是大部分汉画像石更侧重于"精神"的刻画，以形从神而已。然而汉画像石中，也不乏形神兼备的好作品，如山东沂南的《建鼓舞》（见图 4-7），中间竹柱竖立，上装两层"幢"，边沿下垂"流苏"，上层"幢"顶立一个鹄鸟，象征着建鼓声能远扬四方；"幢"下有一个巨型大建鼓横挂柱上，两侧羽葆飘扬，右边一人边舞边击鼓。整个画面干净明晰，连细部也很清楚。舞者的衣着华丽而又整齐，眉目清秀，五官端正，英姿仪态，跃然石上。从向后飘舞的衣带可以看出，这种舞蹈的节奏是相当快的，而舞者的脚步稳健自然，足见其舞技之娴熟。这件作品中"传形"和"传神"达到了高度的统一，它是汉画像石中的一件珍品。

汉画像石中禽兽的形象有二三十种，可谓种类繁多。白虎和朱雀是被古代人们神化了的形象，因此在汉画像石中，它们不仅是对自然界虎和雀的简单摹写，而且还通过其外部形态的夸张和强化，刻画出其内在的性格特征。虎是人们认为不易画好的动物之一，但汉画像石中的虎，无论是张牙舞爪地扑食搏斗，还是慢条斯理、悠然自得地走动，虽姿态各异，却都能使人感觉到兽中之王的威严。例如，南阳出土的《白虎星座》中的虎，匠师不仅抓住了白虎吊睛白额、昂首翘尾的外部特点，而且还表现了猛虎的徐缓中寓迅疾，柔韧中见雄健，一吼而山谷震撼、百兽惊恐的威势。从画中我们既可以看到虎的雄健之形，又可以感受到其威镇百兽的神气。朱雀是神化了的飞禽，汉代艺术匠师们通过对其冠和尾的夸张，使它显得雍容华贵、气宇轩昂，收到了较好的艺术效果。

图 4-7　汉画像石拓片　建鼓舞
山东沂南北寨村汉墓出土

综上所述，汉画像石是汉代一种广为使用的刻画艺术。它是汉代社会发展的产物，凝聚着汉代艺术匠师的智慧和汗水。它不仅以其丰富的内容为研究汉代历史提供了宝贵资料，更以其丰富多彩、精湛高超的刻画艺术，在我国美术史上留下了光辉的一页。

第三节　思想观念

人类文化是由一元向多元发展的，人们为满足生存需要和精神需要而进行的工艺设计制作，生动形象地表现了人们的内心世界。汉画像石首先是作为建筑构件而存在的，它们起到墓葬与祠堂祭祀建筑的结构作用；同时这些砖石又成为特殊的画面载体，昭示着人们对于阴阳与生死的思索。

一、汉画像石中的宇宙观

汉画像石用图像对汉代社会进行表现，它们既是实用的，也是审美的，且主题鲜明、简洁凝练，以生动的形象淋漓尽致地体现了汉代人囊括宇宙、并吞八荒的宏伟气概，充分体现了汉代人对于生死问题朴素而深刻的思索。

汉代是一个进取和充满生机和活力的时代。历史学家任继愈指出，秦汉哲学基本上讲的是关于宇宙构成的认识之学。汉代哲学的主题和基调是人的强大有力和对天（神）

的征服。在天人关系中，形式上是天支配、主宰人，实质上是人支配天。的确，秦汉时期的"天"是为人服务的，人们充分利用"天"这个能够无穷无尽挖掘发挥的资源为实现政治、社会生活所用。汉代对宇宙的解释，一类比较抽象玄虚，如《淮南子·天文训》中，讲述天地没有产生以前，混沌未开，后来"宇宙生气，气有涯垠，清阳者薄靡而为天；重浊者凝滞而为地，清妙之合专易，重浊之凝竭难，故天先成而地后定。天地之袭精为阴阳，阴阳之专精为四时，四时之散精为万物"。汉代人对天的认识是模糊的，但已具有整体的把握。

另一类解释则简洁明快。《淮南子·齐俗训》中有"古往今来谓之宙，四方上下谓之宇"的说法，这是抽象、空泛意义上的"宇宙"。汉代人高诱注《淮南子·览冥训》时曰："宇，屋檐也；宙，栋梁也。"东汉学者许慎在《说文解字》中对"宇"的解释与此相同："宇，屋边也。"说明这是当时社会上较流行的说法。汉代宫殿建筑中注重"反宇"即屋檐上挑以向阳采光，也是从这个意义上使用"宇"。这便是"具象"的，人们触手可及、能自由出没其中的"宇宙"。

在战国秦汉的流行观念中，还有天柱、天门，也是从住宅的空间形象去推论宇宙结构。比如天柱，人们认为天体由柱子撑起，《楚辞·天问》中有对"天极""八柱"的一连串发问："天极焉加？八柱何当，东南何亏？"说明战国后期楚人的思想中，对于八柱、天极，已有较为深入的思考。《淮南子·览冥训》回顾"往古之时，四极废，九州裂，天不兼覆，地不周载……女娲炼五色石以补苍天，断鳌足以立四极"的传说，提出"天地之间，九州八柱"之说。《河图·括地象》则明确："昆仑山为天柱，气上通天，昆仑者地之中也。"昆仑山应是大地之中的天柱，正如住室中的顶梁柱。

天门是人们想象中的天宫之门。《楚辞·九怀》有"天门兮地户"的说法，天门与地户相对。《楚辞·九歌》中又有"广开兮天门"的说法。《淮南子·原道训》中记载："是故达于道者，反于清静。究于物者，终于无为。以恬养性，以漠处神，则入于天门。"这就是说清心寡欲的人才能得道升天。"天门"在汉画像石中往往以双阙的形象出现，有的在双阙中明确刻以"天门"二字。四川石棺以及铜牌中屡有此类画像，它们绝大多数刻于石棺前端。天门完整的配置即标准形式是天门前面有人、天门顶上有鸟，简略形式则是仅有双阙，或双阙前或中间有人，或双阙上有鸟。最常见的是双阙，中国古代观察自然现象是粗疏的、直观的、感性的，不可能真正认识天体的本质。汉代人仰观天象，俯察人文，只能用"具象"的事物来表现抽象的概念和万物，而用眼前的住宅来比作宇宙，便清楚明了。宇宙的抽象与"具象"，天地的生成与演变，尽在眼前。

"宇宙"既然是可以把握的，那么在现实社会中便可以去表现它、驾驭它。民众希望得天地之恩泽，企盼富贵、长寿、升仙，常见于屋檐瓦当上如"长生无极""长生未央""延寿长久"等吉祥用语，生活起居中用具如铜镜上的吉祥文字等，说明这种思想观念在社会上具有非常广泛的影响。（见图 4-8）

图 4-8　汉画像石拓片　飞天

二、汉画像石中的丧葬观念

在汉代的世俗生活中，生死问题往往与家族、宗族的延续联系起来，从血缘亲情、人性和礼仪规范等诸多因素考虑，人们非常重视丧葬的过程。

人们对亲人离去后的亲情难以割舍，总是有痛彻肝肠的感受。《吕氏春秋·节丧》中记载："孝子之重其亲也，慈亲之爱其子也，痛于肌骨，性也。所重所爱，死而弃之沟壑，人之情不忍为也，故有葬死之义。葬也者，藏也，慈亲孝子之所慎也。"山东东阿县发现一块东汉桓帝时期所建石祠堂的门柱石（见图 4-9），为四角形，正面刻题记，其他三面刻画像，正面上部题额"东郡厥县东阿西乡常吉里芗他君石祠堂"，这是芗氏两兄弟为死去的父母所立的祠堂。郡、县、乡、里，清楚地标示出死者的籍贯。题记的前半部分记述芗他君夫妇及其已故的长子芗伯南的经历，后半部分写祠堂的建造过程。其中曰"克念父母之恩，思念忉怛悲楚之情，兄弟暴露在冢，不辟晨昏，负土成墓，列种松柏，起立石祠堂，冀二亲魂零（灵），有所依止"，真切地表达了芗氏兄弟对父母的眷恋之情。

图 4-9　东汉门柱石及拓片　山东东阿县出土

汉代人认为人间生机勃勃，冥界阴森恐怖，仙境因虚无缥缈而令人神往，于是将人间的生活图景与人们想象中金碧辉煌的宫殿，祥云缭绕、瑞兽毕集的仙境融为一体，在墓室中予以尽情展示，这样冥界的阴森感在一定程度上便可以被消融化解。画像石、画像砖墓便应运而生。

汉代人对于阴宅的选址与建造较之阳宅似乎更为重视。在人们的意识中，它担负着荫庇后代、子孙昌盛、家族兴旺的重任。汉墓中镌刻的"富贵宜子孙"便直白地表达了这种心愿。博学睿智如张衡者，也在《冢赋》中描绘了对自己墓地的设想："高冈冠其南，平原承其北，列石限其坛，罗竹藩其域。系以修隧，洽以沟渎。曲折相连，逶靡相属。"张衡此赋描写的墓地地理环境优越，墓园宽敞，翠竹环绕，祭坛居中，子孙后代祭祀不绝，象征着家族兴旺，后继有人。这是普遍存在的社会心理。

人们选择墓地一般要选高敞之地。《吕氏春秋·节哀》载："凡葬必于高陵之上。"《吕氏春秋·孟冬纪》又说："葬不可不藏也，葬浅则狐狸扣之，深则及于水泉，故凡葬必于高陵之上，以避狐狸之患、水泉之湿。"这是一种朴素的愿望。韩信为布衣百姓时，母死，贫无以葬，却"行营高敞地，令其傍可置万家"，访求高敞之地葬母，设想将来有万家守陵之人，表现的是韩信高远的志向和充分的自信，同时也带有一些神秘的意味。成帝建昌陵，墓址地势低，需"取土东山"，引起群臣反对，谓"昌陵因卑为高，积土为山，度便房犹在平地上，客土之中不保幽冥之灵，浅外不固"，不如原来选定的陵址"因天性，据真土，处势高敞"，昌陵因此而废。洛阳北邙岭上众多汉墓的分布，正是在这种思想下形成的。可见无论帝王还是庶民，墓地"行营高敞地"是共同的追求。中国古代推崇金石之固，汉代的地上石祠与地下的画像石墓，以石为材，精心雕刻，有其深厚的寓意。人们追求金石之固，希望石祠永存，香火不绝。

汉代的墓室建筑呈现立体化、宅第化的特点，盛行夫妻合葬墓，体现出"事死如事生"的观念。帝王墓园充分体现其尊贵的地位和威仪。墓地的地面建筑有象征宫殿围墙的陵垣，有供墓主灵魂饮食起居的寝室以及四时供奉祭享的便殿。墓前有供天子、贵族灵魂出行的神道，有石像生，有高耸的双阙。高大的封土堆下边，横向墓取代了此前的竖穴墓。民间虽然没有这样的威势，但人们也要在墓室地面上营建祠堂，在地下墓室中营造宅第化墓室，随葬"诸养生之具"，这种趋势在西汉后期已经出现，东汉中后期已经非常普遍。南阳唐河发现的王莽时期郁平大尹冯君孺人画像石墓，是一座夫妇合葬墓。该墓在不同的门柱、门楣、门上等处清楚地刻出"车库""西方内门""南方""北方""东方"等字，夫妇安寝于此。有学者指出，洛阳烧沟汉墓极为清楚地反映了中小型砖石墓的宅第化过程，西汉早期流行平顶空心砖墓，至西汉中期，由于夫妇合葬墓的出现，刺激了墓室构筑的立体化发展。正是因为合葬的需要刺激了墓室构筑的立体化发展，于是两面坡式的屋顶状墓室取代以往的平顶墓，以至于更像夫妇生前共处一室的景象。

汉画像石产生于汉代的宇宙观与丧葬观念，在追求这些观念的同时，汉画像石、画像砖表现出永恒的艺术形式（见图 4-10）。

图 4-10　汉画像石拓片　武氏祠神仙灵异画像

第四节　象征艺术

作为重要的文化遗产，遗留至今的各类汉代画像石不仅具有重要的艺术研究价值、更为直观的文献价值，而且具有极高的民俗文化研究价值。汉代后期的墓室图像是在继承汉初墓葬文化的基础上，对当时盛行的思想和信仰进行整理和综合，从而创造出的蕴含深刻而丰富的灵魂世界的象征艺术。笔者拟从出土的汉代墓葬画像石和墓室相关的壁画等来探讨当时人们对死后灵魂世界和神仙世界的构想来对汉代民间信仰的情况补充做有益的尝试。一些学者已经通过考古材料对汉画像石的墓主的身份进行研究，认为汉代王侯贵族一类的上层统治阶级在墓制中不存在使用石刻画像的现象。汉画像石是汉代中下层人群的遗存，它反映的是民间、民俗的东西。

一、灵魂信仰的延续

画像石作为一项民间工艺，在历史的发展过程中不断得到传承和发展，但是由于当时社会的战乱，尤其是做画像石的工匠减少和逃亡，导致此时的画像石艺术形式发生了变化。需要指出的是，汉代后期画像石出现的新的情况，就是通过前代的画像石的改造和加工直接成为新墓主的画像石。在某些地区发现一些魏晋时期的墓葬是利用拆毁的汉代墓室和祠堂画像石建造的，以至于墓中画像石的位置错乱颠倒，完全看不出任何配置规律。不可否认当时有部分画像石是建立在拆墓和盗墓基础上的，因为当时社会秩序混乱，盗墓现象变得日益普遍化和公开化。葛洪《抱朴子》曰："吴景帝时，戍将于广陵掘诸冢，取版以治城，所坏甚多。复发一大冢，内有重阁，户扇皆枢转，可开闭，四周为徼道通车，其高可以乘马。又铸铜为人数十枚，长五尺，皆大冠朱衣，执剑列侍灵座，皆刻铜人背后石壁，言殿中将军，或言侍郎、常侍。"《后汉书·赵孝传》云："时，汝南有王琳巨尉者，年十余岁丧父母。因遭大乱，百姓奔逃，唯琳兄弟独守冢庐，号泣不绝。"可见当时有人能继续守墓冢已经非常少见，"惟琳兄弟独守"。又见《后汉书·谢夷吾传》："豫克死日，如期果卒。敕其子曰：'汉末当乱，必有发掘露骸之祸。'使悬棺下葬，墓不起坟。"正是有上述盗墓行为的存在导致出现了"汉末当乱，必有发掘露骸之祸"的预言。从侧面反映出战乱对守丧习俗的影响，当然可以印证当时拆毁和改造前代画像石的事实，当时较为安定的地区自然有部分遗存。四川画像砖均系东汉桓、灵以至蜀汉时期制作的。实际上随着考古材料的新发现，时代可以延续到魏晋时期。可见当时的俗民也想要在地下灵魂世界有更好的生活，也要享受神仙一般的死后世界，画像石的图案和内容是相对稳定的，显示出民俗的传承性在发挥着重要作用（见图4-11）。

图 4-11　汉画像石拓片
西王母讲经　山东出土

二、独特的丧葬艺术和神灵世界的建构

汉画像石是墓葬中特殊形式的随葬品，其图案具有特殊的民俗文化内涵，是俗民对美好生活的向往和对死后世界进行描绘的艺术形式，是对当时社会现实和心理期望的真实写照。画像石图像的具体化和生活化，是当时俗民灵魂信仰发展的必然结果。这种信仰又反过来影响丧葬习俗。学者蒋英炬、吴文祺认为，画像石是我国古代为丧葬礼俗服务的一种独特的艺术形式，具有浓郁的民族色彩和时代特征。信立祥也认为，在本质意

义上汉画像石是一种祭祀性的丧葬艺术。也有学者认为，正因为包括画像石在内的祠堂和墓室建筑装饰有为死者营造一个理想化的死后世界的功能，它的装饰内容就有明显的倾向性。下面我们选取汉代时期的画像石做个案研究，结合相关的历史文献，分析这一民俗文物的功能和民俗文化内涵。

山东地区墓葬出土的汉画像石透露出人间享受的一切，灵魂世界也必须拥有。山东微山出土的画像石，"中间端坐西王母，左右各跪一人手持珠树。其后，左方有一持板的鸠道怪物。右方有二人手持仙草（或嘉禾）跪向西王母"，则是把西王母的神话作为画像石的主题，体现了当时民间的神仙信仰（见图4-12）。

图4-12　汉画像石拓片
西王母　山东微山出土

浙江海宁墓葬出土的东汉晚期至三国的画像石的内容则更为丰富。全图自北向南刻有比肩兽、奔马、兔、玄武、飞燕、玄女、奔鹿、朱雀、平露、山产玉璧、石函、比目鱼、双瓶、蚌生明珠、灵芝草等。

四川地区典型的就是大邑县董场镇三国画像砖墓。砖的正中上方刻一人首鸟身的羽人，腹部有一圆轮，双翅展开，双羽之上各有一颗星，其下有一双手托头，其头上长一对长耳，著交领衫，下肢做弓箭步，两侧各有一颗星，右方的星有羽。在羽人的两侧有一对双重檐的阙，双阙之后还有一对单檐子阙。大阙前各有一人持戟相躬身站立，阙檐两旁各有一蛇身人面像，为伏羲、女娲，其下各有一颗星。为什么会出现这样栩栩如生的画面呢？从考古学者那里我们找到答案：这样的排列，内容似乎显得庞杂混乱，但仔细研究起来，这些画像砖是有内在联系的，其中心思想还是明确的。那就是墓主人想象自己死后，灵魂是要升天的。神鬼世界和现实世界一样，也存在着大欺小、强凌弱，以及疫病猖獗等问题。因此就得借众位天神把通往九天道上的恶鬼捉尽；借重方相氏把疫病之鬼击毙或驱逐（见图4-13）。然后乘着轺车，在驺吏和戟吏的前导下，体体面面地往九天进发。进九天，首先要通过天阙，那里有帝阍躬迎，有伏羲、女娲等候，然后再从建木登上天庭。到达天庭的第一件事，就是向西王母乞讨仙药，以便位列仙班或者还魂阳间。天庭也像人间一样，熙熙攘攘，神鬼们无不纵情六博舞乐。肚子饿了，天仓里储存有不计其数的粮食，可以任意向仓长或仓令领取，这就是墓主想象中的无忧之国——天堂。

图 4-13　汉画像石拓片　羽人降龙伏虎　江苏徐州出土

汉画像石是当时民众创造的独特的丧葬艺术，每一个细节都渗透着俗民的情感和信仰，蕴含着丰富的民俗文化信息。无论是对伏羲、女娲、西王母等神话人物的描绘，还是对死后灵魂世界的描绘，一方面是为了通过这些图像艺术传达俗民对鬼神世界的愿望和要求，另一方面也在无形中构建了当时俗民死后的神灵体系。当然汉画像石的内容丰富，每一块所表达的信息会有所差别，因为俗民需求的多样性造成汉画像石民俗文化内涵的多样性。

不管汉画像石的内涵多么复杂和深奥，可以肯定的是汉代画像石是俗民对死后灵魂世界的艺术加工和再构造，是当时俗民生产和生活以及民俗的图像艺术表达。汉画像石中各种形式表现的演出场面，一方面表示了生者对于死者的永久性祭奠，另一方面也体现了当时俗民希望在灵魂世界仍能永享人间之乐的愿望。可见，汉代时期民众通过画像石把抽象的灵魂信仰形象化和艺术化，向我们展现了民众死后灵魂世界复杂而又多彩的生活。文物既是传承原始思维的重要载体，又是民众精神世界和丧葬习俗的物化表现。

第五章 汉画像石图像概述

汉代人按照现实生活的模样在墓室中模拟、再现甚至创造出了亡者所居的幽冥世界。从根本上说，坟墓艺术即为安葬死者而施行装饰并置以封闭门扉之用。坟墓艺术并不以给生人观看为目的，这里是一个相对自由的世界。一方面，它与人间的生活有紧密联系，工匠不可能脱离现实生活的基础去刻画形象，同时又有明显的区别，因为它是为死者灵魂营造的居所。汉画像石是汉代人自信力与创造性的物化形态。死者生前的荣耀和地位在这里可以得到充分的体现；死者未能了却的夙愿，在这里统统可以变为"现实"。汉代盛行的天人合一思潮使汉画像石、画像砖墓与地上祠堂成为"实现"天人合一愿望的最佳场所。

本来在墓中展示宇宙形象，小小石棺即可为之，先秦的棺椁也早已表现了此类主题。而在宅第化的墓室尤其是汉画像石墓与石祠堂中，由于空间开阔，有充分的展示余地，因此，形成的画像石既为建筑构件，又为雕刻装饰，其画面图像生动，线条古朴，表现力异常丰富。

第一节 图式

一、西汉初期画像石的主要图式

日神、月神、四灵、伏羲、女娲、天象图等图像是东汉初期以前画像石图像的典型图式，也是西汉时期画像石图像描绘的重点。"天人感应""天人合一"的思想也逐渐影响和渗透到汉代画像石的图式表达中去。比起前代，汉代有关天的概念更加具体化和形象化，汉代人的天具有目的性和意志性，它以世人可感触的方式来表达自己的思想感受，从而营造出了一个灵魂的归宿地。

天象图及星宿起到了定位宇宙方位的作用，天上的星宿、星座好似灵魂升天的灯塔，指引着逝者的灵魂通往天界的道路。四灵的形象也是西汉墓葬图像中必不可少的图像类型，虽然东汉中后期也会经常出现在墓室中，但是四灵形象只是一个附属的位置，并不是图式表达的中心；而在西汉的图式中，四灵的位置就显得非常重要，常常置于显要的地方。

伏羲和女娲是天界的主神，也是人类的原始神，人们把他们刻到墓板之上，希冀着他们保佑子子孙孙的繁衍昌盛（见图 5-1）。

图 5-1　汉画像石拓片　伏羲女娲

那么，天上世界又指的是什么呢？那就是日、月、星宿的世界，是伏羲和女娲的世界，是他们共同组成的灵魂的归宿世界，这不同于后来的以西王母为中心的神仙世界。西汉社会流行的长生不老的理论和升天的强烈愿望使他们深信，即使死去，死后的灵魂也会升入天界，进入由日、月、星宿、伏羲和女娲组成的世界，所以他们尽可能在墓室中表现天界的图像，希望灵魂可以到达天界，从而获得生命的永恒。

二、西王母境——西王母图像系统的形成

关于仙的起源，现代学者们的看法有所不同，但是大致可分为两种观点：其中一种认为求仙是本土的产物，另一种观点则坚持它是在外来观念的影响下产生的。这里我们且不讨论哪一种说法更有道理，唯一要强调的是如下事实，即战国末期出现了一种与传统升天概念不同的新的不朽概念——"升仙"。汉代的许多文献中所用与"仙"有关的词语，如"度世""遐居"，明确告诉我们要成仙就必须离开人世，因此新的不朽概念在性质上是强调彼世的，从而使得汉代人都有对长生不老的渴望和对神仙世界的向往。

东汉画像石的升仙图式存在着相对固定的格式，不论是整个墓室画像的结构安排，还是单幅画像的布置，都存在一个共有的特点，即把西王母放在图像的最高处，这种安排反映了西王母的统摄力和宗教地位。人们访仙求药、炼丹求仙，希冀着能够获得长生，

而西王母和昆仑山的传说也始终萦绕在他们的耳旁。东周时期就有了有关西王母的文献记载，但那时这位神仙不但象征内涵不清楚，而且有时自相矛盾（见图5-2）。

图5-2 汉画像石拓片 西王母 山东博物馆藏

《山海经》最早确立了西王母作为神的存在。西王母亦称金母、瑶池金母等，传说这位女神司职灾役和刑罚。其《西山经》曰："玉山，是西王母所居也。西王母其状如人，豹尾虎齿而善啸，蓬发戴胜，是司天之厉及五残。"其《大荒西经》曰："西海之南，流沙之滨，赤水之后，黑水之前，有大山，名曰昆仑之丘。有神，人面虎身，有文有尾，皆白，处之……有人戴称，虎齿，有尾，穴处，名曰西王母。此山万物尽有。"其《海内北经》又云："西王母梯几而戴胜杖，其南有三青鸟，为西王母取食。"这些都显示出至少在东周至西汉早期，西王母的形象还没有定型，还停留在文献记载和想象的层面上，不同的人可以根据自己的需要加以想象，以此来寄托自己的思想。从西汉中期开始，一些文献显示西王母的传说开始发生重大的变化。这个变化在于，这些传说慢慢地把她与求仙活动联系在一起，西王母扮演了越来越重要的宗教角色。在古人的原始意识里，事物通常都是有两个方面的，这也符合他们阴阳的观念，他们把关于西王母的正面的和负面的属性，以及各种属性组合在一起，因而在早期的石刻形象中，西王母是个亦正亦邪、令人心生畏惧的形象，她不但自己万寿无疆，具有赋予别人长生不老的法力，同时还主管着灾厉五行，是个凶煞之神。

《淮南子》一书提到远古的射日英雄后羿从西王母处求得不死之药，后来却被他的妻子嫦娥偷吃，嫦娥飞往月亮而变成蟾蜍的故事，这无疑象征了西王母拥有让凡人升仙的超凡法力，人们开始慢慢地把西王母与非凡的法力联系在一起。

《汉书》记载了西汉末年的一次大旱，"民多饿死，琅琊郡人相食"，这让汉代人不再寄希望于上天，而转向另一个神祇——西王母。与残酷的上天相比，西王母就要可爱得多了，她更加富有爱心和同情心。与通过征兆图像来表达意愿的抽象的天相比，西王母更加实在。她居住于西方的昆仑山乐土，并且具有一个可见的美丽形象。汉代人由对上天的崇拜转向了对西王母的崇拜，她由一个一般性的神祇转化为一个威力强大的保护神，这一变化也在汉画像石的图像上有所反映。

西王母图像的演变大致经历了两个阶段。在西王母图像演变的两个阶段中，西王母和以西王母为中心的神仙世界不仅经历了由简单到复杂的过程，且图像的组成元素也发生了很大的变化。其中第一个阶段跨越的时间比较长，大约从西汉的中后期开始，一直到东汉的中前期，这是西王母图像系统的形成阶段。

目前所知最早的西王母形象见于洛阳卜千秋墓室壁画。此墓约建于公元前 1 世纪的上半叶，长条状的作品中表现了壁画右端的伏羲和太阳，而在左端为与之对应的女娲和月亮。西王母的形象出现在带状壁画的中段，头戴"胜"，端坐于云彩之上。骑三头神鸟和大蛇的墓主夫妇正在向西王母仙境进发。由此不难看出，人们已经开始向往着升仙，向往着死后进入西王母的世界。

一般认为，在各地的汉画像石中，西王母图像最早出现于河南地区。在郑州、南阳等地，西汉末年至东汉初年的汉画像石图像中已经有了西王母图像。

画像石中的西王母图像，以 1970 年在郑州新通桥发掘的汉墓中的图像最具代表性。画像石中西王母为四分之三侧面，这也是这一时期和区域内西王母的构图特点，旁边为玉兔捣药。整个图像的构图比较简单，但是西王母、玉兔捣药等常见的西王母图像系统中的基本要素已经出现，已经形成了西王母图像系统的雏形。

西王母图像出现后以较快的速度发展和完善，她的神仙世界中的物象慢慢丰富了起来，这样很快就有了较为完整的西王母神仙世界，就这样，逐渐形成了围绕这一形象的象征群，而且在汉画像石图像中表现出来。这时在汉代画像石图像中出现了西王母图像系统中的其他要素，包括：①西王母头上戴的"胜"；②伏羲、女娲；③龙虎座；④神灵异兽，如三青鸟、九尾狐、蟾蜍、玉兔等；⑤带有翅膀及持仙草的仙人；⑥祈福者；⑦云气纹样及祥云等。

月亮和太阳虽不直接出现，但已有象征意义明显的要素来代替，如蟾蜍、玉兔代表了月亮，而三足乌则与太阳关联密切。

第二个阶段大约从东汉的中期开始一直到东汉的末期。从严格意义上来说，汉代以前是西王母崇拜的萌芽阶段，经过了西汉的发展到东汉的初期，已经开始建立神仙体系。到了东汉的中期以后，西王母崇拜的成熟形态已经完全形成。在这一时期，西王母不再显得那么孤单，在她的旁边出现了东王公。东王公进入西王母的神仙世界，是这一阶段的标志。那么东王公图像究竟何时出现的呢？巫鸿认为其出现不会早于公元 2 世纪。

关于东王公的出现，我们前面说到，他的出现是受汉代流行的阴、阳平衡观念的影响，这也是汉代的主流思潮。为西王母配上东王公，表现出统治阶级对西王母图像系统的接受和改造的痕迹，现实的社会结构对墓葬中的画像石图像的构成产生了影响，这也是墓葬图像与现实生活密切联系的一个重要标志。按照汉代人的阴、阳观念，有代表"阴"的西王母，就应当有与之对应的代表"阳"的东王公。正是有了东王公的出现，西王母的神仙世界才更加完整（见图 5-3）。

图 5-3　汉画像石拓片　西王母与东王公　徐州汉画像石艺术馆藏

墓室是安置逝者尸体、放置陪葬物品的场所，也是逝者的灵魂离开现实社会通往神仙世界的灵魂交换的场所。祠堂一般是位于墓前供人们祭祀死者的建筑，是生者与逝者沟通的空间。

西王母题材图像在空间分布数量的多寡，客观上反映了当地对西王母崇拜的程度。在已发现的西王母图像中，东汉时期的作品占到了绝大多数，尤其以东汉的中晚期为最。若从区域和时间上来看西王母图像画像石的分布，则以豫中南地区的画像石为最早，西汉时已经在此地发现了有关西王母的壁画；其次为苏鲁豫皖地区，该地区发现有大量东汉中期的西王母画像石图像；四川地区发现的西王母题材的图像基本属于东汉中晚期的作品；陕北地区西王母图像最早也不会超过东汉的中期。

相比文字记载，汉代画像石的升天图像给人们带来了更多的主观感受，使人们能够更直观地观察它和体验它。汉代画像石中的升天图式，不论是天界图像还是西王母图像，与其说给我们展现的是一个精美的图像化世界，不如说是一个特定的符号象征的世界。这正如西王母头上戴的"胜"，这种符号在汉代画像石图像中虽不普遍，但当它出现时，就代表了西王母的神仙世界。可以说，当天界图像系统或西王母图像系统中的一个或多个、单独或集体出现时，也可以表达升天的主题。

表现升天题材的图像在汉代画像石图像中占有很大的篇幅，原因在于，受生死观念和阴阳观念等思想的影响，无论是统治阶级还是底层民众都希望自己能够长生不老。所以，追求长生，从而继续享乐成为汉代人重要的人生追求。人们在无力改变生老病死等自然规律的情况下，希冀着生命能够无限延续，希望死后灵魂能够永恒。因而，升天、升仙成为他们生前死后的最高理想，这种观念的盛行为汉画像石升天图像的出现提供了重要的思想基础，汉代人所信仰的这种生死观念也使得厚葬之风盛行。大量的升天、升仙题材的画像石图像出现在了墓葬和祠堂之中也就成了一种必然。

根据产生的时间，我们把它们归纳为两大类型来分别加以考释，并从中分析汉画像石图像图式的演变及发展。从冷酷的天界图像，到更加贴近于现实生活的西王母崇拜，表明了汉代人在追求"天人合一"的过程中，思想上更加向"人"的方向上倾斜，并开始强调人的能力和力量，这也是汉代思想观念上的一个进步，对我们了解汉代社会群体的精神世界和精神追求具有一定的现实意义。

第二节　图像构成元素的表现形式

汉代画像石的大量发掘，引起了学者对汉代画像石的关注。作为彰显两汉艺术文化精髓的历史遗迹，其艺术表现形态中基本元素的灵活运用，为其图像构成艺术增添了华丽的一笔。随着画像石的逐步现世，其成为我们研究汉代历史和文化艺术重要的实物载体。

一、画像石中点的对比关系

俄裔法国画家康定斯基曾经这样说过，"点是最简洁的形态""线是点的运动轨迹"。点作为图像构成的基本要素之一，使画像石图像表达的视觉效果因其存在而产生了强烈的对比关系。点在画像石图像造型艺术中，不论是小组密集还是作为减地方式衬托物象，其作用不外乎有两种，一种是功能性，另一种是装饰性。

功能性的点通常位于物象之中，表现了对必要细节的苛求，以达到形象的完整；装饰性的点往往位于物象之外，以起到衬托形象、营造氛围的作用。但不管点以哪种需求存在，它的出现都是以强烈对比关系的视觉效果映入眼帘。

点的汇聚和运动形成了线与面。汉画像石在物象的塑造过程中成功地运用了"点"这一最基本的元素。无论是在物象的塑造上，还是在减地雕刻过程中都有所体现，尤其是在雕刻减地中凿点纹的运用，突出反映了点在画像石造型艺术中的作用。如图5-4所示，出土于四川大邑的《弋射收获》画像砖，画面中的鸟、禽、鱼，对其点大小的处理，使画面有了空间感。

图5-4　汉画像砖拓片　弋射收获　四川大邑出土

二、汉画像石中线的补充关系

从中国传统图像构成艺术中，我们不难看出，用"线"是非常重要的造型手段。有学者认为，汉画像石的主要特色和绘画差不多，大部分汉画像石的线条艺术特色类似于绘画中的"没骨画法"。这一点在汉代历史遗存的帛画、陶器、壁画、漆器等物品中都有所体现，线条已成为图像构成非常重要的艺术表现形式。如图5-5所示，淅川申明铺出土的画像石《猪》便深刻地体现了这一点。

图5-5　汉画像砖拓片　猪
河南淅川申明铺出土

线在汉画像石中的运用成为深化主体形象、丰富艺术效果、完善物象细节的补充要素。补充是作为主体形象的辅助出现，以达到进一步说明、完善、充实的效果。墨线、阴刻线都属于画像石中线的运用范畴。综合看大保当画像石的雕画艺术，线虽为细节的补充，但作为必不可少的构成要素，起到了非常重要的作用（见图5-6）。

图5-6　汉画像石拓片
东汉秦王征战拜谒局部
徐州汉画像石艺术馆藏

（一）墨线的补充体现

在汉代画像石中，大量物象中有墨线的痕迹，作用在于补充雕刻和材质对物象的塑造缺陷。物象内部的形体分割、动物的毛发条纹、器物的装饰花纹等大部分是用墨线勾勒的方式来表现的。线条灵活自然，大大增强了物体塑造的灵活性，使描绘对象更加生动，起到了画龙点睛的作用。

（二）阴刻线的图像构成表达

大保当画像石在塑造物体的过程中，除用墨线以外，阴刻线也是一种重要的表现方法。物象的边缘线是为塑造物体的外轮廓而运用的封闭曲线，同时也是物象和背景的分割线。这种线条在雕刻过程中为增强物象的主体形象和立体感，采用稍作倾斜的角度，雕刻力度较大，并且非常注意物体形象的塑造和准确性。从大保当画像石综合情况看，这种雕刻线刚劲有力，起到了完善画面的作用，使画面更具有张力和平衡感。

（三）物象的结构线

结构线多为塑造物体的肢体结构、服饰纹路等之用。目的虽与墨线大致相同，但达到的效果是截然不同的。阴刻结构线所表达的力度是墨线所无法比拟的。

（四）雕刻减地线

这种线条主要用于减地的手法中，作为一种减地方法和物象的背景出现。其肌理效果非常明显，并且具有统一的走势，突出了主体形象，为艺术品的表现增添了内涵和韵味。

三、画像石中面的主体表达

从总体上概括性地看汉代画像石，是减低余白，突出造型以面为主的主体表达。无论是雕刻实体上，还是拓片的剪影效果上，面的运用都是非常显著的。如图5-7所示，河南南阳出土的《伏羲捧日、女娲捧月》，画面中线与面的对比关系十分明显。

图5-7　汉画像石拓片
伏羲捧日、女娲捧月
河南南阳出土

在汉画像石图像造型艺术的基本要素中，点、线、面所表现出的对比关系、补充说明与主体形态都是相互结合、相互衬托、综合体现的。这些元素疏密得当、流畅奔放、古拙朴实，充分体现了其社会艺术的发展水平，一起构成了汉代画像石的视觉语言，显示了其独特的艺术魅力，为当今图像构成艺术提供了一定的学习和参考价值。

第三节　图像的形态特色

在我国艺术的历史长河中，汉代画像艺术像一朵长开不败的奇葩，始终散发着浓郁芳香。以画像石、画像砖为主的汉代画像艺术，像一部浩瀚的历史画卷，生动形象地再现了当时社会政治经济、文化娱乐等各个方面，历来为史学界关注；它那雄浑质朴、洋溢着勃勃生机的艺术形式，更为艺术界所称道。其中汉画图像独具特色的形态语言更是美耀艺坛，传递着当代艺术家青睐和珍视的种种信息。

一、汉代画像的图像意义

真正汉代的绘画所见很少，大多出现在墓室的壁画、帛画和少量的木版画上。汉代最具时代特点和形态特色的当是以画像石、画像砖为主的汉代画像艺术。

所谓汉代画像，实际上是指汉代地下墓室及其附属建筑构件上的雕刻画像，包括刻石的画像石和模压的画像砖。它们的图像分别使用了线刻、深浅浮雕、平面雕刻及透雕等手法塑造形象，它们完全不是其字面意义上的"绘画"型的图像。例如，平面雕刻类的山东嘉祥武氏祠石刻画像多采用留像去底的方法，即在平的石面上描绘出图像轮廓，然后沿物象轮廓外将底面削低、剔平，使之成为高、低（黑、白，实、虚）两大部分图形。物像本身仍然是平面的图像，显示为高出部分，细部以阴刻线来表现；底面则保留石质肌理，或饰以凿纹，进行虚化处理。浮雕类的画像也是在平面的石板上构图成像，然后根据构图和形象的需要层层去底，最后形成深浅浮雕以及平雕加浮雕、浮雕加线雕的各种图像。至于模制的画像砖也是这样的，它在模具木板上凹刻出一幅幅图像，然后模压出类似浮雕的画像砖，其画面效果也同样具有绘画性。另外，各式线型雕刻，不管凹刻还是凸线，都更具有平面性、绘画性。

这些图像皆是以刀代笔、以石（木）为纸，不追求物像造型的立体感、体积感，也不讲究雕工、刀法等雕塑的效果。它们从构图到造型都是从平面的形态构成来加以表现的，其构成关系、形态语言的图像性质完全是平面的、绘画性的（见图5-8）。

图 5-8　汉画像石拓片　建筑、人物图局部
徐州汉画像石艺术馆藏

　　汉代的这些图像之所以称为"画"像，还因为画像砖在当时多绘以重彩。但是，由于保存原因现已基本不能见其色彩面貌，汉画图像最终是在形态语言方面留下了更多的信息。所以，汉代以画像石为代表的汉画艺术取代了绘画的地位，成为汉代艺术当之无愧的代表。

二、汉画图像形态的表现性

　　"形态"是视觉形象要素——点、线、面等的综合构成，形态语言则是融合了创作者自身思想、情感、意图的形象表达。西班牙阿尔塔米柱洞窟中的野牛岩画，便是人类祖先用绘画形式传递某种对生活和自然意念的最早的形态语言形式。形态语言的构成是依赖个人主观意识的形象化思考，这种形象化思考不是对自然物态的简单"摹仿"与"再现"。它不是客观的思考，更多的应该是带有主观意念的自我表现。

　　视觉艺术作为人类文明的一种直观的形象性表现，其样态之丰富自然也同文明本身一样的多姿多彩，它们在表现上有各自不同的精神取向。古代埃及陵墓和神庙墙壁上有很多反映农业、作坊、狩猎、饮宴等生活内容的绘画，但是却含有宿命般的冷静和平板的样态；古希腊的创作目光是尽情地倾注在人的美妙躯干和形体上，更多的是对人体外表种种姿态的客观描绘。"模仿性"是希腊艺术的突出特征，希腊人认为艺术就是对现实的模仿。他们在美术造型的比例中提出了规律性的黄金律，即 1∶0.618 的高宽比例关系，甚至在一个形体中大的黄金比，又不断分割出小的黄金比。比如，作为希腊时代雕塑造型代表的《维纳斯》，维纳斯全身各部分的比例都可以用黄金比来检验，小到眼睛、鼻子、嘴巴，大到躯体、四肢，既有肌肉的物理和生理形态的美，又有规律的、黄金比的数字形态美。这是完美到无以复加、不能更改丝毫的具象造型的高峰。

　　而在东方，作为汉代艺术代表的汉画图像，却不单只是模仿和"再现"了现实生活中的各种形态，而是突出了图像形态的表现性因素。众多的形态生动的汉代图像源自当时为丧葬艺术服务的专职工匠。在这些工匠中，已经有了被称为"画师"的技术工匠，他们常年从事各种图像的"创作"。受文化传承和生活环境的影响，东方哲学思想和思维方式潜意识地进入了他们的日常工作。他们把思维建立在自己对自然的认知上，并融入图像的创作中，注重对自然物象的"感悟"和主观的表现，而不是它的外在的"表象"。"自我"的意念、情感的活动和自然信息的交融，体现在他们的众多"作品"之中。

汉代画像对自然形态的表现不是"刻板"的、"规范"的表达，而是根据自己的感悟、认识和构图的需要，甚至是主观的需要来表现的。汉画图像的形态语言与其他的语言形式一样，是人们为了表达对世界认识的一种方式，形态具有它自己的情感性格。譬如粗线具有强壮的感觉，可使人联想到阳刚、粗拙和横向的张力；而细线具有纤弱的感觉，可使人联想到柔弱、纤细和流畅。比如，四川雅安高颐阙的《高祖斩蛇》图像，图中披甲戴冠的武士；四川郫都区一号石棺《曼衍角抵和水嬉》图中出现的人物形象（见图5-9）。标准的人体高度应该是七个半头的高度，而上述图中的人像均只有约四个多头高。为了表现武士的强壮，工匠从自己的主观感悟和自我意念出发，有意将人的形态夸张、变形，加强了横势，使形体粗壮、圆浑，给人以强壮、敦实的感觉和由内往外的张力，符合理想中的"壮士"的形态。又如《仙人骑鹿》等画像砖中的仙人，身体则被压细拉长，纤若细线的形态完全没有了躯体的结构和体积。但是，对于表现仙人轻盈、灵动、飘然若去的虚幻形象却自有其独到之处（见图5-10）。

图5-9　汉画像石拓片　曼衍角抵和水嬉　四川郫都区出土

图5-10　汉画像砖拓片　仙人骑鹿　四川出土

正如美国学者布洛克所说，一件艺术品的表现力量常常是通过其解剖学意义上的不准确性得到的。虽然我们还没有发现当时有无对这些经验的总结，但是，后来的民间画像可以看作对这些理念的诠释，"画将无脖项，少女应削肩，佛容要秀丽，神像须伟壮，仙贤意思淡，美人要修长，女人如颗钉，武夫势如弓"。这也是东方主观性哲学思维的典型表现，是对客观物象形态加以主观表现的经验性的总结。

再如，直线具有有力、明确、直接的特点，但有规整带来的刻板，而曲线有律动、柔和、自由的特点。汉画图像最为突出的特点之一就是充分利用了曲线的功能，这种有着强烈主观因素的表现，使画面形态更显得动感十足、生机勃勃。

三、汉画图像形态的生动性

前面已谈到，汉画图像呈现给我们的是一种平面的形态，它多是由一个一个单独完整的图像单元构成的，这种图像单元可以是一个形象，也可以是两个以上的形象组合。他们都有自己的外轮廓，这种不交汇的外轮廓范围内所显示出来的"形"，就是我们要讨论的不同的"点"的"外形"。

从抽象的角度或是人们想象的情景来看，典型的点是小而圆的这样一个外形。但实际上，艺术创作中出现的点是不规则的形。就是这些规则和不规则的多样的形，组合成了无比多样的汉画图像。

当点准确地形成圆形或稳定的几何形状时，它是稳定的、内敛的，丝毫不偏向任何一方，张力是向心的。但是当这个点呈现出不规则图形的时候，情况就不一样了，它会让人感到一种力量，一种来自内部或外部的力量将这种稳定的形拉向（或挤向）画面的一方。这样一来它的稳定被打破了，点的中心张力消失了。由此产生了新的张力，这种趋向性的张力就是"势"，这种国画上称为"势"的感觉可以魔术般地让静的形态动起来，"势"越大动感也越强。

汉画像石中有一幅《伍伯》画像砖的人物造型："伍伯"是官吏出行的前导，画面表现为"行进中的人"。作者极大地加强了向前的"势"，夸张了人的步态，使人物形态呈现出强烈的动感。站立的人的重心是通过锁骨的中心到地面的垂直线，这条垂直线落在两脚之间时，重心才是稳定的。如果有一种力使重心偏移，则马上打破了这种稳定的状态，呈现出向一方运动的"势"，从而由"势"生"动"，使整个形态活了起来。这样的动感在汉画图像里可以说是随处可见的。

所以，汉代画像最重要的特点就是"生动"二字。实际上，并不是外在的形聚集成一件绘画作品的内涵，而是力度，即活跃在这些形中的张力。倘若这些张力突然消失，那么充满生气的作品同样会即刻死去。

四、汉画图像的黑白关系

汉画图像要表达的不是物象体积，而是让它形成了一种由黑白两色构成的画面，凸出的形和凹下的底之间的关系，正如白色的纸上墨做的物象。老子曰"知其白，守其黑"，就是说要把握宇宙充满运动的本质，计白为黑，计黑为白，白中有黑，黑中有白；既立足于黑的本质，又立足于白的变化。

山东嘉祥石刻可以算是黑白意义上汉画图像的代表（见图 5-11）。它在构图设计上打破了时空的界限，不受透视规律的约束，把图中的物象根据黑白布局的需要来安排设计，甚至人物和树木、鸟兽、房屋等都是根据空间的位置、形状来设计造型的，黑白形态相互呼应又相互揖让。

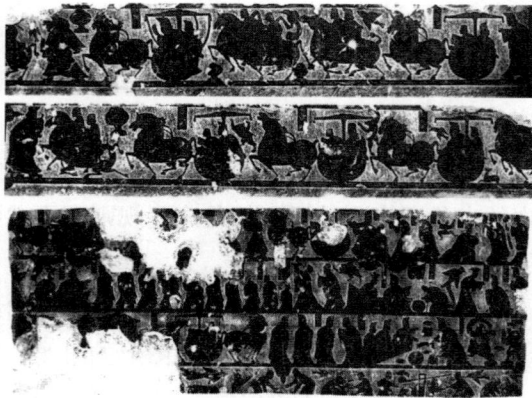

图 5-11　汉画像石拓片　山东嘉祥出土

这种黑白、阴阳的视觉感受，类似于我国古代的"阴阳"图腾（也称太极图）。这个似画非画的图像仅由黑白两色构成，在一个圆内，一条 S 形线穿过圆心，均分了空间。这两个图形形状相同，只是一黑一白，色彩完全相反。黑到极处便是白，白到极端便是黑。黑是实，白是虚，黑是密，白是疏，对立之中再统一。"太极图"立意深远，在某种意义上已经成了东方古文化形象化的象征。总之，汉代画像以它独有的形态语言充分显示出无穷的精神智慧和惊人的艺术魅力。

第四节　图像结构

一、对汉画像石图像形象的认识

形象性是艺术区别于其他任何学科的基本特征。形象是艺术反映人类社会生活与精神追求的特殊手段。

汉画像雕刻首先基于对形象的认识。先秦诸子百家中，对中国艺术影响至深的是道家学说。"有物混成，先天地生。寂兮寥兮，独立不改，周行而不殆，可以为天下母。"老子的这一提法成为经典式的语言，他认为世间形象从无到有浑然而成，而且处于循环运动状态。《淮南子》把老子的"道"与万物萌生的过程结合起来："……天气始下，地气始上，阴阳错合，相与优游竞畅于宇宙之间，被德含和，缤纷茏苁……言万物掺落，根茎枝叶，青葱苓茏，崔蔹炫煌，螺飞蠕动，蚑行哙息……储与扈冶，浩浩瀚瀚……"逐渐形成对于形象的具体认识与整体把握。汉赋描述有各种艺术形象，司马相如认为写赋应"包括宇宙，总览人物"，以表现宇宙万物的整体形象。霍去病墓石雕为表现霍去病征战匈奴的赫赫战功，则以概括的形体、生动的形象制作，使人物、动物形象处于整体征服外部世界的和谐气氛中。

对整体形象的把握与认识，还集中出现在西汉中、后期画像石中。南阳砖瓦厂汉画像石墓仅在五个门柱、八扇门扉之上刻饰图像：门扉上刻饰楼阁图像，在门柱与门扉的下半部分均刻饰图案，每个门柱与门扉的画像图案相同，形成墓门画像的整体统一感觉。该墓墓门的局部画像同样运用概括手法，如辅首形象外轮廓的剪影式效果与轮廓内的主要细部有机结合。汉代对于形象的认识建立在古拙气势与外向征服的精神基础之上。

东汉中期，人们对于生命本身更为关注，艺术形象个性表现突出。凸显的形象不再是征服自然与神秘的图形，而是具有人性化的祥和图像。这些形象表现相对深入，既有图像整体的外形，也有生动具体的细部。南阳麒麟岗汉画像石墓的画像表现了神灵、人物、动物、山石、云气等各种形象，根据不同题材选取不同的雕刻手法。三主室门楣的舞乐百戏画像，中间有横向排开的五个人物，或在奏乐，或在欣赏，他们顾盼有致，整体形象概括生动。为了进一步表现个性特点，每一细节都得到了深入刻画：以不同的帽式显其身份，以生动的手势表现性格，以得体的服饰衣褶塑造人物形象。

该墓北主室门北立柱的羽人画像，画面上羽人的躯体向后扭动。为加强整体形象表现：其一，刻画羽人躯体骨点与肌腹的团块形状，显示出节奏美感；其二，刻画羽人身躯的羽翼与脚趾细部，显示整体形象的丰富化（见图5-12）。

图 5-12　汉画像石拓片　人面鸟身　山东嘉祥出土

东汉中期到晚期，人们注重精神气质的追求，崇尚生命的价值，由形似到神似的转变逐渐成为艺术的主题。对于形象的认识，东汉思想家王充发出这样的议论："人好观图画者，图上所画，古之列人也。见列人之面，孰与观其言行？置之空壁，形容具存，人不激劝者，不见言行也。古贤之遗文，竹帛之所载粲然，岂徒墙壁之画哉？"[①]有学者评论，王充这是不懂得绘画艺术。笔者认为，王充此言是看到缺乏神似，仅有形似的相貌，与"古贤之遗文"的生动记载存在距离而发出的感慨。同时可以设想，疑问会产生变革，王充生活在东汉的中期，对艺术形象的形似神似结合表现，已经有所认识，人们会逐渐形成自己的思想。在艺术门类中，与建筑、雕塑、绘画不同，东汉晚期书法已有系统的理论，蔡邕的《篆势》从理论上研究了篆书的神韵："体有六篆，要妙入神。或象龟文，或比龙鳞，纤体效尾，长翅短身。颓若黍稷之垂颖，蕴若虫蛇之焚缊。扬波振激，鹰跱鸟震，延颈协翼，势似凌云。"篆书的书写过程并非简单的笔画罗列，它要从自然形态模拟阶段进入自然神态表现阶段，要把动物的自然形象升华到艺术形象，然后形成抽象的神韵图形。汉画像石上的榜题，以汉隶居多。汉隶保持汉篆的精神内涵，结体生动自然，逐步改变蜷曲回环的篆书形态。汉画像石中，榜题与画像风格是和谐一致的。海宁汉画像石墓中前室、后室起券的画像砖上刻汉隶"天"字，画像砖组合排列，一直起券到墓顶，组成了"天"字的无限循环，应为代表"天界"的整体图像。在这里，画像砖汉隶"天"字与该墓出土的五铢钱文字图案，以挺劲的阳线有机结合在一起，表现出象征性的内容。

海宁汉画像石墓在前室画像砖下之四壁布满画像石，对于画像石的形象认识，首先要保持整体性。这与画像砖表现一样，画像砖汉隶"天"字较为柔美与挺秀，五铢钱与砖的周边纹饰亦细丽整洁，呈现高于自然的和谐之美。画像石的整体性集中体现在这种和谐之美中，形与神得到较好的统一。其次要以象征符号表现形象，画像石墓所要显示的丰富内容应选用典型符号图形，进行象征性表现，使形象的形与神完美结合。最后赋彩，使画像石、画像砖形象统一在墓的和谐色彩中，取得形、神、色的完美统一。

① 王充.论衡［M］.长沙：岳麓书社，1991.

二、汉画像石图像形象的组成

（一）动物形象

汉画像石、画像砖有丰富的动物世界。它包括自然界的动物、依动物原型加以变化的动物、主观想象的动物三方面题材内容。

自然界的动物保持原来的相貌，可分为两类：一类如马、犬、猪、鸡、鸭、羊、鹅、鼠、獐等；一类如虎、狮、豹、象、螺、蛇、龟、蟾蜍等（见图5-13）。牛、鹿等动物兼有两类动物的属性。第一类动物与人类日常生活关系密切，人们对其自然属性也比较熟悉，着重表现动物和人的生存关系及性格特点。比如，马在车骑出行的行列中，犬在田猎中追逐獐和狐狸，鸡、鸭、羊、鹅、鼠在房舍（见图5-14）。第二类表现动物的精神属性。虎、狮、熊、象等动物或与人斗或相互争斗，代表一种图腾意识。螺为巨螺与龙搏击，蛇和龟缠绕交体稳步向前，蟾蜍藏含在圆月中，均呈现某种巫术观念。在兼有两类属性的动物中，牛的自然形象为田猎则驯服善良，为角抵则凶猛顽强，被汉代人视为精怪，阄牛意示驱魔逐疫。鹿的形象，或在田猎中为逐捕之物，或拉着云气簇拥的方舆与羽人飞腾在云雾之中，表现了汉代人与动物的亲密关系。

图5-13　汉画像石
大象
徐州汉画像石艺术馆藏

图5-14　汉画像石拓片
羽人骑羊
山东临沂出土

汉画像石往往借助自然动物的形态，并将其形态变化。鸟类为三足乌，稳步立于神空，象征太阳；又为五头鸟，居墓门镇墓辟邪。凤为展翅的朱雀（见图5-15），虎为有翼的白虎，马为飞翔的天马，狗为"如貍而白首"的天狗。它们被刻画成神兽，寄寓着人们呈祥御凶的期盼（见图5-16）。此外，由狐变化的九尾狐，由兔变化的玉兔，共同簇拥在西王母面前，祝寿作乐。形象怪异的人面虎身画像为马腹，"蔓渠之山……有兽焉，其名曰马腹，其状如人面虎身，其音如婴儿，是食人"，立于辅首。还有虎身生四个带冠人面的画像，表现以虎代吏守墓的祯祥意愿。

图 5-15　汉画像石拓片　朱雀　　　　图 5-16　汉画像石拓片　龙凤呈祥

观想象的动物寄托着人们的希望，被大胆随意地创造。汉画像石出现了穷奇、飞廉、天禄、辟邪、麒麟、桃拔、兕等神兽，它们来自神话传说与记载。穷奇为十二神兽之一，"穷奇状如虎、有翼"。"乌弋地……有桃拔。"孟康注："桃拔一名符拔，似鹿、长尾、一角者或为天鹿，两角者或为辟邪。"人们在众神兽的创造基础上，幻想出一个以广阔太空为家，像云、水那样行动敏捷、体型弯曲的神灵——"龙"。据载："有鳞曰蛟龙，有翼曰应龙，有角曰虬龙，无角曰螭龙"，"一足为夔龙"，汉画像石、画像砖的各种龙类都以生动形象出现。

主综上所述，汉画像石、画像砖表现了自然界的基本动物，在汉代人的奇异想象中动物脱离了人间，变成具有自由形象的兽形神，极大地丰富了动物的艺术世界。

在对动物的表现中，龙、凤、虎、龟的形象为多，牛、马、熊、象也各有特点。南阳黄牛自古盛名，田耕、角抵、驱疫无所不能，使汉代人视牛为第一表现题材。在汉代人驾车、骑射、竞技活动中，马引起了人们的极大兴趣，因此马也成为艺术表现的主要题材。熊为逐疫十二神之一，方相氏掌蒙熊皮，"以逐恶鬼于禁中"，形象也比较集中。汉代人与象也有密切的关系。在汉画像石中，龙、凤、虎、龟被汉代人视为四灵，赋名为苍龙、朱雀、白虎、玄武，代表着东南西北四方，成为人们生存空间的保护神，在墓室中更是大量出现。

在艺术发展过程中，动物表现是绘画和雕刻早期的常见题材。动物是人所必需的东西，没有动物，人就不能生存，更不用说过人的生活了。远古发展阶段，先民环境恶劣，与动物为伴。他们为生存追捕动物，但又赞美其美和力，看成与自己亲近的存在物，并绘制动物形象，涂上色彩，象征并希望自己能在生活中战胜这些动物。在先民看来，动物和人没有什么区别，它们和人一样有思想、有感情、有灵魂。此外，动物中的超人现象，使人类望尘莫及，例如，猛兽力大无穷，鸟类展翅高飞，于是产生了动物崇拜。由于动物形象的变异，神兽形象的形成，产生了图腾艺术。

（二）人物形象

汉画像石的人物画像具有动物崇拜及自身崇拜的双重性，呈现着雄浑的气魄和宽厚的模式。画像石画像有的雍容华贵、仪态大方，有的朴素自然、清新宜人。它们交错地出现在画像石不同的墓室上，两者共同发展、相映生辉。尽管人物画像和动物画像是同步发展起来的，但人物画像显然有较高层次的意义。汉画像石中的人物形象亦可粗略地分为现实人物形象（见图5-17）和神话人物形象两类。汉画像石所表现的现实人物世界是极其丰富的，可以说是汉代社会生活的一个缩影。西汉初、中期，社会政治比较稳定，经济得以发展，科学技术不断进步。生活在这个时代，汉代人思维活跃，联想丰富，他们留恋人世的繁荣和幸福，渴求长生不死，求仙问道不绝。然而自然规律铁一般地无情，有生必有死，当种种幻想化为泡影，任何人都不得不走向生命的最后归宿——墓穴时，他们便把现世的荣耀、未能实现的遗恨、来世的希冀统统倾注在这冰冷的石块上，以慰藉他们孤独的灵魂。

图 5-17　汉画像石拓片　七力士图

历史故事在汉画像石中有较集中的表现，如三皇五帝、仓颉造字、文王、周公、孔子见老子、狗咬赵盾、齐桓公与卫姬、晏子见齐景公、二桃杀三士、荆轲刺秦王、赵氏孤儿、伯乐相马、聂政刺侠累、范雎受袍、泗水捞鼎、高祖斩蛇、鸿门宴、老莱子娱亲、闵子骞御车、邢渠哺父、秋胡戏妻、剡子鹿乳奉亲等画像，集中表现了春秋战国与秦汉时期比较重要的历史事件和富有影响的故事情节，刻画出国君、将士、平民等各种社会阶层的人物形象。对这些著名历史人物、历史事件进行刻画的同时，也注入了墓主人特殊的情感。

上层社会生活场景在汉画像石、画像砖中比比皆是（见图5-18）。画像比较集中地表现了上层官吏祭祀、拜谒、跽坐、讲经、骑射、畋猎、出行等生活场景，生动地呈现了舞乐、鼓舞、百戏六博、投壶、秘戏、斗牛、斗鸡、斗兽、搏虎、骑象、拳勇等活动场面。同时，大量出现的执盾门吏、执戟门吏、执金吾门吏、执棒门吏、拥彗门吏、带剑门吏、牵獒门吏、捧奁侍女、捧炉侍女、捧盒侍女、执炉侍女、执镜侍女、端灯侍女等画像，反映了森严的等级与规范的社会秩序。上至达官贵人，下至侍从奴婢，形象都表现得生动自然、栩栩如生。

图 5-18　汉画像石拓片　出行拜谒图

平民生活在南阳汉画像石中也得以清楚再现。牵牛、耕车、罟鱼、狩猎、庖厨等画像尤其显得朴实无华、淳厚亲切。

人物故事在汉画像砖中得到精彩表现：双索戏车画像生动地表现了杂技的高难度动作及杂技伎人的高超技巧；辎车出行画像中的人物怡然自得、潇洒生动；胡汉战争图像表现了人物组合复杂的战争场面。采桑纺织、农耕收割画像自然真切地表现了劳作活动情景。

远古神话人物活动是汉画像石、画像砖的重要内容：伏羲、女娲、常羲、羲和、东王公、西王母、羿射十日、嫦娥奔月、天帝、雷公、风伯、雨师等生动的画像，反映出想象中的与世人共存的神灵世界。

极其丰富的汉画像石的人物画像是现实社会中森严等级、浓郁生活情趣的直接反映，但是我们不认为这些是墓葬建筑中人物画像的主导意识，因为主导意识似乎还应从众多神灵人物形象本身进行分析。人们尽管对动物的艺术表现注入了理想和希望，然而，这是一种寓意于动物原型、受到较大限制的审美活动。虎可以插上双翅但仍是山川野虎，蟾蜍加一圆月仍是蟾蜍原型，动物天禄、辟邪的局部构成都可以在现实动物中找到影子。人物的艺术表现则受局限较小，它更便于表现人的意识和幻觉。汉画像石的人物有多种多样的变化：可以保持人面不变，身子呈蛇身与虎身；可以佩戴面具、化为神灵；可以概括为辅首等形象符号，镇鬼辟邪；可以用动物陪衬人物，制造环境气氛，共同为人物的审美主体服务。即使没有人物出现的其他图像，也多以代表人类审美意识的灵气与象征符号出现，使画面有人的灵动之感。汉画像石的动物画像是极其丰富的，一般来说对动物世界的崇拜是从表现与人类生存的密切关系开始的，到理想化的动物表现结束，它是由认识动物的物质属性发展到精神属性的艺术审美过程。神灵人物画像不同，人类已经在认识动物的过程中产生了自信，且对人类自身寄托着憧憬与向往，所以开始即为较高层次的崇拜。认识的阶段性有特殊作用，阶段的递进不仅是量的增加，往往带有质的飞跃，加之对动物的亲情传统，使人物的画像表现出深刻的审美思想。

汉画像石较多出现了人面蛇身的伏羲、女娲、东王公和西王母等主神形象。在画像中伏羲和女娲双手常擎日轮和月轮，日轮中有三足乌，月轮中有蟾蜍。东王公，亦称东王父、木公等，和东王公相居的西王母，是中国神话体系中的重要神祇。配合着主神的出现，东王公、西王母两旁多有仙人画像，以此衬托出主神的权威和庄严。羽人位于东王公或西王母的身旁，做跪拜或侍奉状，有的捧杯，有的执嘉禾、灵芝草等仙物。他们的形象有人首人身和鸟首人身、兽首人身等，且大都在肩两侧生双翼，以表示羽化登仙。关于羽人，《山海经》中记有"羽民国"。它是不死观念的产物，早在战国初期就已形成，汉代人天真地幻想插上双翅便可升入仙界，长生不死。羽人常居于东王公、西王母的左右，有时也独自出游，活跃于天上人间，时而驾驭鹿车，时而与飞廉、龙虎嬉戏，时而雀跃于屋顶之上，枝叶之间，是变幻无穷的精灵（见图5-19）。

图5-19　汉画像石拓片　羽人戏鹿

（三）其他形象

汉画像石的建筑、环境、场地、物品形象十分丰富。在建筑与环境中对楼阁馆所、厅堂宅院、桥梁车舆、家具陈设进行了表现。那"反宇"样式的屋顶坡面形象、前后悬臂出挑的斗拱形象、承托檐头伸展的昂扬形象，均表现了汉代木构建筑布置空间、组织空间、创造空间的审美思想。还有那多样的桥梁建筑形象、多变的车舆外观形象、实用的各种家具形象，展示了汉代完美的建筑场景关系。在场地与物品中对山石路径、水流船只、树林草木、云气天象进行了表现，它们均以生动的形象出现在大千世界的变化中。（见图5-20）

图 5-20　汉画像石拓片
纺织图　江苏徐州出土

第六章　汉画像石图像艺术

进行汉画像石的艺术研究，要清晰地认识研究方法，中国美术家协会会员皮道坚认为："我们惯用的一些解释艺术作品的方法，其实并不具有普遍性。至少，我们还缺乏视觉样式学方面的研究，还有待于发展纯视觉方面的理论。"完美的视觉形式是汉画像石的突出特点，石材砖材的质地肌理、疏朗大方的简约构图、力透画面的金石细线、行云流水的运动轨迹，形成了别具一格的视觉形式。我们运用中西方成熟的艺术理论，着眼于视觉艺术的研究，才能排除很多假设和谬误。在艺术研究中，我们可以通过分析汉画像石的视觉形式，探索汉代人的艺术追求，揭示中国艺术在汉代这一重要时期的观察特性与审美感觉，从而认识其美术史意义与艺术精神。

在对汉画像石的研究中，笔者重温了各地的汉画像石区域艺术特点，也对个别地区的汉画像石做了详细的个案研究，获得了较为全面的一手资料。在此基础上，笔者以图像研究为切入点，并选择了西方图像学与中国传统艺术思维相结合的研究方法。

第一节　祥瑞图像

一、汉画像石中祥瑞图像的寓意和特点

祥瑞图像在汉画像石中多有出现，其中以武氏祠的屋顶画像石最为集中，它们长期以来被称为"祥瑞石一"与"祥瑞石二"。祥瑞石上的图形排列成行，由具有象征意义的动物、植物、器物、神仙等图像构成，每个图形旁有榜题刻在竖长条框里，对图像进行解释。祥瑞石上的多数图像与榜题已漫漶，目前可以确定24个祥瑞图像，从右到左排列。

祥瑞石一：第一列，浪井、神鼎、麒麟、黄龙、蓂荚；第二列，六足兽；第三列，白虎。

祥瑞石二：第一列，玉马、玉英、赤罴、木连理、璧流离、玄圭、比翼鸟、比肩兽、白鱼、比目鱼、银瓮；第二列，后稷诞生、巨畅、渠搜献裘、白马朱鬣、泽马、玉胜。

浙江海宁汉画像石墓祥瑞图像也比较集中，前室四壁用画像石砌筑，门楣画像石以上用带"天"字的画像砖拱券墓顶，祥瑞图像配置在画像石最上层的门楣上，从右到左排列。

墓门外侧：凤凰、麒麟、桃祓；东壁上层：白羊、麒麟、飞鹿、嘉禾、浪井、嘉莲；北壁上层：嘉禾、田地、玉马、朱雀、嘉禾、天鹿、青龙、白虎；西壁上层：比肩兽、白马、玉兔、玄武、飞燕、天鹿、朱雀、玄女、白象、玉胜、石函、比目鱼、双瓶、蚌生明珠、灵芝。

南阳与四川的汉画像石、画像砖中的祥瑞图像也很丰富。武氏祠祥瑞石二第一列榜题较清晰，试以图像与榜题结合，并以《宋书》与《瑞应图记》接近段落释读。

玉马。榜题：（玉）马，（王者）清明尊贤（则出）。《宋书》载"玉马，王者清明尊贤者则出"。

玉英。榜题：玉英，五常（并修）则（见）。《宋书》载"玉英，五常并修则见"。

赤罴。榜题：赤罴，仁（佞）奸（息则）至。《宋书》载"赤罴，佞人远，奸猾息，则人国"。

木连理。榜题：木连理，王者德（洽，八方为一）家，则连理生。

璧流离。榜题：璧流离，王者不隐过则至。《瑞应图记》载"王者不多娶妻妾，则璧琉璃见"。

玄圭。榜题：玄圭，水泉流通，四（海）会同则至。《宋书》载"玄圭，水泉流通，四海会同则出"。

比翼鸟。榜题：比翼鸟，王者德及高远则至。

比肩兽。榜题：比肩兽，王者德给（矜）寡则至。

白鱼。榜题：白鱼，武（王渡孟）津，入于王（舟）。《宋书》载"白鱼，武王渡孟津，中流入于王舟"。

比目鱼。榜题：比目鱼，王者明无不衙则至。《宋书》载"王者德及幽隐则见"。

银瓮。榜题：（银）瓮，（刑）法德（中则至）。《宋书》载"银瓮，刑罚得失，民不为非则至"。

武氏祠的祥瑞图像与相关榜题图文互证，清晰地显示了汉代人将自然现象解释为上天意愿的思想观念。海宁汉画像石墓的祥瑞图像虽无榜题，但表达的观念与武氏祠是一样的。巫鸿解释说："祥瑞是汉代人认为代表'上天重象'的某些自然现象。例如，一只美丽的五彩鸟飞上了宫殿的房顶，或是皇帝在狩猎中发现了一只麒麟，地上报告了一个禾茎上长了多个麦穗，这些都被理解为上天对皇帝的赐福。祥瑞的出现意味着当朝皇帝英明睿智、治国有方。"在西汉武帝晚年这种思想开始出现，西汉晚期发展成风。祥瑞的瑞应之象成为上天佑护汉室王朝的有力证据，《后汉书》中记载了多种祥瑞现象。

明帝永平十一年（68），宝鼎、黄金、麒麟、白雉、醴泉、嘉禾现。明帝永平十七年（74），甘露、芝草、五色神雀现。章帝元和二年（85），凤凰、黄龙、鸾鸟、白鸟、神雀、甘露现。章帝元和四年（87），凤凰、麒麟、甘露、佳谷、芝草现。安帝元初三年（116），木连理现。安帝延光三年（124），凤凰、甘露、白鹿、木连理、麒麟、白虎、黄龙现。桓帝建和元年（147），黄龙、五色大鸟现。桓帝建和二年（148），木连理现。桓帝元嘉二年（152），黄龙现。桓帝永兴元年（153），白鹿现。灵帝熹平五年（176），黄龙现。灵帝光和四年（181），芝英草、凤凰现。

这些祥瑞的出现反映了汉代天人感应思想的盛行，汉代的道德学说就建立在这种天命观的基础上。汉代王朝的建立被演绎为汉高祖受命于天的传说，高祖曾杀死一条白帝之子化身的蟒蛇，后代皇帝纷纷效法，以天降祥瑞之说来护佑王朝统治的稳定。海宁汉画像石墓前室北壁高祖斩蛇图像的上层即为祥瑞图像，祥瑞与高祖斩蛇图像意义是相互关联的，可见天降祥瑞观念是汉代王朝统治的御用工具。汉代"在普通和一般的知识与思想水平的人们的心目中，天仍然具有无比崇高的地位，天是自然的天象，是终极的境界，是至上的神祇"。

既然祥瑞图像是上天对人世政治权威的解释，自然多多益善，因此祥瑞图像的内容丰富、形象生动。祥瑞图像的内容比较广泛，与人类相关联的动物、植物、器物，均可成为创造的素材。在祥瑞图像的创造过程中，汉代人有一种把握事物的和谐意识，试图表现事物的内在联系与本质精神，这是完成祥瑞形象的主要思想与方法。

关于人物与动物的关系，在商与先秦青铜器雕刻上常表现为人物与动物的对抗。这些青铜器的狩猎、祭祀与战争场面中，人物是以征服动物的形象出现的。它反映了青铜艺术已经改变了人类与动物的友善关系，追求象征权力统治的狞厉之美。汉代人的和谐意识源于保持与动物的友善关系，对世间万物的同情之心。在南阳汉画像石中，和谐意识得以集中表现。首先，人和神和谐存在。南阳汉画像石有大量人神同处的图像，许多神兽均为人首兽身，在神的意蕴下二者合为一体，自然微妙。其次，人与兽和谐存在。人与兽在南阳汉画像石中形象众多，在画面中人丝毫没有惊慌失措之态，反而有玩耍动作的安闲与滑稽，人以兽为亲密的伙伴。最后，兽与兽和谐存在。动物表现是南阳汉画像石的主要内容，在画像中龙与虎、虎与熊、熊与狮、狮与豹，或者牛与象、象与凤，这些不同类别、不同性格的动物出现在一起的情景很多，它们的争斗场面祥云缭绕，呈现出祥和的情趣。南阳汉画像石中人类和动物之间的友善关系，实际上代表汉代人的意识中物体与事物处在和谐境界中，只有具有和谐的生命观才会产生出祥瑞图像的丰富内容（见图6-1）。

图 6-1　汉画像石拓片　立官桂树
山东嘉祥出土

　　祥瑞图像的形式简明生动，它常常表现一个具体图像的本质特点。美国汉学家乔治·罗丽在《中国绘画原理》中指出，在唐代以前的绘画中，由于艺术家关心的是事物本质，其结果是表意的图像而非叙述性的形似。这种视觉表现的心理学基础乃是人们试图把理念形象化时都会体验到的。罗丽对中国早期绘画原则与形式进行了直觉的描绘，认为早期艺术是对事物本质的反映，是表现形象化的视觉理念。巫鸿结合武氏祠祥瑞图像进行分析，在表现比翼鸟的时候，艺术家就仅仅画出鸟的侧影，有两条腿以及一前一后的两个头。他在设计这个形象时绝对避免叠压和覆盖，甚至一个孩子看到这张画也明白这只鸟有两个头，一个身子和两条腿（而非四条腿）。显然，在武氏祠比翼鸟祥瑞图像的表现中只有用这种概念式的方法，才能表现比翼鸟的本质形貌，然后配合榜题说明，表现出比翼鸟的祥瑞形象。在海宁汉画像石墓前室西壁的灵芝草祥瑞图像中，灵芝草的根、茎刻画生动，根部许多小根生出，表现生命力的旺盛；茎部分两支，盘旋交叉在一起，显示旺盛生命力的延续；灵芝在茎上分出了五个，它们姿态各异，飘飘欲仙，向上绽放生命的灵气。海宁汉画像石墓的灵芝草祥瑞图像没有榜题，不能靠文字的辅助说明，所以只能靠形象本身的生动形式反映主题。同时，海宁汉画像石墓图像大多处于动感之中，以运动产生的美感展示图像的本质特点。在汉画像石、画像砖艺术中，地域的表现风格决定祥瑞图像的具体形式。

　　武氏祠屋顶上刻有 40～50 种祥瑞图像，祠堂的开放性使祥瑞图像流传下来。汉代末年内蒙古和林格尔汉墓壁画有数十种祥瑞图像，安徽萧县汉墓中的建筑图像，其下层有鸟形人像，有站立羊上的猴，屋檐上歇着鸟，居然还有一鸮（见图 6-2）。汉画中常见建筑上绘双鸟图像的画面，应当是祥瑞之象。汉画像石、画像砖上的丰富祥瑞图像一方面如董仲舒所言，是标志"帝王之将兴也，其美祥亦先见"的"受命符"，为建立汉代的政治体系服务；另一方面，祥瑞图像以不寻常的图形，冷静思辨，保持独立风格，增进了汉画像的形象表现能力。

图 6-2　汉画像石拓片
建筑人物图
安徽萧县出土

二、汉画像石中祥瑞图像的发生学探讨

汉画像石祥瑞图像是汉代祥瑞思想在汉画像石上的形象表现。学界普遍认为，汉画像石兴起于西汉中后期，成熟于东汉和帝之后，衰落于东汉末年。可见，画像石产生与消亡的过程伴随着汉王朝的兴盛与式微，它的存在与两汉的时代背景密切相关。目前发现年代最早的汉画像石墓，如河南南阳的唐河石灰窑村墓，可以追溯到西汉宣帝时期，其门扉画像石上就已经有辅首及凤凰等祥瑞图像。在画像石最为流行的东汉中晚期，祥瑞图像的使用更加普遍，种类渐渐丰富，分布位置也从门扉扩展到墓室内部或祠堂屋顶，不仅有单个的祥瑞图像或祥瑞与其他图像的组合，还有整块画像石都饰有祥瑞图像的情况。

由此可见，祥瑞图像从一开始就是汉画像石的重要题材，这一现象值得探索。本节将从思想背景与丧葬习俗两个方面探讨汉画像石祥瑞图像的产生原因。

（一）思想背景

一种完整的艺术风格总是各种内在思想、文化因素的综合。因此，只有全面地考虑汉画像石祥瑞图像所处的特定时代的思想和文化，才能把握这一特定艺术形式的产生原因，并进一步了解其意义和价值。汉代思想史上的三个重要事件——汉武帝的独尊儒术、哀平之际谶纬的泛滥、白虎观会议都与祥瑞思想有关，这有助于我们理解祥瑞图像的流行。

《春秋繁露·顺命》中说："天子受命于天，诸侯受命于天子，子受命于父，臣妾受命于君，妻受命于夫。诸所受命者，其尊皆天也，虽谓受命于天亦可。"可见，等级社会的稳定决定于君臣、父子、夫妻这三对关系中前者对后者的绝对统治与后者对前者的无条件服从。但这一系统最关键的环节则是皇帝权力的合法性的证明，这种统治应建立在受天命的基础上，而祥瑞正是天与人交流的中介，是帝王统治合法性的证明与合理性的赞美。正如董仲舒所说："帝王之将兴也，其美祥亦先见。"因此，祥瑞者，"受命之符是也"。董仲舒解决了二纲的理论根据问题，成为汉王朝在全国确立大一统以后第一个占据统治地位的庞大、全面的思想体系，而这一体系与祥瑞密切相关，祥瑞思想在汉代的地位不言而喻。此外，董仲舒在《春秋繁露》中首次大致整理了祥瑞思想，提及近二十种祥瑞及其表现与成因，如"恩及于火，则火顺人而甘露降；恩及羽虫，则飞鸟大为，黄鹄出见，凤凰翔""恩及于毛虫，则走兽大为，麒麟至"。祥瑞思想理论体系的雏形已经形成。

谶纬是以阴阳五行学说为骨架，附会经义与儒学结合构成的一个复杂而庞大的神学体系，贯通天人，无所不包。谶纬在西汉末年哀帝、平帝之际开始流行。公元56年，光武帝刘秀"宣布图谶于天下"，谶纬神学由此成为后汉的思想正宗，作为其主要内容之一的祥瑞与灾异地位也得到巩固。当祥瑞与灾异不再单纯地被看成天对现实政治的审判，还被认为可以预告将要发生的事情，这种观念就是谶纬思想，很多在纬书中被保留了下来。今日所见纬书中的谶纬有不少与祥瑞有关，如"王者上感皇天，则鸾凤至"（《春秋感精符》），"天子官守以贤举，则鸾在野"（《春秋演孔图》）等，这些都对董仲舒的祥瑞思想做了很好的补充。

东汉章帝于建初四年（79）召开白虎观会议，会后由班固整理得《白虎通》。该书中吸取了大量谶纬神学内容，并且客观上又一次整理了祥瑞思想，列举了近三十种祥瑞，比《春秋繁露》更进一步，如"德至天，则斗极明，日月光，甘露降。德至地，则嘉禾生，蓂荚起，秬鬯出，太平感。德至文表，则景星见，五纬顺轨。德至草木，则朱草生，木连理。德至鸟兽，则凤皇翔，鸾鸟舞，麒麟臻，白虎到，狐九尾，白雉降，白鹿见，白鸟下"。至此，依托于两部重要的官方典籍，祥瑞思想已经发展得比较完备了。

汉代的政治体系和伦理道德都建立在天人感应观的基础之上，并且阴阳五行学说与谶纬思想泛滥。在这种时代背景下，汉代人难免对祥瑞产生强烈而又普遍的信仰，帝王、士人、百姓莫不如此。

自古帝王以数字纪年，汉武帝首创年号，皆以"天瑞"命名，他在位五十多年，用过十一个年号，其中有两次是因祥瑞出现而改元：获白麟于雍，定年号为"元狩"，作白麟之歌；得鼎于汾水，改年号为"元鼎"。此后的汉代皇帝不仅继续使用年号，也保留了因祥瑞改元的传统。汉昭帝即位时年号"始元"，后因"三年中，凤凰比下东海海西乐乡"，于是改年号为"元凤"。汉宣帝对祥瑞的重视达到新的高度，他曾多次下罪己诏，谦称自己"不逮、不明、寡德"，但各地仍多见凤凰、神雀、甘露等祥瑞，故而大行封赏、大赦天下。此外，宣帝还有"神爵""五凤""甘露""黄龙"等四种以祥瑞命名的年号。（见图6-3）

图6-3　汉画像石拓片　双凤图

不管祥瑞是皇帝的信仰或幻想，还是统治阶层与舆论的交流方式，其影响都是深刻而广泛的，连汉代的文学作品中都充斥着祥瑞的文辞。例如，西汉司马相如的《封禅文》有"然后囿驺虞之珍群，徼麋鹿之怪兽，导一茎六穗于庖，牺双觡共抵之兽，获周馀放龟于岐，招翠黄乘龙于沼"的句子，提到驺虞（白虎）、嘉禾、白麟、龟、飞马、龙等多种祥瑞，以说明武帝当行封禅之礼；东汉班固所作《典引》同样引用多种祥瑞以"光扬大汉，轶声前代"，他还作有《宝鼎诗》《白雉诗》《郊祀灵芝歌》等诗赞美各种祥瑞。祥瑞思想在两汉知识分子阶层尚且如此普及，祥瑞图像的普及也就不足为怪了。

不仅帝王、贵族、文人重视祥瑞，汉代的百姓也对祥瑞有普遍的信仰。东汉应劭《风俗通义》的记载表明了一种叫作"金胜"的祥瑞的流行："七日名为人日，家家剪彩或镂金箔为人，以贴屏风，亦戴之头鬓，今世多刻为花胜，象瑞图、金胜之形。"从画像石上大量的图像可以得知，"胜"是西王母的头饰。《宋书·符瑞志》也有记载，"金胜，国平盗贼，四夷宾服则出"。这种赞美帝王德政的祥瑞被百姓用作日常生活中的装饰，可见祥瑞信仰之深入人心。从考古发掘出土的文物可以看出，汉代车饰、博山炉、妆奁、酒器、瓦当、明器、房屋模型等都普遍装饰着祥瑞的形象，这反映了祥瑞信仰在各个社会阶层的普及。

（二）丧葬习俗

今天看来，包括祥瑞图像在内的汉画像石在短时期内大量出现只是一个美术史事件，其实这不仅反映着当时的思想背景，也是丧葬习俗的体现。

儒家认为，"孝"不仅包括在父母生前"事之以礼"，还包括在他们死后"葬之以礼，祭之以礼"。在儒家思想开始占据统治地位的汉代，这种观念更加根深蒂固。不仅如此，汉代人还相信人死后灵魂不灭，会在另一个世界继续生活，即"谓死如生"。由于祥瑞思想的盛行，汉代人的住房、器物上多饰有祥瑞图像，他们当然希望死后继续这种生活，因此墓室装饰自然会有祥瑞图像，一开始是出现在墓室壁画上，当石室墓盛行之后，祥瑞画像石也就不可避免地产生了。

此外，与古礼之庙祭不同，汉代还始兴墓祭。为便于墓祭，从西汉中期开始出现建立于墓前的祠堂，到东汉已相当普遍。其中以石材建成的祠堂为祥瑞图像提供了新的物质载体，如建于东汉桓灵时期的山东嘉祥武氏祠，其屋顶画像石集中展示了至少二十四种祥瑞图像及其榜题。亡灵成仙的需求、活人求得庇佑的愿望及政治观念的表达等因素促成了石祠祥瑞画像的产生。

不仅如此，汉墓形制与构造的发展也是汉画像石祥瑞图像产生的重要原因。西汉早期，汉墓还多是承袭传统形制的椁墓，后来椁墓自身的变化导致了由椁墓向室墓的转变，经中期逐渐完善至后期走向定型化，西汉后期以后椁墓完全为横穴式墓取代，这种转变始于王侯级大型墓，随后这种墓葬新形制又影响到中小型墓葬。这大致可以解释多数为中小型墓的画像石墓在东汉最为兴盛。总体来说，用横穴式的洞穴做墓圹，用砖和石料构筑墓室，是汉墓与汉以前的墓在形制和构造上的主要区别，其特点在于模仿现实生活中的房屋。这不仅是在墓室内部用画像石等做装饰的前提，还更便于模拟出寄托死亡信仰的空间。因此，为了镇墓辟邪、升仙等，汉画像石墓的门扉、墓顶等处多装饰有祥瑞图像。（见图6-4）

图 6-4 汉画像石拓片 飞天

不同艺术分支的发展是相互联系的，而且在特定的环境下，一个分支富有特色的风格还可以转移到另一分支中，艺术形式不同的载体可以表现相同的主题或内涵。在汉代祥瑞思想渐成体系并日益流行的时代背景下，与汉代人衣食住行有关的载体上几乎都装饰着祥瑞的形象，因此当丧葬礼俗、墓葬形制等画像石墓产生的物质条件已经具备时，饰有祥瑞图像的画像石也就出现了。

第二节　图像的空间透视

对汉画像石的构图影响最大的是空间透视法。空间透视即构图视点，无疑与人类对空间的认识有着密切关系。对汉画像石构图方式的研究可以从画面安排、空间结构两个方面来展开。据笔者观察研究，汉画像石的画面空间构图样式除二维空间以外，三维空间、四维空间也普遍存在。在中国艺术发展的历史长河中，由汉画像石创立和发展起来的汉代绘画艺术原则为以后的诸多画种所接受，尤其是中国画。

汉画像石是中国文化历史中的一朵艺术奇葩，是两千年前特定历史环境的产物。作为汉代的一种丧葬艺术，汉画像石所表现的是生者祭祀、悼念死者的永恒题材。尽管往日的繁华已成为历史的陈迹，但其气势恢宏、稚拙古朴的艺术风貌仍为现代人所痴迷，而这种艺术风貌更突出地体现在汉画像石独具特色的构图方式上。

在笔者看来，汉代艺术家以刀为笔、以石为绢所创造出的画像石是一种虚幻的空间，将汉代的政治制度、战争方式、道德观念、精神信仰等内容由长和宽两个方向限定的平面形态展示给后人。从传统的角度讲，这本身就提供了二维空间样式。

一、二维空间的表现

艺术的二维空间是指把自然界本是三维状态的客观物体转移到画面上，完全不考虑所描绘事物的纵深关系。事物之间的相互关系只能由其左右位置和身姿手势才能看出。这种二维的平面意识在汉画像石中大致可分为四种空间样式。

（一）水平空间

水平空间构图是汉画像石最基本也是最重要的空间透视构图法。经研究考察，江苏、山东两地的汉画像石大部分采用这种构图方式。对事物进行侧面描绘是这种构图法最显著的特征。图像中的人物、车马、器物、建筑等几乎都是从侧面捕捉到的造型。这种样式的基本特征套用到当今构图中可用二方连续的图案来解释，从整齐明确的水平带上布置物象，无掩盖重叠，使人一目了然。山东省滕州西户口的《讲经出行图》就是采用这种水平样式构图的典型作品。此类构图样式还有山东嘉祥五老洼著名的《孔子见老子图》（见图 6-5）等。

图 6-5　汉画像石拓片　孔子见老子图
山东嘉祥出土

（二）鸟瞰空间

作为鸟瞰空间样式，画者的眼睛居高临下，物象自然有平摊于画面的感觉。这种鸟瞰空间样式，可以归结为"以纸当地"。这种空间样式经常用来表现摆放在人物中间很低而从侧面难以看到的器物，如杯、盘和六博局盘等。乍一看，给人一种悬挂在空中的感觉。例如，山东微山县两城山出土的一块祠堂后壁所刻宴饮图中的六博图像，两位坐姿相对的主要人物之间放置的六博局盘使用的正是垂直鸟瞰法。局盘在观者看来，并非平置于茶几上，而是悬挂于平行的墙壁上。又如山东省沂水县韩家曲汉画像石墓中的一幅宴饮图，图中两位宴饮者之间的地面上所放置的杯盘也采用这种画法。

（三）放射空间

放射空间模式是指既有鸟瞰式特点，又有一定纵深透视的在平面上略呈放射状的空间模式。这种构图样式经常用于表现乐舞百戏。众多体态婀娜、摇曳多姿的舞女，呈近乎上远下近的位置关系罗列于画面中，场面较为庞大、壮观。有抚琴、吹笙、击鼓、歌唱等形象，也有多种技艺表演，如长袖舞、倒立、旋盘、舞龙、跳丸等，较全面地展示出汉代音乐艺术综合多元、辉煌隆盛的发展面貌。如山东沂南出土的《乐舞百戏图》（见图 6-6）就是这种空间模式的实例。

图 6-6　汉画像石拓片　乐舞百戏图　山东沂南出土

（四）混合空间

混合空间就是处于空间各部位的不同形象或处于个体形象的不同局部，各自采用不同的空间样式。这种混合空间样式都不是立足于固定点对视觉纵深和体积所做的忠实记录。如山东长清孝堂山祠堂的《大王出行图》（见图6-7）中，大王车及其前面的鼓乐车用的是水平空间样式，而大王车前后的骑士行列则采用了上远下近的等距离鸟瞰透视法来构图。事实上，上述鸟瞰空间、放射空间等常常又是混合空间。

图 6-7 汉画像石拓片 大王出行图 山东长清出土

二维空间是汉画像石最基本的空间样式。这种样式实现了其独具特色的装饰性艺术功能。人类早期绘画和装饰图案大多是平面铺开的构图，汉画像石的构图与造型既具有早期表现性绘画的特点，又具有装饰图案的特点，再加上其版画、浮雕的特征，俨然成为一种集当时造型艺术形式特征之大成的艺术样式。

二、三维空间的表现

在二维空间表现的基础上，很多画像石也表现出三维空间的样式。三维空间的画面所追求并达到的效果是以艺术的错觉为基础的，把人们眼中所见的三维的客观真实状况转移到画面中来。它是充分调动视点、视频线、视中线以在观者眼中产生有深度感的视觉错觉。焦点透视是控制三维空间效果的重要环节。据笔者研究，三维空间的表现在汉画像石中描绘波澜壮阔的车马出行图时经常用到。三维空间的表现能克服二维空间无法表现纵深空间中事物的这一缺陷，较自由地采用了移动视点的方法，由此可见当时汉画像石制作工匠的智慧。

（一）水平空间底线斜透视法

这种透视构图法虽仍将所描绘的事物横向排列在画面的同一底线上，但由于已将视点从正侧面移到了斜侧面，沿着纵深空间整齐排列的同类事物在画面上便出现了侧面轮廓线互相重叠的现象。例如，山东滕州西户口的《东王公狩猎出行图》正是采用了这种底线斜透视法，驾车的马匹头部、胸部、足部的右侧出现了重叠得极为整齐漂亮的侧面边缘线。这种透视法结合准确而简练的线条，通过简约的轮廓和独具匠心的角度巧妙地将奔马的驰骋、骑士的谨慎、东王公的雍容巧夺天工地展现在世人面前，正所谓"出入鸣钟磬，备具威仪，笳箫鼓吹，车骑满道"。

（二）鸟瞰空间的斜透视法

这是一种在底线斜透视法的基础上将视点提升的方法，观者不仅看到沿纵深空间整齐排列的同类事物的侧面轮廓像，而且其上部轮廓线或背部轮廓线也在画面上整齐重叠，从而丰富了画面的内容，也使画面所表现的对象更形象了。这种透视方法在车马出行图中使用频率较高。例如，《车马过桥图》（见图6-8）画面上，两匹马并列沿纵深空间整齐排列，离观者较远的一匹马置于同行马匹的上端，背部和尾部被遮挡，只露出头部、颈部和胸部。此外，画面中沿纵深空间整齐排列的桥墩也被描绘成斜向整齐排列的行列。这种表现方法无疑拓宽了视野，尺幅之间自然营造了"咫尺有万里之势"的无限空间。

图6-8　汉画像石拓片　车马过桥图

三、四维空间的表现

四维空间的概念实为把客观世界中的时间过程在画面中变化为能够看得见的视觉形象。

四维空间的结构是各种空间结构的综合体。汉代艺术家为了表达思想，完全无视时空限制，自由自在地把发生在不同时间与空间的事物描绘于同一幅画面中。在山东嘉祥武氏祠的《泗水捞鼎图》（见图6-9）中，作者用对称的矩形线将画面分为河、岸、堤三部分：河中有因鼎落水而摇摆不定的船只；两岸是憋足了劲却因绳断而跌倒的七个士卒；堤上有着一群看着绳断却无能为力、惊慌叫嚣的监工，天空中还有鸟儿飞翔，水中有鱼，平地上还有车马。这种打破时空的全景构图法，使画面呈现"可游可走"的状态，各个情节的循序推进犹如看电影一般感觉到时间的流逝、空间的转换，从而使这样一幅言而有尽的画面传达出无尽的时间和空间感，实为四维空间的典范之作。正所谓"画家以流盼的眼光绸缪于身所盘桓的形形色色。所看的不是一个透视的焦点，所采的不是一个固定的立场，所画出来的是具有音乐的节奏与和谐的境界"。

上远下近的散点透视构图法已成为中国画的标准透视，平面的装饰观念已成为中国传统绘画的一个基本特点，填白也成为中世纪绘画艺术的主要构图原则。汉画像石的时代精神会在以后的研究和探索中继续得到传承和发扬。

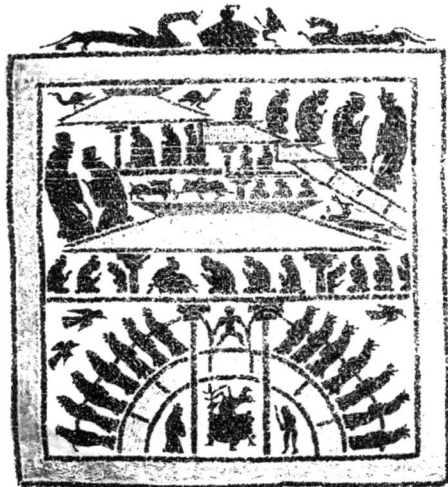

图 6-9　汉画像石拓片　泗水捞鼎图
山东嘉祥出土

第三节　图像的装饰艺术

艺术作品只有相对地表现物象的物质属性，才能创造出感人的艺术形式。汉画像石画面不是物象的再现，而是根据物象的精神属性进行平面装饰，表现其根本的艺术本质。

一、整体形式

图的关系是造型表现必须重视的问题。在平面装饰的图式中，图与底如何分开，形象与背景怎么脱离，是极其重要的表现环节。一般来说，二元化的图式会融合成一个连续统一的形状，其中也会包括一些次要的形状，成为其间的缓冲或装饰，用来改变整个图形与背景的关系。汉画像石以形象整体外貌表现为艺术追求，注重形象与外在环境的联系，把其作为无限空间的一个客体来进行视觉样式的分析，从而取得整体的外貌形式。为了与底分开，汉画像石是重视轮廓线表现的。但是，为了表现形象的整体外貌，在肯定后又否定轮廓线，以轮廓与内部形象构成一个整体图像，轮廓线内呈现出模糊的感觉。

汉画像石的刻制从整体外貌开始，无论表现凸出与凹入形象都先从整体入手，然后在形象轮廓内用多种方法制作。材料质地肌理运用是汉画像石、画像砖整体形象表现的一个方法。汉画像石中汉代工匠利用石材之大小、石质的裂痕，运用多种凿制方法，以自然和人为的肌理效果表现汉画像石的整体外貌形式。其运用肌理的方法较为灵活，有以天然石纹形成的画面肌理，也有以人工凿制形成的画面肌理。两种肌理交替出现在形象与背景上，形成了图与底的复杂变化。

南阳唐河针织厂汉画像石的肌理表现形成了该地画像石的整体形式感。例如，荆轲刺秦王画像石中，秦王、秦舞阳的外轮廓线和身体内部均施以或长或短，或深或浅的阴线，与石面粗糙的自然肌理浑然一体。形象之外的背景也保持粗糙的石面，图底关系统一，生动地表现了画面的主题。汉画像石中的整体形式表现使画面的对比强烈，形成了汉画像石平面装饰的视觉深度。

二、图案装饰

汉画像石要完成墓室的装饰功能，须以平面性展开画像表现，具有明显的图案装饰特点（见图 6-10）。有一类画像是由各种图案组成的，如几何纹图案，几何纹和人物、动物、植物相结合的图案，人物、动物图案，物象图案等，它们以二方连续或四方连续的方式展开。另一类画像表现主题性情节，有人物、动物、具体场景，但因为采用图案的手法表现，它们也具有了图案的特点。

图 6-10　汉画像石拓片　花边纹

第一类无疑属于平面图案的范畴。中国传统图案的单独纹样与连续纹样均为平面展开的，在夏、商、周三代的钟鼎和玉器上可以看到图案横向竖向展开的具体式样，它们对物器的表面进行连续图案的平面装饰。汉画像石是建筑构件，其表面自然借鉴前代循物造型的平面装饰方法。河南新野县漯口村南墓有米字纹、绳纹与重环纹图案。总体来说，汉画像石开始是以图案装饰表现的，并一直延续于整个发展阶段。南阳砖瓦厂汉画像石墓的图案表现尽管出现了一定的情节内容，如辅首图像放置阁楼里面，两边又有青松陪衬，但基本还是以连续图案的样式出现。南阳冯君孺人汉画像石墓的二龙穿壁画像还保持适合纹样的图形，虽然在二龙的两边已出现羽人与坐吏的形象，开始出现主题情节（见图6-11），但还是以图案的形式出现。该墓大量的画像表现虽然有主题情节，如舞乐百戏、击鼓拜节等画像内容比较丰富，但基本构成都为图案形式。

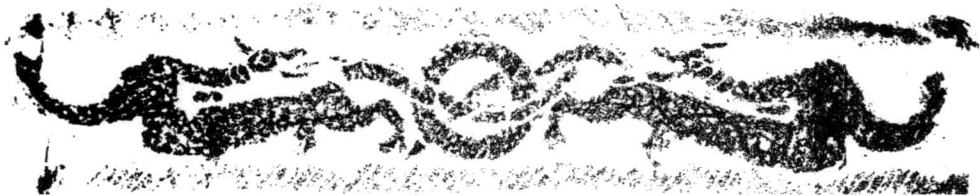

图 6-11　汉画像石拓片　二龙穿壁　河南南阳出土

在不同地域、不同时期的汉画像石中能够看到一致的图案表现方法。在这个变化过程中，图案的平面装饰是一条不变的主线，贯穿在三代器物纹饰、汉画像石、画像砖的画像上。

三、多点布局

汉画像石充分表现出大自然的空灵与和谐。汉代人的目光不固定于一个局部，而是流动着飘瞥上下四方，一目千里，把握全境的阴阳开阖、高下起伏的节奏，从狭隘的视野与实景里解脱出来，创造一个永恒的灵动的空间。点、线、面是视觉艺术的表现手段，点的运动和结合形成了线和面，点是造型最基本的元素。汉画像石、画像砖的表现借助于对一个个点的观察，这些点有平视的，有俯视的，有仰视的，有透过物象而视的，也有以时空观念而视的。通过平视，可以观察到局部，把物象表现得清晰；通过俯视，可以观察得深远，表现物象的全貌；通过仰视，可以观察到高大，表现物象的精神。对于这三个点的观察状态，宋代画家郭熙在《林泉高致·山水训》中说，"高远之势突兀，深远之意重叠，平远之意冲融而缥缥缈缈"，平视能形成平远，俯视能形成深远，仰视能形成高远。三个点的可视物象十分清楚和明晰，淡化简约了物象本来具有的立体形式，如同物象前放置了三个不同方向的摄影灯，充足的光照减弱了物象体积的厚度，物象呈平面感觉，包含众多物象的画面出现了平面特点。至于汉画像石中透过物象而视的点，可以把被遮掩的物象表现出来；以时空观念而视的点，可以把精神意识与观念表现出来。由此可见，汉画像石在不同空间的多点观察状态下，不可能融入具体物象的体积深度表现，而是呈现出平面装饰的整体风貌。这种状态是多点构成的，它筛选了多点观察时能形成的最佳造型元素，整合为汉画像石的平面装饰样式。山东微山西城镇出土的水榭、人物画像（见图6-12），画面四周用卷曲纹图案做成边框，框内分成两层。上层四个仙人骑仙兽横向图案化排开，似表示天上仙景。下层是亭榭、捕鱼、观赏、诊病、六博的人间生活状况。上、下两层显然是天上、人间两个世界。为了表示神与人的和谐存在，有人首鸟身神医为下层的人问诊，使两个时空观念统一在画面中。在下层的画像中，整个场景为平视，形成捕鱼、观赏、问诊、六博的开阔画面，每个人物的动态都能表现清楚；水榭是仰视，使其显得高大雄伟，成为视觉的主要着眼点；画面中的所有人物都是平视，使水榭下捕鱼的人物、水榭上的人物、问诊与六博的人物、上层的仙人姿态与动势都能清晰表现。水中的鱼、鳖、蛇则运用透过物象而视的方法，它们不再在水下潜游而以生动的姿态出现在画面中。多种观察方法构成了多个观察点，观察点之于画面，以不同的处理方法形成构架，创造了人神共处的和谐场景，形成了作品的平面装饰特点。

图 6-12　汉画像石拓片　水榭、人物
山东微山出土

四、韵律表现

和谐意识是汉画像石的自觉表现和追求。万物万事皆屏气以生，一切物体处于一种美的状态，组成有节奏的生命存在，从而创造出和谐境界下的生动韵律，然后把韵律赋予形象表现中，找出形象中反映本质特点的细节进行概括处理，使之呈现出带有共性的形式，利用艺术规律对形式进行再创造。海宁汉画像石墓西壁第二层表现了一列人物画像，其中的一组画像刻画了三个人物，左边与右边的两个人顾盼相望，前面的一人与后面两人相对而立，三人以手势相互表达感情。左边的人两手举起，右边的人两手伸出，前面的人也伸出手，组成的动作微妙协调。处于不同位置的三个人物，本身是相互分离的，但感情的交流使三者成为一个连贯的整体，其中每一个人都处于两种不同的关联之中。如果剖析每一个人的构成因素，他们各自的三维空间形状是以二维图形表现的。作为艺术品，一种构成是注重深度的形式，另一种构成是平面展开的形式。在这里形式均

118

服从于形象的韵律表现，三个人物选择投影的平面形象，采用平面展开的形式，完成了交流感情的画面。汉画像石的表现内容中，还有许多复杂的图像，在制作过程中，画师工匠们始终在寻找图像的本质特点，探讨平面与深度的相互作用，精心雕制汉画像石平面装饰形象，展现生动的艺术韵律。

总之，汉画像石具有建筑、雕刻、绘画等综合艺术功能。制作程序是先画后刻，然后敷彩，现在从一些汉画像石、画像砖上还可以看到当年留下的底稿墨线与表面彩绘痕迹。这种综合艺术特点决定了汉画像石艺术精神的宏大、内容构思的深入与雕刻手法的灵活。汉画像石的艺术风采，对后代产生了深远的影响。南北朝、隋唐继承了汉画像石的平面装饰形式。在石刻艺术中，石棺椁、造像碑刻画基本沿用汉画像石素面阴线刻的装饰手法。陕西、河南、河北等地的佛教造像基本使用了汉画像石隐起和起突刻加阴线刻的装饰方法。在中国传统绘画上，形成了中国卷轴画的构图章法以及用线造型的基本形式。在不断的发展过程中，平面装饰形式逐渐成为中国美术的主要特征。

第四节　图像的造型艺术

汉画像石从萌发到此后近三百年的发展中，无论是画面布局还是题材内容均日趋复杂充实，不仅反映了当时人们的社会礼仪、生活习俗，还反映了人们的审美追求，并充分表现了中国传统造型艺术规律的特点。

一、造型形式

（一）直观上的剪影式特征

画面中几乎所有形象的外在特征都很简洁、鲜明，没有零碎的细节干扰，形成一种很整体的"实"感，而内部刻画也仅简略用阴线勾勒甚至不着一笔，产生了一种结构模糊的"虚"。外轮廓的"实"与内在结构的"虚"结合在一起，虚实相生，黑白分明，极具震撼力，从而为欣赏者留下了更多的想象空间，使他们将眼前的形象在想象之中进行再创造，从而带来审美的愉悦感。

汉画像石的创造者还擅长用流畅的圆弧线表现外轮廓。这种以曲线为主的轮廓线勾勒方式可以强调形象的形体与动态特征。几乎所有的形象都处在行进、跳跃、顾盼、飞腾的运动瞬间。例如，江苏徐州出土的《车马图》（见图6-13）中，马和人物的轮廓都是外圆，而内部却充满了张力和阳刚之气，这正如汉王朝的民族精神一样，充满了征服的欲望和征服的力量，积极进取，豪迈奔放，自强不息。

119

图 6-13　汉画像石拓片　车马图　江苏徐州出土

（二）形象上的艺术夸张特征

汉画像石不受美术透视规律的限制，而是以平面的散点和分层方式进行布局，形象通过上下层次和左右关系来确定在空间中的位置，这与中国绘画构图方式的传统法则相一致。画面常常利用物象的大小来突出主要形象。比如，在表现主神或墓主的场面中，主要人物均身躯高大、体态雍容，居于尊位，而侍从则躯体较小，处于从属位置。这种夸张手法的运用，突出了特定环境中的典型人物，产生了意想不到的艺术效果。

（三）用本质代替视觉观察的特征

这是中国传统思维中得"意"忘"形"观念使然，作品中的空间在逻辑上往往超越客观真实而成为一种表意的概念空间。例如，刻画建筑物中的人物时（见图 6-14），会忽略墙体的阻隔，而直接将内部的人物展露出来，这种造型方式是根据建筑具有容纳人和物的"事实"得来的，并非根据创作者观察的实际角度。用本质代替视觉观察的艺术造型特点同样在剪纸中被广泛运用，并流传至今。

图 6-14　汉画像石拓片　六博图　江苏徐州出土

（四）动态特征

这种特征在以历史典故为艺术题材的画面中表现得淋漓尽致。这类题材在西汉以后非常流行，通过宣扬历史上的圣君义士，达到借古讽今的目的，是对当时独尊儒术的社会思想的反映。创作者擅长抓取最能体现事件情节的瞬间，即矛盾冲突的高潮，用明确的形象动态、动作表现人物的身份、心理和人物之间的关系。山东嘉祥县武氏祠的《闵子骞失棰》（见图 6-15）一画中，刻画长幼三人及一车一马，车有辕有盖，车上的长者为"子骞父"，车旁站立的童子为"子骞后母弟"，车后跪地向长者禀事的青年便是子骞，榜题"闵子骞与假母居，爱有偏移。子骞衣寒，御车失棰"。父亲得知真相后，想把刻薄的后妻赶走时，闵子骞以德报怨，劝阻了父亲，画面刻画的便是闵子骞跪地向父亲进谏的那一瞬间，其父转身以右手抚子骞脖颈，尽显父亲醒悟后愧爱交加的怜子之情。

图 6-15　汉画像石拓片　闵子骞失棰　山东嘉祥出土

再如，《荆轲刺秦王》（见图 6-16）中，左为行刺的荆轲，右为秦王，一个扬起匕首行刺，一个逃往柱后躲藏，动态鲜明，画面紧凑，将生死一搏的瞬间表现得极富动势和张力，令人触目惊心、过目不忘。

图 6-16　汉画像石拓片　荆轲刺秦王　山东嘉祥出土

二、艺术特征

汉画像石将设色、绘画、雕刻、装饰有机地结合在一起，集中反映了当时民间美术发展的趋势和艺术成就。它的题材内容十分丰富，从历史到现实，从天上到地下，从人界到仙境，从民间到官场，从社会生活到神话传说，从瑞兽珍禽到世间万物都可以成为表现的对象。在这些光怪陆离的画面中，人与自然、人与动物完美结合，和谐相处。在这些远离尘世的奇妙世界里，天地间的距离仿佛缩短，人和神的距离不断拉近，死亡变得不再可怕，甚至那里也有生机和快乐，充满了灵性与和平。这些图像跨越了漫长广袤的时空界限向我们展现了在史书中无法直观看到的场面物象，为我们了解、研究汉代历史提供了既难得又富有价值的资料。

多种雕刻技法的综合运用使得汉画像石线条流畅、形象生动，构成了简洁又不乏精致的画面，使人在感受欣赏之余，无不为那画中所散发出来的无拘无束、奔放飞动之美动容。汉画像石既是物质文化发展水平的反映，又是各种社会意识、思想感情和行为方式的表露。它那古朴豪放、深沉雄大的风格特征，体现了浪漫主义和现实主义相结合的汉楚精神，彰显了汉代社会积极创新、开拓进取的民族气质。

由于时代的局限，目的是祈求福祉、趋吉避凶的汉画像石不可避免地充斥着强烈的功利色彩。但它作为上层建筑又真实而生动地反映了汉代的时代气息，从它那大气雄浑、粗犷拙重的风格中，我们可以真切地领略汉代那种充满了蓬勃生气与激情，以及对未知世界的无限憧憬的艺术神韵。属于汉画像石的时代已经过去了，但作为一种艺术形态，它的魅力将彪炳千秋。

第七章　汉画像石中的树形图像的文化内涵

中国古代设计艺术中神树图像的内涵与外在形式始终随着人们观念的改变而改变，即使是那些曾经无比神圣的神树，或是在某一时期曾风靡一时的形式，也会因为人们生死观的改变而逐渐失去文化土壤，终至被人们遗忘在历史深处。中国本土的神树中，能够长久流传下来，并不断推陈出新、演变出新形式的图像，只有王母仙桃和月宫仙桂。中外文化的大碰撞也曾为神树图像注入许多新鲜血液。域外圣树传入中国后，有的被吸收、改造、发展，在本土化过程中逐渐成为中国古代设计艺术中的重要纹饰，与中国传统文化融为一体；有的则昙花一现，终至湮没。只有那些与中国文化特质接近、迎合人们世俗心理需求的域外圣树得以广泛流传并融入中国传统文化。

第一节　树形图像产生的渊源

一、树形图像产生的现实条件

在汉画像石题材中，除历史人物、历史故事、神话传说以及反映社会现实生活诸方面的内容之外，还有各类不同的树形图像，其中所刻画的一些树木与人们的日常生活相关，如在四川出土的画像砖上的《采桐图》（见图 7-1）。另外，我们还会发现，一些造型夸张的树在现实中很难找到原型，如汉画像石中被称为瑞木、扶桑、若木或摇钱树之类的树。这些树造型奇特，艺术手法大胆，想象力丰富，艺术风格和特点十分突出，成为汉画像石中一种重要的表现形式。

图 7-1 汉画像砖拓片 采桐图
四川成都出土

　　在生产力极低的原始社会条件下，人们在巨大的自然压力下首先面临的难题就是生存问题，凡是和生存有关的功能价值意识都是非常重要的。在当时的人们看来，日常生活领域除了能被感知的自然物，还有一种冥冥之中不可企及的神秘力量。他们为了得到神秘力量的保护，为了更好地生存，便借助于某种自然物进行崇拜，所以，树就在人类生存意识的需求下作为一种信仰物应运而生了。

　　到了汉代，成仙得道之说盛行，对鬼神异力量的重视，无论是在社会生活中还是在人们的思想观念里，都具有普遍性。汉代人的信仰多样且极具功利性，所以人们总是会对他们认为吉利的事物加以崇拜，这使平常的树也被涂上了浓重的神秘色彩。汉代大兴天人感应说，帝王将兴亡，则天有征兆，这种征兆甚至通过树木显示出来，如瑞兆有"瑞草""瑞木"等。

　　中国是桑树的原产地，桑树在古代人的观念里是具有神秘力量的神树。在古代人的树木信仰中，桑被看作生殖和繁衍子孙的原始母神；又由于桑叶采了再生，继续不衰，使得桑树在古代人的观念中又和不死与再生的原始信仰结合在一起。因而，从地域习俗和古人的信仰观念来看，汉画像石里大量出现的桑树及其他树木形象，实为对先祖崇拜物的继承和发展。这也是一种必然。

二、树形图像的象征意义

（一）沟通天地之神灵

　　秦汉时期，求道升仙思想泛滥，人们通过各种活动以求长生不老达到仙界。因而，原始社会时期人类与动植物同源、合体、互感的图腾意识开始转变为人主宰神、神为人服务。在汉帛画和画像石中，常可看到羽人、人头鸟身怪物、鸟头人身怪物、人驾鱼车飞奔、鸟拉车等图像，这些都反映了汉代人的求仙思想，而汉画像石里的一些树木也被赋予了同样的寓意。（见图 7-2）

图 7-2　汉画像石拓片
树鸟纹　山东嘉祥出土

古人一般认为，树木可以除恶气，与神灵有关，树木可成木之怪，龙升天必借助树木。中国古代传说里有一棵叫"建木"的盘根错节、非常茂盛的通天大树，它拔地而起，直上九霄，长满了层层叠叠的树叶和果实。其实，这里的树绝非现实社会中的树，它代表的是树神，人们认为它是众仙或神人以及具有人神交往法力的巫师来往天上、人间的通道，是一棵神奇的天梯树。而树形态的再现，显然已经是一种程式化了的"艺术符号"，它代表天地的沟通。在当时人们的原始信仰中，对宇宙的认识主要分成三个不同的层次：第一个层次是居住着诸多人格化的自然神仙的天上世界；第二个层次是人类居住的现实世界；第三个层次是地下的鬼魂世界。所以，这里"树"被认为是人类死后由人间世界通向天上世界或者鬼魂世界的通道，它成为一种仙物和协助升仙的工具。

通过出土的有关树的画像石，如四川新津县出土的西王母画像砖、郫都区五号石棺、广汉市出土的东汉摇钱树画像石等，我们可以看到西王母端坐于龙虎座上，释迦牟尼端坐于狮子座上，前者在"若木""建木"等神树下，后者置身于菩提树下。汉代人主要信仰的"大神"是西王母，而西王母是当时仙灵中居于最高位置者，她在汉代人眼里是掌管生死、繁衍、升仙之神。人们出于对西王母的敬仰，把树木与西王母联系起来。这样，树也被仙化了。因而，在渴望长生不老、羽化升仙思想泛滥的汉代，大量的树形象被刻画在画像石中，代表着人们希望死后能借助这一仙物来沟通天地之神灵。（见图 7-3）

图 7-3 汉画像砖拓片 东汉西王母
河南张楼出土

（二）自然崇拜和生殖崇拜

墓室祠堂中的汉画像树形象是原始自然崇拜遗传下来的。远古时期，人们常常对自然界中的一些现象无法做出合理的解释，"不可见的世界具有人类难以控制的巨大魔力，它是世界生生不息的原动力，给原始人的身心感受主要是恐惧和敬畏"，于是人们就认为是神灵操纵着世界的一切。因此，自然崇拜和灵物崇拜盛行，树崇拜是其中颇为盛行的一种。现今发现的世界各地的原始宗教遗迹普遍都有树崇拜现象。

汉代人对生殖的崇拜是极盛的，在古人心中，生殖婚姻为第一大事，尤其在表达死亡的汉画像中，更是寄托了汉代人希望子孙永世繁衍的愿望。人们出于生存本能，对自然界中某些动物或植物旺盛的生殖力产生崇拜心理，期望通过对这些动物和植物的祭拜达到自身增殖的目的。在长期的生产与生活实践中，古人发现，人和动物的寿命比起树木来要短暂得多，树木又是他们生活的主要资源，而且繁殖力相当强——根、枝、果都可繁殖，于是他们希望像树一样多子多孙、人丁兴旺。因而，人类自然而然地对树木极强的繁殖力和旺盛生命力产生崇拜。

从原始社会开始，我国古代先民就存在对大自然崇拜的习俗，其中对地神的崇拜是以祭社的形式表现的。古代祭社，其初始时期多与树木有关。树木本是客观的自然存在，根本不具备任何社会属性，在祭社过程中受宗教观念的支配而被神化，并被赋予众多而庞杂的社会生活内容。所以，自然物的树成为社会化和宗教化的树。

另外，在汉画像石里刻有一种被称作"摇钱树"的图像，其树叶上铸有类似方孔圆钱的形象，有明显的财富与瑞树之含义。这里的摇钱树是神树之宗教观念的进一步发展。可见，先民们把一切美好的愿望寄托于神树上，而这些都与当时祈求财富的思想有关。所以，摇钱树也是神树、社树，是获得财富与聚集财富的象征。通过检索汉画像资料我们可以发现，社树逐渐从生殖繁衍的原始精神崇拜变成与人的切身利益相关的摇钱树，表达了人们祈求更多吉祥与富贵的愿望。

山东微山县两城镇出土的一块画像石中，画面主体是一棵大树，树冠很大，树上有凤鸟、羽人、人首鸟和一般飞鸟；树下有两人张弓仰射，一女子牵马。画面上有六处榜题，鸟为"萅鸟""乌生""山鹊"；人为实名，两个射箭的人分别叫"长卿"和"伯昌"，牵马的女子叫"女皇"。除此之外，从画面边框之外的文字题记来理解，画面里二人张弓仰射的并不是实在的鸟，而是由鸟所象征的功名，其寓意是升官，因此有些研究者称这棵树为"立官桂树"。不管是汉画像石中的摇钱树还是立官桂树，都是作为一种社会意识形态而产生的，反映了当时人们的发财思想和做官思想，是吉利的象征。

综上所述，汉画像石中出现的一些树木图像，并不是对当时生活中树的简单记录与再现，而是通过其隐喻的象征图像与符号，传达汉代人的一种升仙思想、生殖崇拜以及趋吉祈财的观念。这些树木图像是否还有更多深层的寓意，有待于我们进一步地深入研究。

第二节　树形图像解析

中华民族作为古老的农耕民族，树木自古就与人的生存息息相关。我国两汉时期树木植被丰富，著名的上林苑、梁王菟园等苑囿就广植奇珍异木，人们的居住环境为树木所遮蔽。汉画像石、画像砖上记录了大量树的形态，如扶桑树、常青树、若木等，各个地域的树的表现形态虽略有不同，但大都寄寓了人们追求长生、渴望探求未知世界的理想。

一、扶桑树的树形图像解析

扶桑树为传说中的神树，对它的形态文献记载如下："汤谷上有扶桑，十日所浴……居水中，有大木，九日居下枝，一日居上枝。""天下之高者，有扶桑无枝木焉；上至于天，盘蜿而下屈……""上有扶木，柱三百里，其叶如芥。……汤谷上有扶木，一日方至，一日方出，皆载于乌。""扶桑在碧海中，……树两两同根偶生，更相依倚，是以名为扶桑。""蓬莱之东，岱舆之山，上有扶桑之树。树高万丈，树巅常有天鸡，为巢于上。"[①]这些说明扶桑树为参天巨树，多生长于东方大海之中，树顶部常有日乌栖息，树多同根对生，树干蜿蜒盘曲，树叶多为圆形，如芥子般微小而不起眼。扶桑树诞生于日出的东方大海，是象征万物生长的生命之树。

---

① 滕昕，刘美伶.山海经[M].成都：四川人民出版社，2019.

山东、江苏等地出土的汉画像石、画像砖中的树木形象多表现为扶桑树，这些形象使我们感受到旺盛的生命力，同时也表现了汉代糅合自然进行再创造的丰富的想象和创造能力，体现了人们祈求长生、改造自然的乐观积极精神（见图7-4）。

图 7-4　汉画像石拓片　二车一骑一扶桑

山东出土的汉画像石、画像砖中的扶桑树形象让人感受到万物繁衍、生生不息的生命力，如临沂吴白庄、曲阜张家村等地的汉墓画像石，嘉祥武荣祠堂、微山两城的祠堂画像石，其中的扶桑树多盘根错节，枝条呈"8"字形盘曲而上，树顶有神鸟栖息，树下有弯弓射箭之人与马匹。

扶桑树枝以交错的螺旋接环形态出现，螺旋的符号形态蕴含着丰富的寓意：螺旋形常被理解为生命力、宇宙的象征。人的指纹、DNA细胞内核组织结构，自然界的星系、水的旋涡都呈螺旋形或双螺旋形交织、向四周延伸，体现了一种内在绵延繁衍的力量。山东微山两城祠堂画像中的扶桑树上出现两两相对的童子，日乌穿梭于侧颠。人们将扶桑树视为生殖繁衍的化身，与象征太阳的日乌密切联系在一起，蕴含旺盛的生命力。

从地理因素上看，山东、江苏均位于东部沿海，居于东海之滨的山东更有蓬莱仙山等诸多神话传说，该地域的画像石中出现大量的扶桑神树题材似乎在情理之中，但很多地区的画像石中扶桑树总是与马车、马匹、楼阁等世间的物象结合在一起，仿佛扶桑树是栽种于庭院的普通之树。扶桑树因地域差别而各异的形象体现了汉代人们概括提炼自然的能力，也说明扶桑树的形象是经过与自然树形杂糅的神话之树。据《史记·货殖列传》所载，邹、鲁之地"无林泽之饶"。而据有关专家考证，在秦汉呈三角形重叠的树叶正是糅合了银杏树叶似鹅掌、重重叠叠的形态，说明汉画像石中的神树既是对现实之树的概括，又充当了现实之树的功用。山东、江苏等地扶桑树取银杏树的叶形，与银杏树崇拜有一定的联系。银杏树是东夷部落的崇拜物之一，有传说记载：春秋时秦穆公将女儿嫁给一个箫史。夫妻喜欢吹箫，酷似凤鸣。一日，有一凤凰飞来和他们相伴。为感谢知音，凤凰携带他们寻找宝地，于是飞到沂河旁的港上。当时，这里是一片汪洋大海，凤凰便泅入水中，用嘴衔出一片陆地，自身变为银杏树。凤为雄树，凰为雌树，相望而生，叶如鸭脚，枝似禽胫，果若凤眼。银杏树是象征长生的神禽凤凰幻化而成的树木，自然也是长生之树，又有"公孙树"的美称，神话中的扶桑树与银杏树都有象征长生之意。徐州占城果园的炮山、白山汉画像石墓、睢宁等地的汉画像石中的扶桑树形象也是如此，扶桑树大都刻画在院子内或楼阙边，多为两树树干缠绕共生，树上常栖息、环绕有小鸟，树下拴马，有侍从等候，树下常有宴饮、歌舞等活动。

山东、江苏某些地区的汉画像石直接将扶桑树的叶形处理成如凤凰的尾羽般，宛如展翅翱翔的凤凰。江苏的汉画像石中有这样的扶桑树形：鸟窝位于树杈之中，内有鸟卵累累，鸟卵为圆形中有一黑色的实心点，周边的树叶也处理成类似于凤尾的形状，大概是汉代人信仰凤凰幻化成银杏树，对银杏树崇拜的一种表现。

将扶桑树糅合银杏树的形态，同时与日常的生活场景紧密联系，赋予扶桑树形象以神话与现实的两种功用。这体现了汉代人们丰富的想象力，能将传说文字中表述的形态完美地描绘出来；表现了高超的概括与创造能力，将现实树形概括结合到扶桑树的形象中，达到两者形象与功能的完美结合；显示了汉代先民的非凡气魄与积极乐观的精神。扶桑神树下往往有后羿射日的形象出现，射日符号更深刻的寓意是将时间停止，《楚辞》中有系马扶桑树以留住太阳，使人长生不老的记载，将扶桑神木留驻于日常生活场景之中，表现了人们改造天地的强烈的征服欲望，同时希望时间永驻，寄托了人们对长生的追求与向往，虽为墓室装饰图像，却反映了人们乐观向上的积极精神。

二、常青树的树形图像解析

常青树的树形符号一般呈现几何概念化的等腰三角形或桃形，在早期的石棺椁头部挡板、左右两壁中多有出现，起到镇墓、辟邪的作用；在汉画像石、画像砖中常与楼阙、人物组合成日常生活场景。

常青树的树形与现实生活中松、柏之类树木的外形极其相似，其几何对称的特征明显，树干主轴挺拔向上，干枝区别明显，分枝均呈斜向上生，树顶皆呈锥状，松、柏常青，延年益寿的寓意或许给了常青树命名的启发。常青树的树形符号糅合了自然形态中松、柏树的形象，又有"墓树""家树"之称（见图7-5）。

在早期的石椁画像中，常青树仅代表柏树，起到辟邪作用。例如，山东临沭曹庄石椁足部挡板画像，正方形的挡板先分割出一等腰三角形，常青树居于其中，用等腰三角形代表墓地，前植柏树辟邪。例如，山东微山沟南石椁画像石，送葬的场景为我们展现了墓地间广植松、柏，郁郁葱葱的景象。出现墓地植柏的习俗，是因为柏树的辟邪功用，将常青树处理成桃形更强化了这一功用。用常青树辟邪体现了汉代人们渴望长生、追求来生的希冀，为保护尸身不受鬼怪侵害，即使不用柏棺装殓，也要在石亭或墓室中刻画柏树。在树的局部处理上，有些将珍贵的丝帛系于树上。《史记》中曾说："松柏为百木长，而守门闾。"松柏是众木之首，应担当起重要的守护责任，体现了古人心目中常青树异常重要的地位。

图 7-5　汉画像石拓片
常青树　山东滕州出土

　　常青树不仅起到辟邪作用，还蕴含了积极的精神内涵。三角形符号是象征稳固、永恒的符号，表达鲜明的长生欲望；桃，为祝寿用的仙果，有长寿、不朽的寓意。陵园墓地中，"积土成山，列树成林"，以葱郁的常青树来祈求永生（见图 7-6）。汉代常青树蕴含的符号精神因素除稳固、长生的寓意外，三角形和桃形都直指天空，呈现一种向上的牵引之力，象征直升入天。正如墓地处理成圆形的土墩或金字塔般的正三角锥形，以及在砖石墓中的墓顶等，都让人感受到死者灵魂升天的趋向与上升的通道，与祈求墓主顺利升天的愿望相吻合。常青树糅合自然界中松柏树形的特征，又把自然树形中概括为抽象的几何形，强化向上的特征，与处理成半圆或梯形等几何状的坟墓协调结合，带给人端正、庄严之感，也强化了墓地的庄重，寄托了哀思。

图 7-6　汉画像石拓片
李王后墓常青树
河南永城出土

　　常青树在表现日常亭台楼阙的场景中，三角锥形树木常位于道路两侧或楼阙等建筑物边；常青树夹道而立，当中有门吏或开展博弈等活动的人群，常表现为楼阙或庭院；常青树中有行人穿梭，表现人行于道。由这些常青树形象构筑的画面所表现的日常生活，还归了常青树的自然本性，树木与人休憩相关，有美化环境等作用，画面轻松美好，在墓室中展开，体现墓主对死亡的积极态度与希望，人死后接受阴间亲朋的迎接欢迎，过上如在阳世般美满幸福的生活。

三、若木的树形图像解析

若木出自天地西极，与昆仑山联系在一起，为不死之树，陕西地处中土西部，与传说中西方的长生不老之地——昆仑山相当接近。陕西汉画像石中的树形符号多出现于门柱画像石中，在这些门柱画像石的上端几乎毫无例外地配置着西王母等神灵的画像，基本居于神树的顶端。神树的枝叶繁茂，主干不明显，在其周围或饰云气或饰蔓草，其间夹杂翼龙、飞虎等神禽异兽；也有树形由主干和两个一高一矮的枝干组成，其下为山峰。神树主干大致呈 S 状，其上西王母盘坐正中，两旁列捣药的玉兔和羽人侍从等。主干上经常附有三叶仙草或缠绕的翼龙、飞虎及祥石等，两个枝干的顶端常栖神鸟、神鹿或是飞跃的仙狐等。陕西汉画像中的树形可谓气象万千，给人以丰富的联想，它既可以幻化为云气的一部分，与神鸟嬉戏，又可以与山石有机结合，成为蔓草、走禽的家园，不似之似，浑然天成。昆仑山是传说中的神山，西王母等神都是居于昆仑山的。汉代人们认为那里是人类灵魂的归宿之地，但人与天的沟通是要凭借一定的媒介的，通过建木、若木、扶桑等方可抵达天界。

《淮南子》有"建木在都广，众帝所自上下"等。陕西汉画像石的树形难以分辨具体的自然界树木的有机形态，它只是汉代人们观念中塑造的一种神话之树而且树形简洁概括，完全是一种功能上的代表，是作为登天的工具。

若木的树形符号可谓汉代人们丰富想象的载体，人们将蜿蜒的枝条想象成各种仙草、瑞兽，以此来装点作为登天工具的主干。这是人们对升天之路的美好想象，登天沿途的景物由人间的高山变为在天界出现的祥瑞神兽、仙草，到天路的尽头可以看到西王母、东王公等神仙。若木的树形符号令人身临其境般地感受天路的延伸、时间的推移，生动地表现了人们对成仙的追求，对美好生活的向往，对长生的期盼，同时也表达了一种征服天地的勇气与乐观精神。（见图 7-7）

图 7-7　汉画像石拓片
西王母、若木
陕西出土

第三节 先秦与汉代的神树崇拜观念

一、先秦的神树崇拜观念

在秦汉以前相当漫长的一段时期内，日、月、星、风、雷等自然界的种种超乎人力的自然现象常常以其巨大的威力影响着先民的生活，令人心生敬畏。人们相信这些自然现象都是有神灵的，并对其虔诚地祭祀。在祭祀过程中，先民们又会选择一些具体的、实实在在的树木来代替那些抽象的神灵，由此便形成了对神树的崇拜。从中国文明的历史进程看，先秦时期固然较长，但神树实物遗存并不多见，而多以历史文献的形式存在，其中较多记述先秦时期神树的主要是《山海经》。

《山海经》所载之树甚多，有太阳神树、通天神树、仙境神树、千里之幅的巨树、具神奇药用价值的神树，以及其他神异之树。

与原始信仰有关的"太阳神树"有四种，即扶桑、扶木、若木和柜格之松。《海外东经》和《大荒东经》中都出现了"汤谷"，且伴有停留太阳的神树，但是神树之名不同，前者名为扶桑，后者名为扶木。由于《山海经》或至少为三部书拼合而成，且古人也会将木本树木统称为"木"，因此这里的"扶木"与"扶桑"可理解为同一种神树。

太阳崇拜是先秦自然崇拜的一种。在中国先民眼里，自然界是一个充满神灵的世界，祭拜自然神灵是先民社会生产和生活不可分割的有机组成部分。太阳能够给人们带来光明与温暖，对太阳的崇拜在很早的原始社会已经存在。进入农业社会以后，从事农业生产的人们迫切需要对于天象物候进行科学观测以指导生产。太阳崇拜便与以观测天体运行有关的现象相融合。"绝地天通"导致一批专业巫师出现，统治者也为他们从事这项工作提供了有利条件。他们观测日月星辰的运转、观测物候气象的变化，制定历法，指导农业生产，也为统治者的统治提供"君权神授"的理论依据。

正是在这种文化背景下，产生了许多源于观象授时、与日象历法等有关的神话。这些神话在代代口耳相传之中，其本原意义逐渐被表面的神异所掩盖，人们往往更注重其字面的意义。"扶桑"神树应是早期自然天体崇拜中的太阳崇拜与后来观象授时相结合的产物（见图7-8）。

图 7-8　汉画像石拓片　大树迎宾图

与神仙信仰有关的不死树和仙境树源于《山海经》中的昆仑山，它有时是西王母的居所，有时又是帝之下都，但前者的说法在后世流传更为广泛。昆仑山上许多仙树或者就是宝玉，或者以玉为偏旁，显示出与玉的密切关系。对此，著名学者叶舒宪论述"以宝石为果、以翠玉为叶的石树林乃是冬暖夏凉、四季常青的不死仙境的象征，而《山海经》《淮南子》在描述昆仑仙境时，所罗列的'珠树、文玉树、琪树、不死树'和'珠树、玉树、璇树'等，从名字上就知道属于同类的玉石树林。而玉之所以在古人心目中享有崇高地位，正因为它自石器时代起就已成为永恒生命的象征"。

不死和长寿的观念是先秦神仙信仰中的重要思想。先秦文献中多处出现"不死"二字，如不死国、不死民、不死树、不死药、不死山等，共同形成和传达着人们希望长生不死的美好愿望。"不死树"只是"不死"诸说之一，这种长生不死的观念在后世得以延续。

此外，先秦文献中还提及一些体量巨大的神树，主要有建木、寻木、架木、三桑以及帝女之桑。"三桑"与《山经》《海经》《大荒经》中的记载基本一致，均位于北方，且都没有分枝，树体高大。虽然没有阐述其功能，但从其反复被记载看，在当时应是一种重要的神树。根据记述，"建木"应是一种通天神树。"架木"虽然在其他先秦文献中没有直接记载，但在《史记·五帝本纪》中记有"东至于蟠木"，在东汉《论衡》中也有提及。唐代《艺文类聚》引《山海经》曰："东海有山，名度索山，有大桃树，屈盘三千里，曰蟠桃。"综合这些文献来看，似乎"屈盘三千里"的桃木与蟠木，以及有千里之巨的架木等皆为同一种树。

二、汉代的神树崇拜观念

汉代由于厚葬之风盛行，墓葬艺术中出现了大量的画像石、画像砖、壁画等。汉代的神树与先秦神树相比为之一变，增加了两大类神树，一为"仙树"，一为"瑞树"；前者与神仙信仰相关，后者则与祥瑞思想有关。神仙信仰关注人活着的"量"，即希望人能长生；而祥瑞思想则更关注活着的人的"质"，即希望人能幸福地生活。神仙信仰虽然在战国时期已经出现，但其影响力尚有限。受秦始皇、汉武帝大规模求仙活动的影响，至汉代，人们对长生不死以及死后升天升仙的追求有着前所未有的执着。这种思潮在墓葬艺术中也有所反映。因此，除了太阳神树、辟邪神树、社树等先秦已有的神树类型外，汉代还出现一些引导升仙的神树以及仙境神树，汉代的神树充满了"仙"气。由于汉代出现了"天人感应"与谶纬学说，在先秦已经形成的祥瑞思想在这种社会背景下也得到了极大的发展，祥瑞图像应运而生，瑞树则是祥瑞图像中重要的一部分。不过，"仙树"与"瑞树"也并非界限分明，有时人们也会在仙境中表现祥瑞树木，从而将两种观念融合在一起。

《淮南子·天文训》记载："日出于旸谷，浴于咸池，拂于扶桑，是谓晨明。登于扶桑，爰始将行，是谓朏明。"此处详细地将太阳的动作分为"拂"和"登"，并以之对应一天中不同的时间，是对太阳与扶桑关系的新发展。

扶桑在与神话有关的古文献中十分常见，但扶桑图像寥寥无几。对于汉画中常见的《树木射鸟图》（见图7-9），一种较为流行的观点认为那描述的是"后羿射日"神话，因此也理所当然地将这些树木认定为"扶桑"。笔者研究后发现，《树木射鸟图》并非"后羿射日"神话的简单再现，其所表现的实为祈福"巫射"。不排除树木具有神性，因为人们有可能会选择一些具有神性的树木来实施巫射，以加强巫术的效果。因此，这些树可能有神性，但也可能并不具备神性，只是供鸟儿停落，很难一概而论。鉴于此，这一类《树木射鸟图》中的树木，本书不视为扶桑。

河南洛阳磁涧西汉墓中发现有天象图，其中，日象图旁配有伏羲，月象图旁则配有女娲，月象图内有桂树。在红色的太阳之内，还绘出了黑色的正展翅飞翔的三足乌，以及一棵树冠青色的大树，树的主干和枝条为黑色，根部明显且裸露，这棵树可以判定为扶桑。笔者认为，鉴于扶桑与太阳的密切关系，以及扶桑在传统文化中的声名，将其视为扶桑，是顺理成章的。

两汉墓室壁画以及画像石、画像砖中，日象图与月象图的数量相当可观，其中月宫中偶有桂树。但磁涧墓日象图中涂绘扶桑，就目前考古发掘所见，可谓空前绝后，成为孤例。推测这应是心血来潮的做法，可能是为了与其相对的月象图中的桂树相配而画上的。

太阳之中扶桑树的画法与同墓月宫桂树画法相似，与年代相近的卜千秋墓的月宫桂树的画法也类似，都是将树冠分层表现，层与层之间以清晰可辨的短树枝相连，说明画工是遵循相似的范本来作画的。

在太阳周围表现扶桑树图像是非常少见的，而在太阳中绘制扶桑树则更是一个孤例。对于扶桑图像极为少见的原因，笔者推测如下：人们在墓室中绘制天象图只是为了象征墓主人升天升仙的去处，天象图并不是墓室绘画的主题，因此，日与月也并不是人需要重点表现的对象，它们只起到象征天界的作用即可。如果只画两个圆圈代表日月，可能会引起人们的误解，在圆圈之内画上人们认可的日月的象征物，是表明其身份的最有效和最简便的方法。太阳之中的三足乌就足以象征太阳了，因此，人们并不重视在太阳周围绘制扶桑。

　　在西汉早期墓葬中，出现了引导升仙的神树。西汉早期柿园汉墓脚踏石上的石刻图案中最上方是一屋宇。屋宇正下方刻了一株常青树，树尖正对着屋宇。显然，屋宇应是天界的象征，这样设计使墓主人能够循着树木到达天界。常青树引导升仙的功能不言而喻。

图 7-9　汉画像石拓片

树木射鸟图

山东嘉祥出土

第八章　汉画像石中的树形图像的造型与审美

　　汉画像石具有厚重的设计传统，表现了艺术的真谛。在史前阶段，艺术几乎与人类的起源同步产生。人类早期的劳动实践、工具制造具有物质与精神的双重含义，可以说是艺术发生的根源。美术史论家、评论家邓福星称："在他们幼年的一个相当长的时间里，除了为生存或繁衍所从事的功利活动，几乎不再有其他所谓纯粹的精神活动了。这种功利活动虽主要表现为物质活动，但也包含着精神活动的成分。"

　　汉画像石是汉代建筑使用的构件，主要服务于丧葬礼仪，具有建筑构造与装饰的双重功能。汉代人们借助画像石表现了异常丰富的思想，造就了前所未有的气魄深沉雄大的艺术形式。汉代产生的这种形式源于审美意识的变化，汉画像石有其艺术的渊源。

第一节　树形图像的造型格式

　　无论是汉代画像石刻或模印画像砖，树的题材与表现一直是画像设计的基本语汇。汉代工匠艺师们对树木的形、势、神的把握显得极为专业，在不同的画面上根据整幅作品制作的需要，采用不同形式，如强调装饰效果时采用工艺性很强的设计形式，需要写实性画面效果时，就用模拟自然现实的造型。因此，图章式、写实式、图案式等各种设计形式的树造型大量涌现。

一、史料文献中的画像石树造型

　　古代文献典故记载的有自然树和神话传说的神树两种。神话传说中的神树被许多宗教色彩包裹着，常被古代艺术家当作题材运用在绘画或设计作品里。概括起来，古代文献中的神树主要有三大种：一是扶桑。《山海经·海外东经》和《山海经·大荒东经》有记载，认为扶桑根植东方极乐世界，是汤谷之上的神树，树高达三百里，有十个太阳长期栖息之上，又曰"太阳树"。二是若木。据《淮南子·地形训》和《山海经·大荒北经》记载，若木枝体赤红，枝叶繁茂青绿，树常年开着红花。三是建木。据《山海经·海内经》和《淮南子·地形训》所记，建木高达八十丈，有着青色的叶、紫赤色的干，开着黑色的花，结着金黄色的果，且主干扭曲，犹如无角的黄龙。传为黄帝所种植，是众神供奉的神树。除扶桑、建木、若木三大神树之外还有秩序树、三桑、桃都等神树之说。人们自古就视树为生命的自然延续的化身，崇拜具有超强生命体征的树木，就是崇拜生命的体征。"人们崇拜大树、古木……即崇拜生命力和繁殖能力。"两汉时期，地下墓葬建筑里几乎凡画像砖石上都少不了树形的存在，可以说是自然树和神树的集合和标本。

　　因此，对汉代画像石树形图像的认知，行之有效的方法是将树木的图像与文献记载中的相比较，观察树木图像的主要特征同文献描述中是否相符，然后判断树种的归属。在同类汉代画像石载体中，由于时间、区域的差异及工匠艺师家族派系的不同，同类型的自然树木在具体表现形态上有所侧重。另外，绘画作品往往有某种概念程式相似的因素在里面。不能用科学的思维方法研究、注重形象思维的设计艺术作品，可以根据图像学的原理做类比。例如，山东嘉祥武氏祠汉代画像石《鲁秋胡戏妻》，画像中秋胡妻左手拉着树枝，树下放着一个小筐，这是采桑特有的场面。根据桑树为乔木，叶形扁圆的特征，也足以判定画像中的树为桑树（见图8-1）。

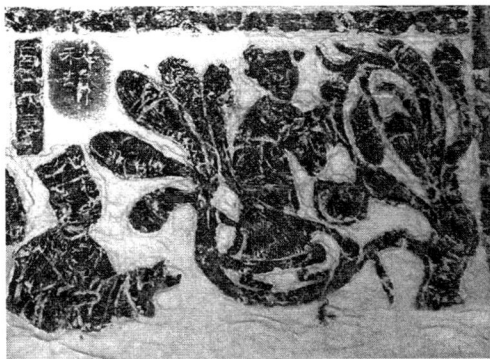

图 8-1　汉画像石拓片　鲁秋胡戏妻
山东嘉祥出土

二、汉代画像石中树形图像的设计格式

　　汉画像石中的树木造型多是作为画面陪衬、点缀出现的，很少有作为独立画面的，但仔细观察画像石中的树纹造型，会发现其对树木的形、神、势的把握已经非常具有艺术处理能力。有的造型古拙、饱满，有的造型纤巧、简约，还有的抽象成极其简单的几何造型，在形象思维上解决了装饰造型的基本问题，而且比较全面地遵循了艺术形式美的规律，完美地体现了现代设计中的形式美法则（见图8-2）。

图 8-2 汉画像砖拓片 东汉荷塘渔猎

　　清代书法家傅山曾说过："宁拙毋巧、宁丑毋媚，宁支离毋轻滑，宁真率毋安排。"[①]其观点也可用在工艺美学上，当然"拙"字表达的并不是"笨"，而是一种风格特点。"拙"并不是一种简单的形式，它是一种造型上的概括、简练，也是创作者的一种崇尚自然、返璞归真的表达，更是一种追求艺术的态度。在画像石的树纹中就呈现了这种古拙之美。

　　当然，在汉画像石的丰富造型中，树纹除了古拙的造型，还有纤巧的造型，以点、线、面为主要造型元素，其形式意味是绘画性的。其造型洗练、线条流畅，用流动的弧线，左右任意延伸，转折处线条加粗或加小块面，强调动态线，气韵生动，耐人寻味，丰富了形象。这种造型的树纹，线条有粗有细、有直有曲，粗的线形成了面，面与线相互转化，体现出一种肥腴丰满而又顿挫有致的美。（见图 8-3）

图 8-3 汉画像石拓片
天人合瑞图中的扶桑
江苏徐州出土

　　汉画像石中树纹造型除了古拙、纤巧风格，还有呈几何形式的。几何造型最早在新石器时代的陶器上开始出现，到汉代在工艺美术中包括画像石图案中亦有大量留存，主要作为边饰的纹样，一般以带状形式刻在主体图像的四周，作为主体图像的外框而存在。

①　傅山.傅山全书［M］.太原：山西人民出版社，2016.

树形的几何纹样一般有三角形、椭圆形和伞形等，呈对称样式。

汉代工匠艺师对于神话传说中树木的刻画乐此不疲，在一定程度上反映了汉代先民追求人与自然和谐的现象。在最初的汉画像石中树木多以陪衬为主，作为刻画人物、动物情节的辅助要素，树的造型偏重图案化。虽然树木的出现只是一个主次间陪衬的需要，但汉代工匠艺师们对树木的形、势、神的把握极为专业。

（一）图章式造型图像

作为陪衬的汉画像石树形图案就好像图章一样，一旦画面构图布局需要这种陪衬，工匠艺师就会毫不费力地捺印拼合。树形图像这种图章式的设计格式均出自对画像砖的模印。工匠艺师把树形图像雕刻在软泥或小块木板上烧制成陶范，必要时还会一模多印。图章式的树造型是一种特殊、灵活的捺印形式，同其他小型化的模印图纹一样，非常有利于单独成型或灵活组合。受模印画像砖形制的限制，这些图章式的树造型往往高不出3厘米，其形态有三角形、"非"字形状、"伞"字形状和"S"形（见图8-4）。

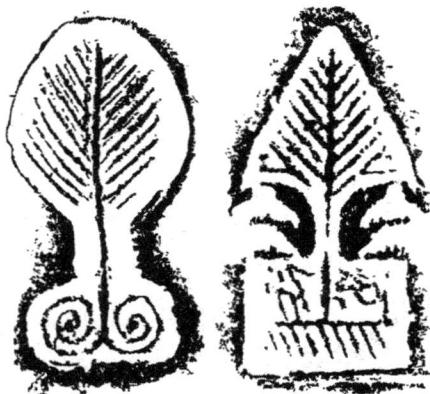

图 8-4　汉画像石拓片　几何形树纹

作为汉代画像石中的重要设计要素，图章式树形图案造型虽小，但树形完整，树干、树枝、树叶齐全。树形高度提炼和概括了现实中树木的共性，很好地迎合了树形装饰的规律。

（二）图案式造型图像

汉代画像石中的树形图案，无论是早期模印在画像砖上的图章造型树纹图像，还是刻画在大型画像石上的树形图像，除部分以意象手法、写实手法表现树木形态以外，大部分是以图案式造型装饰出现的。图案纹饰追求在平面化的基础上，使物象按照美的规律布局设计，基于纹饰避繁就简，以简洁明了的块面组织、线性思维、夸张变形的方法使表现物象具有装饰性（见图8-5）。

图 8-5　汉画像石拓片　射鸟图
山东微山出土

第一，树形对称处理。汉代画像石工匠艺师能够在大体量的树形图像上实现外观对称，而且在树形图像重复变化的基础上，图形内部也呈现出艺术性的变化。山东、陕西所发现的画像石中，常见树形图像多呈现出枝叶对称的样式，枝干缠绕。工匠艺师为了使树形与枝干达到装饰有节奏感的艺术效果，多采用错综复杂的结绕方式，这已是很专业的设计意味的作品。由此可见，汉代总体艺术设计水平是比较成熟的，也为后人探析汉代图形设计打开了一道门。

第二，对树形几何形态的运用。在汉代画像砖上经常会见到三角形、伞形等明确的几何形样式的树形图像，汉画像石上树的枝叶刻画也多呈现正三角形、倒三角形或椭圆形等几何图案。现实中确有这些基本形状的树叶，但能把这些形状的叶子组织在一个平面上，显然是精心设计的结果。因此，现实中大小不等的树木、树干被几何化成或更弯曲，或更粗壮，或更短直，或更扭曲，或更交织的形式。

第三，对树形虚实关系的处理。树形的虚与实是树在一定的角度、空间和具体树种相对矛盾的一种和谐，具体是利用树的干与叶的繁杂、疏密、简约，体现虚实变化。有的树大叶茂，在最繁密之间留下"气眼"，造成一种通透感；有的铺天盖地，在整幅作品上显得气势威凛，虚与实在过渡中共顾，松的部分为虚，繁的地方为实，在某种意义上，看虚其为实，看实其为虚，烦琐的地方有"气眼"显灵动，简约的地方以写实的形式令树形有了充盈感，是汉代装饰作品图案化的具体代表。

（三）写实式造型图像

汉画像石写实树形图像多出现在石刻画像上，画像石表面平整，面积较大，非常适合刻画写实性的树形图像。

写实，顾名思义就是对真实事物的刻画与再现。汉画像中写实式的树形图案，力求完整地对自然形态的树进行刻画，追求形态相仿、意境相似的真实性。

作为一种艺术设计,汉画像石树形图案如果一味取势平正、循规蹈矩,那么树木的艺术形态就会显得平庸无奇、索然无味。树木形态的奇与正就好比自然界冷空气与热空气的对流,需要用激烈的动荡或风平浪静般的温柔来打破。例如,河岸的垂柳树干多倾斜河水的一方;松树树干粗壮,高大挺劲,给人以威武、严肃挺拔的感觉;杉树、白桦枝干挺拔、意气风发;竹子柔软随风摇曳而尾部略坠,所有这些都体现出不同树木的特殊姿态。

汉画像石树形图像不仅拥有高超的写实技巧,而且对事物的典型特征更是把握得当。汉代工匠艺师在绘画雕刻艺术实践中,找寻到一种艺术表述的语言,抓取到树木的生长规律、肌理结构、本质特征,使较为繁杂的树木结构平面化、图纹化、几何化,并在此基础上熟练地采用夸张、变形、装饰等手法处理画面。其对树木的自然物态不是原模原样的模仿,而是用理想化的审美观念和标准去刻画现实中的各种树木形态,是深入现实、观察现实后对现实的再提炼。

毕竟汉代画像石是艺术设计作品,而艺术设计作品的创作要遵循一整套作业的秩序、构图法则、处理手段、主次搭配。树木形态在汉代画像石里所起的作用无非表现现实的景象,创设出一种纵横感,或者起搭配作用,或者独立以树为画。说到底,汉代画像砖石的主要作用还是装饰墓室、烘托气氛、增添艺术气息。

第二节 树形图像的审美特征

汉代民族融合进一步发展,文化气氛空前活跃,工艺和美术在这一时期得到全面发展,因此,汉代是中国历史上科技与文化共同辉煌的时期。其中画像石所取得的巨大艺术成就,不仅是汉代以前中国古典美术艺术发展的巅峰,而且对汉代以后的工艺美术也产生了巨大而深远的影响。在汉画像石丰富的装饰图案中,树形图像一直是其重要的组成部分,它们有时作为主题纹饰单株独处,有时作为画面的重要组成部分,有时仅作为纯粹的装饰图案做填补空白之用,其造型丰富、大气奔放、不拘小节,让我们感受到一股荡人心魄的汉代艺术气息。

汉画像石中树形图像具有高度概括的美学特征,采用高度提炼与概括形象的表现手法,其造型变化多端、大气简练、生动明快,表现了汉代工匠高超的艺术造型能力,也反映出汉代先民的审美情趣与审美理想,以及特有的民族文化价值和精神内涵。

从美学特征角度分析汉画像石树形图像造型,其具有如下艺术特征。

一、线条美

线本身具有很强的概括性和表现性，线条作为造型艺术最基本的语言，是造型艺术强有力的表现手段，在汉画像石树纹中被大量运用。树纹中线条的粗细、疏密、长短以及方向非常富有节奏、韵律，达到了春云浮空、流水行地的艺术境界，生动地表现了线条的艺术美（见图 8-6）。

图 8-6　汉画像石拓片
后羿射日
河南南阳出土

二、秩序美

古希腊哲学家亚里士多德说："一个有生命的东西或是任何由各部分组成的整体，如果要显得美，就不仅要在各部分的安排上见出秩序，而且还要有一定的体积、大小，因为美存在于体积、大小和秩序中。"在汉画像石的画面构图中尤其讲究秩序美，如《庭院》这种散点构图（见图 8-7），画面中建筑、植物、动物等多个构成元素有秩序地编排，尤其是树纹的排列，体现出强烈的、带有节奏和韵律的秩序美感。再如，在树形边饰纹样中的二方连续，其编排就完美地体现了秩序美。

图 8-7　汉画像石拓片
庭院　河南郑州出土

三、抽象美

吴冠中先生曾经说："抽象美是形式美的核心，人们对形式美和抽象美的喜爱是本能的。"[①]抽象美能激起人们的审美感受，有助于扩展艺术表现领域和表现手段的多样化。画像石中抽象的几何形树纹，是工匠艺术家对具象树木的提炼和升华，以形态要素构成新的形象，呈椭圆形、三角形或伞形等，展现出简洁的抽象美（见图 8-8）。

图 8-8　汉画像石拓片　车骑纹局部　江苏徐州出土

四、均衡美

均衡是画面构图的一种形式。均衡构图能使人保持视觉及心理感受上的平衡，是产

---

① 吴冠中.关于抽象美［J］.美术，1980（10）：3.

143

生安定感的因素，是人们普遍的一种审美心理。构图均衡是指画面的上下左右处于一种均衡状态，对称也是一种均衡的表现形式。例如，几何形的树纹，它既是一种均衡又是一种绝对的对称。山东嘉祥武氏祠的《树上的鸟与猴》和《树纹》，就是外形上非对称的均衡构图，其内部却变化多端地表现出均衡的美感（见图8-9、图8-10）。

图 8-9　汉画像石拓片
树上的鸟与猴
山东嘉祥出土

图 8-10　汉画像石拓片
树纹　山东嘉祥出土

五、和谐美

古希腊哲学家赫拉克利特曾指出，美在于和谐。中国传统观念力求把万事万物都融合到一个和谐的整体中，传统审美观点在艺术形态上主张和谐之美。在汉画像石中树与神、树与人、树与禽、树与畜和谐共处，营造出和谐、轻松的氛围，不仅是画面内容的和谐，还有造型、表现形式的和谐，表达了工匠艺术家真挚坦率的情感（见图 8-11）。

图 8-11　汉画像石拓片
树纹

六、内涵美

汉画像石中的树纹所表达的内涵不是唯一的，它不仅是现实世界中的一类植物，有的还被赋予一定的精神内涵，如连理树、缠枝树等。连理树在汉代被视为情感深厚的象征，包括亲情与爱情等，有着非常丰富的思想内涵和寓意，反映了汉代人的社会文化生活和精神信仰。例如，《衣锦荣归图》中的连理树（见图 8-12）。"在天愿作比翼鸟，在地愿为连理枝"，连理树的特征就是两两拥抱在一起，生生死死都不分开，这是表示爱情的一种树。

图 8-12　汉画像石拓片　衣锦荣归图

树形图像作为汉画像石装饰艺术的重要组成部分，它是一种独特的民族艺术表现语言，无论造型格式、美学特征，还是文化内涵上都具有极高的艺术价值，是中华民族艺术的瑰宝。研究画像石中的树形图像，不仅能弘扬传统文化，还为现代设计提供了很好的素材及设计方法。

第三节 树形图像与中国山水画

中国艺术的发展与境界的确立均来自传统文化的积淀与影响。在此过程中，丰富多彩的汉画像石艺术发挥着不可替代的重要作用。长期以来，有关山水画的起源这个问题一直存有诸多见解，现今存在着汉代说、东晋说、南北朝说以及隋唐说等观点。之所以存在争论，是因为传世作品太少，有关文献的记载并不完整以及历史信息不断更新，使得旧的说法得到不断证实或推翻。山水画并非一朝一代可形成的，应是政治、思想、文化等多方面发展所孕育出的结果。

在汉代以前，对大地、山水等现象的描述已在诗文里出现。汉代老庄的遁世隐逸思想使山水、林木等题材，成为文人和画师的常用表现内容。汉画像石、画像砖有丰富的山水、树木画像。南阳汉画像砖的狩猎画像，四川汉画像砖的竹林群鹿画像，以及各地汉画像石、画像砖画像的不同石形、不同树形、不同云形均有中国山水画的初始表现。从探讨山水画起源这一角度出发，这些作品向我们显示，它们或全部或局部都具有山水画的基本特征，只要将它们稍作组合，即可成为一幅真正的山水画。（见图8-13）

图 8-13 汉画像石拓片 董永侍父 四川乐山出土

著名哲学家李泽厚在《美的历程》中写道："汉文化就是楚文化，楚汉不可分。尽管在政治、经济、法律等制度方面'汉承秦制'，刘汉王朝基本上是承袭了秦代体制。但是，在意识形态的某些方面，又特别是在文学艺术领域，汉依然保持了南楚故地的乡土本色。"在这样的文化背景下，两汉的石刻壁画题材掺杂了许多神话元素，如女娲蛇身、猪头赶鬼、神魔吃魃、西王母、东王公、后羿射日等，都体现出当时人们信仰的是一个人神杂处、怪诞奇异、猛兽颇多的社会。这时人们的思想混沌而丰富、热烈而又粗放，处处体现着楚汉文化交融的浪漫主义。

汉代的画像石多以人物为主，通过大量的考古发现，也存在很多带有山、水、树的形象作为人物活动的场景。这些山水元素对了解后来的山水画有一定的启示作用。

在中国的山水画中，笔墨是其特有的艺术造型手段，尤其是在水墨画兴起之前，中国绘画重用笔，其中线条是造型的主要手段。衣褶、道具、物象轮廓、人物形态和性格，以及虚实关系、阴阳向背等都要借助运动的线条，以线条的运动轨迹表现出形象姿态。同时，线条本身也具有一定程度的性格特征和象征意义。挺拔流利、不做顿挫、转折不露圭角的线条，常常用来表示愉快的感情；呈现出一种艰涩状态的线条，就显出焦灼和忧郁感；有时纵笔如"风趋电疾"、如"兔起鹘落"，纵横挥砍，就构成了某种激情的线条。因此，笔力线条的表现在中国山水画中不仅表达出形式和结构上的美，还传达出主体的情绪和神采。在创作过程中，主观的情感始终和笔的表现融合在一起，笔锋所指，无论点、线、面，都留下其感情活动的痕迹。笔力具有不依存物象而相对独立的美学意义。这种蕴含着抽象审美意识的艺术表现，是中国山水画的最根本的特征。而这种美学观念在汉画像石树形图案雕刻的线条中得到生动的体现，同时在魏晋南北朝的壁画中得到发展。

画像石中的树作为人物背景或神话题材的附属，透析了两汉石刻在装饰造型艺术方面的发展，这可视为山水画萌芽前的准备阶段。从早期来看，树干多为一条直线，有的呈"塔"形，有的呈"心"形，有的就像一片羽毛；到中期，树的种类开始变多，有枯叶树、缠枝树等形象。这一时期的树大多具备"S"形曲线的形式，树的形象开始多样化，不再是单一的形式；至晚期，则对树干、树枝、树墩有了更具象的追求，不仅具有形式美感，如《盐井》（见图8-14）中的枯树、《朝圣图》中的缠枝树，而且装饰性与写实性共存。两汉石刻艺术中树的形象比魏晋山水中"伸臂布指"的单一样式更先进一些并形成了独立的风格，这对山水画的形成也产生了一定的影响。

图8-14 汉画像砖拓片 盐井 四川省博物馆藏

河南南阳市英庄汉画像石墓的《罟鱼图》（见图8-15）最具代表性，整幅石刻宛如一幅山水画。画中层峦叠嶂、山水起伏，山中有树木点缀，水中有鱼儿游动，山间有猎犬逐鹿、野猪奔走，在两座彩虹式的拱桥上有两人撒网捕鱼，桥下一叶扁舟，一人划船，一人张网。人物与山水融于画面显得风景秀丽、和谐唯美，朴素又生活，完全是一幅经过深思熟虑、精心绘制雕琢的山水画。《罟鱼图》可以看作中国山水画形成前的准备阶段和过渡阶段时期的实物资料，应视为中国山水画史中的一个重要现象。《罟鱼图》出现于两汉时期，甚至可定义为早期山水画的滥觞。再看南阳出土的几幅带有山形元素的画像石，如《畋猎》《驱魔逐疫》，其中山的形象都较简洁概括，可看出是通过经验所得已经相当成熟的图式。《罟鱼图》中对山水的描绘，可见两汉时期的画师已经能够将山水进行和谐的表现，到魏晋时期出现张彦远所描述的"弱钿饰犀""水不容泛""人大于山"等稚拙的山水现象并不是人们观念的倒退，可能是当时人们的思想更注重表现人与事，不在表现景色。当然，也许是我们所闻所见太少，仅以少数发现的魏晋山水图案定义了当时山水画萌芽的水平，我们还需要更多的考证。

图 8-15　汉画像石拓片　罟鱼图　河南南阳出土

四川出土的几块带有树木风景元素的画像砖，主要表现生活题材。例如，《盐井》采用鸟瞰式全景构图，表现的是汉代四川井盐生产的汲卤熬制过程，画中山的形象给人危耸之感，以浮雕的形式表现近山与远山的空间关系，枯树的雕琢虽稚嫩但不呆板。整幅砖画构图饱满，人物与山峦构成一种相互依存、缺一不可的统一关系。《弋射图》中有两个人物，处于林木、荷塘、田野的背景中，一人引弓仰面遥射空中的飞燕，一人弓腰俯身射箭。整幅画以人物、飞鸟和游甲为主题，砖画中已经明显出现山水场景的形象，宛如一幅中国早期写意画。再如《采莲、渔猎》画像砖，画中水塘有莲、禽鸟，还有船，船上有形态各异的农人，也有家犬。岸边一人张弓射鸟，远处还有连绵的山峦，以平远的透视绘出，以图像的语言向我们描绘了一幅风景画面，虽稚拙又缺严谨，但其中的各类风景元素与后来山水画的产生有着一定的关系。

此类画像砖还有很多，大都离不开农事、渔猎、放牧等。山水、树木在画像砖中的出现与魏晋时期在题材上相仿，以表现叙事性的场景为主，如《灵星舞》画像砖、《桑园》画像砖，再如河南洛阳出土的西汉晚期多幅带有山林图像的画像石，此汉墓中共出土 300 余块画像砖，图案为 10 种形式。其中一幅《山林狩猎》画像，由左至右先是一幅网毕捕鹿图，如《诗经·小雅·鸳鸯》中所写"鸳鸯于飞，毕之罗之"；然后是一只虎形怪兽半隐于山石之中，前面骑马人回身弯弓将射；第三幅画面为一野牛奔跑，第四幅画面也为弯弓回射。在此幅以狩猎为主题的画像中，由凸起的山石分隔了画面，描绘了一幅二维的山林景象。山的形象分两层，外部似为简化的植被，这种将事物高度简化的方式在两汉画像中普遍存在。另外，《山林兽斗》《猎犬逐鹿兽斗》两幅画像与《山林狩猎》大同小异，其中山的形象都可看作具有山水画起源意义的元素。四川成都出土的《仙鹿、灵芝》画像砖也深刻体现了这一特点（见图 8-16）。

图 8-16　汉画像砖拓片　仙鹿、灵芝　四川成都出土

由于汉代的王公贵族生时体验了荣华富贵，死后也想把美好的世间万象带入另一世界，这使得画像石与画像砖中带有风景元素的大多以生活背景为题材，不仅让我们了解了当时人们的生活，而且也看到两汉时期艺术的高度。因此，山水画滥觞的"魏晋说"或是"隋唐说"遭到质疑。早在两汉时期，奢华的墓室中就可时常看到带有树或山的简洁图案，甚至出现完整独立的山水石刻，这至少说明两汉时期已经存在对山水描绘的概念，且对人物与山水的处理较为和谐。然而，并非所有的带有山水元素的画像石、画像砖都以山水画类似的视角去创作，也存在纯粹功能性的画面，我们应当深入内容去剖析归类。

例如，山东微山县出土的《石椁葬礼》画像（见图 8-17），虽然其中出现了带有树木的场景，但通过场景的解读，可发现这些树木并不带有山水画所具有的欣赏性功能，只是配景需求。从左至右三幅场景似乎是以连环画的形式讲述了墓主死后送葬的过程。第一幅似为宾客来死者家中吊唁并送礼品的画面；第二幅为众人围一柩车送葬的场景，而后到墓地；第三幅，十一人围绕一个长方形的墓穴准备下葬，背景是三座墓冢及五棵柏树。第三幅中的松塔是我们关注的山水元素，甚至会把三座墓冢当作简化的山，这是在不了解画面内容情况下的误读。山东嘉祥出土的带有树的画像石，完全以人物叙事为题材，其中出现的树木形象虽然极具成熟的装饰感，但在画中的意义仅是马桩。通过参看巫鸿的解读发现，并非所有墓室中出现的山水元素均可视为山水画的起源，如表示生活场景、风景山水的当然可以与之相关联，然而有一部分纯粹功能性、非欣赏性的元素，就要另当别论。

图 8-17 汉画像石拓片 石椁葬礼 山东微山出土

山东出土的胡汉交兵画像，画面中描绘汉兵骑马或驱战车与匈奴交战，匈奴由山中奋勇冲出，两兵在一座桥上短兵相接，整个画幅场面宏大。画像石左下出现的连绵山麓，虽然以山水起源元素讲是极具代表性的，但由题材来分析此画像石并不具备山水画的"畅神"等追求，画像石中山的出现是为了表示匈奴从远方边境翻山越岭后来到中原。从图像学到历史学深入分析后发现，此幅画像石并不能划为山水画的起源因素。因此，在山水画的起源方面，我们不能以简单的一座山或者偶然出现的几棵树木就定义山水画源头，应该在本质上进行探索与区分，而后更为辩证地定义这个起源说。

在艺术的发展历程中，文物或文献并不能完全代表当时的文明现象，却是我们了解历史与艺术发展的很好的证据。由于艺术史处于不断丰富之中，新的材料的出现有利于对其做进一步的解读、更新。山水元素及山水画的产生与发展也同样，即使我们发现了许多早期带有山水元素的图样，也并不能将其全部归属于山水起源的元素。当我们对两汉时期众多画像石、画像砖等内容进行解读后，才可从内容及本质上对其分类，找出部分山水元素与后来的成熟山水画具有的链条关系。

由此可见，画像石中的树木图案和后期的山水画发展有着密不可分的联系，对后世美术的表现方法和观念产生了重大影响，并形成中国绘画史上第一个发展高潮。张道一在谈到汉画像石、画像砖的图像艺术时指出："其想象之奇特、结构之巧妙和造型之严谨，标志着我国绘画艺术的成熟，成为中国美术发展的一个重要的里程碑。"

第九章　汉画像石中的树形图像的多样性特征

在出土的两汉画像砖石中，含有大量树形图像。这些图像从早期三角形示意性的树形，演变为中期图案化的装饰性风格，再到晚期装饰性与写实性共存，经历了一个漫长而复杂的变化过程。在整个变化过程中，象征性、装饰性一直是其主要的特征。但是，我们不能因此而低估甚至忽略了两汉时期的造型能力。过去学界对于这些图像的关注不多，到现在为止，已有的研究也多侧重于某一幅或几幅甚至某一个地区的探索，关于画像砖石中树木图像整体性的认识还非常模糊。

鉴于这种情况，笔者以两汉画像砖石中树木图像为考察对象，在调查收集大量画像砖石资料的基础上，通过对其中树木图像进行系统梳理，考察两汉画像砖石中树木图像发展脉络的规律，从而产生关于两汉画像砖石中树木图像时间和地域演化规律的认识，最终达到对其特征的整体性认知。下面，将初步整理、探索的结果简述于下。

笔者依据时间及图像特点，将两汉画像砖石中树木图像分为三个大的时间段：早期（西汉成立之初至新莽时期）、中期（东汉初中期）与后期（东汉晚期）。

第一节　早期画像石中的树形图像的几何形特征

在西汉初期的画像砖石中关于树形图案的资料发现很少，直到汉武帝时期，这种情况才出现转变。在武帝至新莽阶段，带有树图像的画像石或画像砖的墓葬共 21 处，其中画像石墓 11 处，画像砖墓 10 处。这 21 处墓葬中出土的树木图像，形状有一共性，即树形外轮廓总体上呈等腰三角形，底边为以中心点相对称的两段弧形，三角形的中间（等腰三角形高的位置）以一根从顶至底并且稍作延伸的粗线表示树的主干，沿主干两侧向上平行绘制细直线呈鱼刺形，以示树枝，枝、干线条粗细相同，整体树形犹如"伞"状，非常简单。

在这个总特征下，汉画像石由于材料、制作工艺或者装饰位置不同，形状特征略有区别，分别呈现出几种亚形状。

第一种，主干下方有三角形基座或是树根。图 9-1 是出自徐州韩山一座西汉早期墓葬的一对墓门，墓门用常青树和玉璧简洁地表明了生命的长存。墓中出土了玉的印章"刘宰"，墓主人可能是楚元王刘交或夷王刘郢客的女儿。这是我国已知最早的汉画像石。

图 9-1　汉画像石　常青树
江苏徐州出土

第二种，图像底边两段弧形的弧度变大，树形呈现为两腰较长的等腰心形。树枝表现较为特别，以树形外轮廓为基线不断内缩，以作同心圆方式，形成若干同心的心形。主干底端绘制一根梯形的线与主干相交，表示树根。这种树形发现很少，只有山东滕州兰头镇三山村出土的一例（见图 9-2），图中只刻了树一株，周围飞鸟环绕。

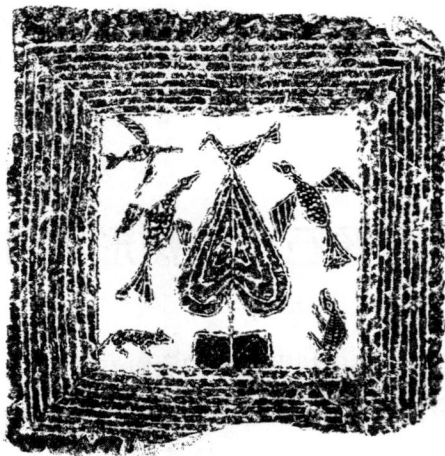

图 9-2　汉画像石拓片　常青树与鸟
山东滕州出土

第三种，树形完全体现为等边心形。徐州出土的青龙白虎画像石中所见树形（见图 9-3），即属此类。

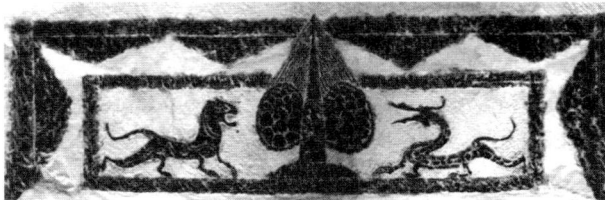

图 9-3　汉画像石拓片　青龙白虎　江苏徐州出土

　　一般认为，画像砖的出现年代要远远早于画像石，画像石上一些图像的形成是受画像砖的影响所致。但从搜集的资料来看，以树形作为考察对象还看不出这种影响，也许要等更早时期的新资料的出现才能得到说明。已有的资料显示，早期这种形式非常简单的三角形、示意性的树形，从汉武帝时期开始出现，在西汉晚期成为墓室装饰中绘制树形的代表性形象，一直延续到东汉初期。

第二节　中期画像石中的树形图像的装饰性特征

　　汉武帝统治时期注重厚葬，画像砖墓随着厚葬制度的盛行，成为原有的木椁墓的替代品。新莽时期，随着厚葬之风的进一步风靡，在中原地区，廉价的画像砖逐渐被画像石所取代，转而在偏远的四川、江苏等地盛行起来。带有树形图像的东汉初中期画像石或画像砖墓葬已发现的共有 19 处，其中画像石墓 16 处、画像砖墓 3 处。此阶段出土的树形图像以画像石为主，画像砖墓的发掘数量较少，树形图像也甚是少见。

　　对于画像石上大量的树形图像来说，以 S 形曲线来造型是这一时期的基本特征。在东汉初期的树形中，S 形主干两边分别有三至五对 S 形树枝，有的在一些枝干上又绘制S 形次生干。枝与干是用相同的细线来表示的，枝上无叶。整个树形有别于早期的对称、呆板，显得相对自然、灵活、有生活气息。江苏沛县出土的西王母神话题材中的树就是如此（见图 9-4）。

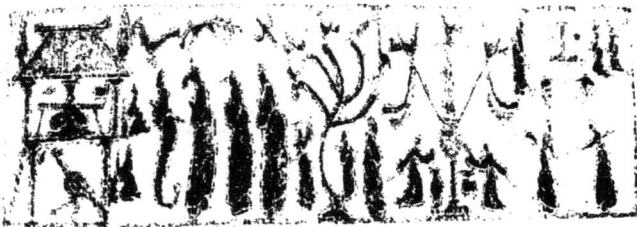

图 9-4　汉画像石拓片　拜见西王母　江苏徐州沛县出土

153

　　画像石上这种树形是到东汉初期才有的，画像砖上出现得更早些，西汉晚期便可看到这种树形的简单画法。在郑州南关外出土的一块西汉中后期的《搏斗图》画像砖（见图9-5）中，左一人双手持长矛，右一人右手执剑，左手持钩镶格斗，身后有一株树。这株树在画面中虽然只体现出了一半，但画师的创新表现却使它与同时期甚至同墓穴的其他树形明显有了不同。三角形、菱形的外轮廓被打破了，"独叶树"开始朝自然中的树形演变。在稍后的西汉晚期画像《射鸟图》（见图9-6）、《双人射鸟图》（见图9-7）中可以看到，这种树形已经与东汉前期画像石上的树形几乎相同了。在以S形曲线造型的树形图像早期演变中，画像石显然受到了画像砖的影响。

　　东汉中期的树形图像相对于东汉初期又发生了一些变化。主干与枝干有了粗细、形状等区别，且注意到用一些点、线、皱体现主干的苍老，树上开始有叶。在这总的特征下，树枝与树叶的造型方式又分别呈现以下特征。

图 9-5　汉画像砖拓片　搏斗图
河南郑州出土

图 9-6　汉画像砖拓片　射鸟图
河南郑州出土

图 9-7　汉画像砖拓片
双人射鸟图
河南南阳出土

一、树叶

第一，枝叶不分，在每根枝干顶端有一类似芽苞状的略粗于枝干的圆球，似叶又似芽。在徐州市铜山区出土的一块画像石上，画面正中刻一房子，两使者立于门侧，屋脊上有展翅欲飞的凤鸟与正在攀缘的猿猴，房子两边有两棵枝干交错的连理树（见图9-8），树的特征便是如此。

图 9-8　汉画像石拓片
连理树　江苏徐州出土

第二，阔叶型，枝干两侧或顶端有大片树叶，或对生或错生，树叶形状有扇形或爪形。在安徽灵璧画像石中，可以看到扇形树叶的例子，这种树形晚期很少再见。不过，在魏晋六朝绘画中却又流行起来。在陕西绥德保育小学王得元墓出土的画像石上，爪形树叶又是另一种特色（见图9-9），犹如壁虎的爪子。

155

图 9-9 汉画像石拓片 树鸟纹 陕西绥德出土

二、树枝

第一，树枝向上如张开的五指，然后呈菱形交织。出土于山东肥城北大留汉墓的《树下射鸟图》（见图 9-10），就是如此。

图 9-10 汉画像石
树下射鸟图
山东肥城出土

第二，树枝呈环形网状编织，树干粗大，树枝互相盘旋缠绕，形同络丝。每个树枝顶端长着一芽苞状物，整个树形好似曲柄华盖。在山东嘉祥县洪家庙出土的《孔子见老子》画像石中底部有一株树，树枝便是相互网状缠绕的（见图 9-11）。

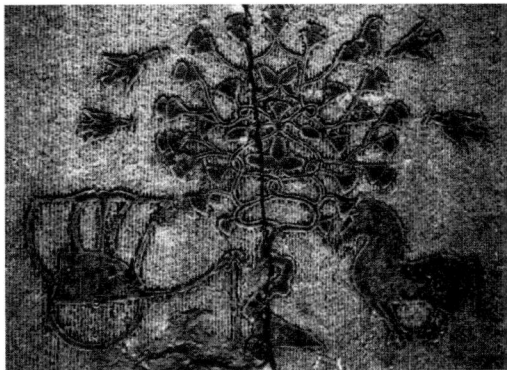

图 9-11　汉画像石
孔子见老子
山东嘉祥出土

　　这一阶段是两汉丧葬形式中画像石开始盛行的时期，也是画像石中的树形图像从简单向复杂、从几何形向写实发展的过渡阶段。所以，此阶段的树形图像特征比较复杂，逐渐摒弃早期的三角形示意性的树形，开始以曲线来模仿自然中的树木形态。但是，为了满足画面主题的需要，又常常用夸张的、图案化的手法来凸显树的神奇。西汉晚期画像砖中萌发的那种写实性的树形在东汉初中期并没有得到多大发展，此一时段世人所崇尚的仙境、祥瑞等主题的需要使得这一时期的树形图像总体上呈现出图案化、象征性的装饰风格。

第三节　晚期画像石中的树形图像的写实性特征

　　两汉树形图像发展到后期时，中期复杂的样式减少，装饰性风格形成固定的模式，写实手法在图像中有了较多的体现。东汉晚期，带有树形图像的汉画像石、砖的墓共有19处，其中汉画像石墓15处、画像砖墓4处。随着东汉末文人参与绘画，文人写意性的绘画风格初露端倪。具体来说，晚期装饰性风格有两种类型。

　　第一，树枝从根部到顶端由细到粗，顶端呈圆形且中心部位有黑点或成环状，形状类似于凤凰的尾羽。有的较短，长在枝干顶端，好像一片树叶。有的则直接与主干相连，形状较长，枝叶不分。山东嘉祥出土的汉画像石《和谐图》（见图 9-12）就是这样，每根枝头都有这么一片叶子，画法与形象都像鸟的羽毛。

图 9-12　汉画像石拓片　和谐图
山东嘉祥出土

第二，树枝呈环形网状编织，这种特征几乎与中期相同，只是树枝顶端芽苞状物变成了一片宽大的树叶。例如，山东嘉祥县武氏祠画像石中的树（见图 9-13）。

图 9-13　汉画像石拓片　射鸟图
山东嘉祥出土

写实性表现在两汉树形图像后期风格中有了一定的发展，写实能力有了很大的提高。画者已经能把握树木的典型特征，应对树木的复杂结构，模拟树木的自然状态。装饰风格与写实并存是这一阶段的主要特色。在四川德阳出土的画像砖《庭院大门》中，大门两侧的树已经非常写实，左边的树枝繁叶茂，右边的柳树垂下的姿态惟妙惟肖、自然生动（见图 9-14）。

图 9-14　汉画像砖拓片　庭院大门　四川德阳出土

第十章　汉画像石中的树形图像的设计艺术与价值

汉画像石是集建筑、雕塑、绘画为一体的工艺设计文化。它是中国土生土长的艺术形式，代表了中国本土艺术发展成熟时期的"原生态"。

汉画像石在图像上彰显出汉代艺术的特质，塑造了汉代艺术精神的灵魂。汉代艺术具有"席卷天下，包举宇内"的雄浑气魄，典型地反映了汉民族初步形成时期特有的积极进取、蓬勃向上的乐观主义精神，这是一种崇尚阳刚之美、大气磅礴的英雄主义精神。汉代艺术精神是一种宏阔的文化精神，它通过生动、形象的画面，展现出汉代人特有的力量、运动和速度，形成了汉代艺术的特殊气势和古拙风格，表现了一种整体灵动、浪漫进取的时代精神。在确立我们民族精神的历史时期——汉代，生发出的这种气势磅礴的阳刚之气，影响极其深远。这种积极进取、开拓向上的精神渗透于我们的民族精神之中，并在唐代得以充分发扬光大。汉代艺术精神在民族艺术的发展过程中具有凝聚民族、激励精神的重要作用，并产生了广泛的影响。

第一节　树形图像的象征意义

在考古出土的汉代画像石中，题材内容诸多，几乎涉及社会生活的方方面面，其中除历史故事、神话传说和社会现实等方面的内容之外，还往往刻画各类不同的树木图案。汉画像中"树"的图像主要有"常青树""三株树""枣树""扶桑（桑树）""木连理"等，这类题材不仅占了相当大的比例，而且一般都处于非常显要的位置。

在古代，人们对自然界的认识是有限的，许多自然界的生命力和生存力都是人类所无法达到的，树木因有超强的生命力和繁殖力，为人们所崇拜。不仅如此，当时人们还希望借助树木超强的生命力和繁殖力来征服自然，延续自身的生命，甚至达到一种更高的境界。随着人类对自然界认识的不断发展，人们对树的崇拜意识和观念也在不断地变化和升级，即由原来单纯的自然树崇拜上升到"神树"崇拜，直至成为一种信仰。这种信仰反映在汉代的墓葬中，通过壁画、汉画像石、画像砖上的树图案，结合"人有命树"的民俗信仰，把人的生死和树木紧密地联系在一起。河姆渡人对生命之树的崇拜观念，是河姆渡文化中广泛出现的主体纹样，它以各种变体纹样出现在各种生活器物和器皿之中。汉画像石中的通天神树，其源头就是河姆渡文化。

在战国到秦汉时期，对长生不老的追求早就根植于先民的心中，由此而来的对不死之树、长生之树的崇拜也日益泛滥起来。在西周金文中已经有"眉寿有命、永寿"等词语，《诗经》中《小雅·甫田》及《大雅·生民》中均有"君子万年"的语句，表现出一种对长久延续生命的企望。这些都显示出不死的思想在当时社会中已经开始普及。到了秦汉时期，长生不老、神仙和仙境的观念受到一些方士的鼓吹而广为传播。大多数人对命运的看法或者希望是，人死后的灵魂，可以通过另一种形态存在。汉画像的内容是由一系列的图像、符号、语言及其象征、隐喻的内容所组成的，通过人的直觉、符号、意识和无意识达成一种隐喻的象征表现。这种现象被解释为在一定的宗教仪式的转化下，成为真实存在于此世或另一世界中的事物。这是古代宗教中再生仪式和死后世界信仰之所以能成立的基本原因。

树图像不再是简单的图画，而是反映了汉代先民的某种精神寄托。汉代画像是汉代人生死观的具体体现。笔者认为汉代民众对生命的自我控制和渴望，尤其反映在汉代画像上。汉代人死后，在墓葬中表现的树图像作为象征符号，往往表示死者已经进入另一个世界，在仙界重新种上自己的生命树，并且扎根于仙境，可以长生。这种思想充分反映了中国早期各种思想和民间信仰的影响。"人有命树"的观念，早已渗透在民间信仰中，人们希望通过修道积德把属于自己的"命树"栽到天堂中，实现长生。汉画像中的树的图像与"人有命树"观念是分不开的。

因此，对树图像的研究，有助于我们对汉代人的思想观念做出更全面正确的解释。就目前所见出土的画像石内容和象征意义来看，汉画像中树图像可分为如下几类。

一、通天神树——建木

《山海经·海内南经》载："有木，其状如牛，引之有皮，若缨、黄蛇。其叶如罗，其实如栾，其木若蓲，其名曰建木。"《山海经·海内经》也载："有木，青叶紫茎，玄华黄实，名曰建木，百仞无枝……其实如麻，其叶如芒，大皞爰过，黄帝所为。"《淮南子》载："建木在都广，众帝所自上下。日中无景，呼而无响，盖天地之中也。"说的是建木盘根错节，非常茂盛，枝上长满了树叶和果实，它的枝干高达八十丈，直上九霄。这种树绝不是现实中的树，它是人们想象中的神树，是神仙与巫师沟通天地的天梯树，也是人们死后通往天上世界和鬼魂世界的一种工具。

二、不死之树——常青树

常青树在墓葬艺术中具有多种象征意义。在西汉早期金雀山帛画的仙山上，就已经有了赫然而立于山体两侧的两株常青树，这说明常青树已经具有了仙界树的象征意义。西汉中晚期至东汉早期，常青树多见于石椁的足部挡板（也有见于侧挡板的），常常成对出现，有时还在常青树间配上玉璧，或者在树上停落鸟儿。玉璧在汉代是祭天的礼器，具有通天的文化意义；而鸟儿，则被认为是可以往来天上人间的使者，也具有通天的文化意义。西汉柿园等地墓葬中常青树与天门的垂直设计关系，更是直观地表明了常青树的通天功能。西汉晚期，常青树开始与辅首组合，出现在墓门上，这应是视常青树为辟邪神树。西汉晚期至东汉早期，人们更多的是把常青树刻画在象征天界入口的天门两侧、象征仙界的仙楼旁、仙界院落之中，其作为仙界的仙树的文化意义不言而喻。

综合来看，常青树作为一种仙境标志的符号，主要见于西汉至东汉早期的河南、山东地区，它有升仙、辟邪、仙界树（常常与辟邪功能糅合）等作用。在西汉早期，人们注重常青树的引导升仙和仙界树的内涵；在西汉末年至东汉早期，则更注重它的辟邪作用和仙界树的内涵；东汉中后期，常青树逐渐被连理木取代而衰落。

常青树是存在于神话传说中的长生树，不仅可以使人长生不死，而且还具有起死回生的功效。常青树生于西方昆仑，即西王母所居处，因人食之可得永生，所以又名不死树（也称甘木）。晋张华《博物志》卷八曰："有员丘山，上有不死树，食之乃寿；亦有赤泉，饮之不老。"《山海经·大荒南经》曰："有不死之国，阿姓，甘木是食。"晋郭璞注："甘木即不死树，食之不老。"徐州韩山西汉墓出土的墓门《迎宾图》（见图10-1）、铜山区王山散存的《龙凤图》（见图10-2）均有常青树的画像。

图 10-1　汉画像石　迎宾图
江苏徐州韩山出土

图 10-2　汉画像石拓片　龙凤图
江苏徐州铜山出土

三、土地之神——社树

上古先民基于"万物有灵"的观念，对天神地祇都顶礼膜拜，而对大地的崇拜，即表现为社祭。社，《说文》解释："地主也，从示土。"意思是"土地的主宰"。《白虎通·社稷》也解释："社者，土地之神也。"社，又是古代国家、聚落或族群举行集会和祭祀祖先的地方，在其地种植的树木，称社树。不同朝代、不同族群的社树是不同的，夏人的社树（祭祀的社主）是松，殷人的社树是柏，周人的社树是栗。

《论语·八佾》记载，"哀公问社于宰我，宰我对曰：'夏后氏以松，殷人以柏，周人以栗'"。树木而祭，使神灵有所依附，比土、木更易于瞻仰，易于为人们所接受，因而十分流行。

四、祥瑞之兆——连理树

连理树是由两棵树的枝或根合生在一起形成的，相邻的两棵树随着不断生长，枝杈相交时在风力的作用下会产生摩擦，相交的地方会被磨破并产生新的细胞，久而久之，它们相互愈合形成了新的枝条，称为连理枝。当邻近的两棵树并行生长时，它们的根会随着生长相互交错挤压，从而使得两棵树从根部合二为一，因此被称为连理树。因其外形特点，连理树常被后人用来比喻夫妻恩爱、成双成对、相濡以沫的美好爱情。早在北魏时期，郦道元的《水经注·济水》载："水出西溪东流，水上有连理树，其树柞栎也，南北对生，凌空交合。"明汤式《一枝花·自省》套曲曰："并头莲忙折，连理树勤栽。"明沈鲸《双珠记·夫妻永诀》曰："连理树，青青荣，一夜风威凛冽，双枝崩裂成凋零。"这些文献对连理树的外形或是寓意都有所描绘。

人们认为，之所以会出现连理树，是实施仁政、天人感应的结果。《孝经援神契》曰："德至草木，则木连理。"《白虎通义·封禅》曰："德至草木，朱草生，木连理。"

嘉祥武氏祠汉画像石的木连理旁有题榜："木连理，王者德纯洽，八方为一家，则木连理上。"《文选·卷十三》载汉苏武诗曰："况我连枝树，与子同一身。"《南史·垣崇祖传》曰："后为竟陵令，惠化大行。木连理，上有光如烛，咸以善政所致。"可见，连理树在人们观念中是一种重要的祥瑞树木。在东汉时期，各地所见的画像石中，有许多瑞树都是连理树的形式。

连理树又称"连理枝""连理木"，汉代人认为是吉祥的征兆，或为王者德政的瑞应，孝悌的瑞应，或为夫妻恩爱的象征。江苏睢宁县张圩散存征集的《人物拜见图》（见图10-3），纵118厘米，横60厘米。画面以栏杆为界分为二格：上格刻一人物，坐在榻上，身后刻一盾牌，榻前刻一人站立，一人揖手拜见，另刻一人持笏坐立；下格刻一连理树，树干交错，枝叶茂盛，树枝上挂一马兜，一马正在食草。

图10-3　汉画像石拓片
人物拜见图
江苏睢宁出土

五、太阳神树——扶桑

汉代王逸为《楚辞》作注释，曰："扶桑，日所扶木也。"《说文解字》云："扶桑神木，日所出。"《山海经·海外东经》曰："下有汤谷。汤谷上有扶桑，十日所浴，在黑齿北。居水中，有大木，九日居下枝，一日居上枝。"晋郭璞《玄中记》曰："天下之高者，扶桑无枝木焉，上至天，盘蜿而下屈，通三泉。"扶桑即桑树，又是神树的象征，古人相信扶桑之树的桑葚能使人的生命延长而成仙。桑树在汉代被赋予丰产吉祥的寓意。扶桑树是汉代人崇拜的长寿树和发财树，也是太阳神居住的地方，因此在很多汉画像石中，扶桑树是和三足乌同时存在的。

六、升仙之树——枣树

在汉代，吃药是方士的突出技能。《肥致碑》中肥致吃的药是枣，吃后可以获得一些特异的功能。肥致"舍止枣树上，三年不下，与道逍遥"，这使得他"行成名立，声布海内，群士钦仰，来集如云"。在汉代文献中，可以找到不少吃枣成仙的记载。《史记·封禅书》就记载了这样的故事，大方士李少君跟汉武帝说，蓬莱仙人安期生"食巨枣，大如瓜"。又记，汉武帝东寻海上时，拜公孙卿为中大夫，要他领着去见先人，公孙卿说："今陛下可为观，如缑城，置脯枣，神人宜可致也。"汉代铜镜上就刻有"上有仙人不知老，渴饮礼泉饥食枣"的诗句。

七、丰收之树——嘉禾

嘉禾为汉代人信仰的祥瑞植物，象征风调雨顺、五谷丰登。《论衡·讲瑞篇》云："嘉禾生于禾中，与禾中异穗，谓之嘉禾。"《汉书·公孙弘传》曰："阴阳和，五谷登，六畜蕃，甘露降，风雨时，嘉禾兴。"在贾汪白集汉墓出土的《祠堂画像》（见图10-4）中，画面分七格。第一格上边为山形，中间刻西王母，两侧有羽人捣药等。第二格刻杂技表演。第三格刻连续的植物纹（嘉禾），表示吉祥之意，并有鸟穿梭其间。第四格刻行龙异兽。第五格刻迎宾图。第六格刻人物，右侧第四人正在向一老者行礼，观其细节，当是"孔子见老子"的故事。第七格刻出行图。

图10-4　汉画像石　祠堂画像
江苏徐州出土

八、欣欣向荣——三株树

三株树，古代神话中珍奇的树名。株，或作"珠"。《山海经·海外南经》载："三株树在厌火北，生赤水上。其为树如柏，叶皆为珠。一曰，其为树若彗。"在徐州市十里铺汉墓画像石中，画面横列树三株，可能就是神话传说中的"三珠树"。观其图形，每条枝头圆润如珠，而树有三株，正寓其意。又传，"黄帝游乎赤水之北，遗其玄珠"（《庄子·天地》）。树既神异，地也神秘，除树上有鸟、有猴之外，树间还有异兽。

从上文中我们可以看出，汉代人尤为重视对树的寓意和期盼。我们对汉画像中树的图像的认识，大致可以分为以下几种。

第一，在汉代人眼里，树是重要的植物，它可以做先导，接引人们进入仙界；可以作为成仙的工具，帮助人们进入仙界。

第二，树木具有辟邪和祥瑞作用。在西汉的石椁画像中的足挡板常刻画常青树；足挡板相当于墓室的门户，用它起到辟邪和守护作用。

第三，还有已经升入仙界的仙树。例如，徐州十里铺汉墓出土的《九头兽和昆仑仙境》和徐州汉画像石《伎人骑象图》中的树，均为仙树。其中《伎人骑象图》的画面分上下三格：上格刻两个瑞兽，翻转相对；中格刻一人，躺卧在象背上，右手托着面颊，象首坐一象奴，手持长钩，在象身下刻一鸟首；下格刻一枝叶茂盛的大树。

第二节 汉代神树图像的主要模式和艺术分析

汉代先民对成仙长生与祥瑞驱邪的推崇极为兴盛。在这种思想观念的影响下，汉代所见的神树以仙境仙树、祥瑞之树两大类为主，这两类有时也会融为一体，其他类型的神树亦有少量存在。在西汉较多使用常青树形式，至东汉则被连理树形式逐渐取代，且连理方式趋于复杂，视觉效果华美。它们在画像石、画像砖中是最为常见的。本节以常青树和连理木为主要剖析对象，探索其图像的主要模式及其艺术分析。

一、汉画像石神树图像的主要模式

（一）常青树

常青树在西汉时期出现得较为频繁，其形式变化也丰富多彩。从树冠的形状来看，大体可以分为三大类：树冠为菱形、树冠为梯形、树冠为三角形。树冠为三角形的形式是常青树最常见的形式，也是最早所见的形式，它应是常青树的基本母型。在三角形树冠的基础上，对树冠顶部做截平处理，即得到梯形树冠；对树冠基部做楔形处理，则得到菱形树冠。

常青树的树冠基本为三角形，有的斜边平直与底部平直或内凹；有的斜边为弧形，底部平直或内凹；有的树冠为梯形和菱形（见图10-5）。

图 10-5　汉画像石拓片　常青树

综上而言，常青树主要见于西汉时期，可溯至西汉早期。西汉晚期至东汉早期最为兴盛，大量见于河南、山东等地的画像石、画像砖之中。在东汉中后期，除许昌地区还有一批东汉晚期的形式多变的常青树，南阳有一批与射鸟有关的树木图像（非常青树形式）之外，河南的很多地区已经不太使用树木图像了。而在山东，常青树在汉画之中也渐渐衰落，逐渐被其他形式的树木所取代。

（二）连理木

《晋中兴征祥说》释木连理："王者德泽纯洽，八方同一，则木连理。连理者，仁木也，或异枝还合，或两树共合。"由此可知，被称为木连理者，有两种基本表现形态：一是不同枝条合生（应为同树异枝）；二是不同的树合生在一起。在汉画之中，这两大类形式均有见。对于单树形成的连理木而言，又有树干编结、树枝交接或编结两种不同的连理方法。

1. 单树连理

图10-6为微山地区的连理木图像，枝条很多，相互编结成为规则的网状，编结的枝梢为纺锤状，树下有人骑着马，也容易让人想到"马上封侯"（虽然树上只见鸟没有猴），别有深意。微山地区与嘉祥地区祠堂的大树枝条的编结方式类同，但两地区树木的显著差异在于树梢的叶片：前者多为扇形，后者多为纺锤形。

图 10-6　汉画像石拓片　射鸟图　山东微山出土

2. 双树连理

图 10-7 为东汉桓帝延熹八年（165）画像石棺的棺身右侧图像。在画面中，连理木下有人似正在迎接，右侧还有奇禽瑞兽和射鸟图。此石棺的棺盖为柿蒂纹、前为伏羲女娲图、后为双阙图，棺身左侧图像与此右侧的类似，也有连理木以及树下站立的许多持便面的人。因此，虽然在这一幅完整的图像之中，并没有出现门阙等建筑，但是作为石棺的一部分，与石棺其他部分的图像联系起来看，不难理解这一连理木下的迎接，应表现的是墓主人初到仙界之后的情景。因此，画面中的树，应视为仙界的树木。与之类似的还有四川泸县石寨乡崖墓石函，以及四川长宁县古河乡出土的长宁 2 号石棺画像，其树木均表现为连理木形式。

图 10-7　汉画像石拓片　迎宾图　四川泸州出土

在图 10-8 中有人端坐树下，两树的枝条编结成规则的网状，这是明确的连理枝，枝头不仅有鸟，而且有多达 13 只的猴。树下有马，而且有羊，左右各有一人正在射猴、射鸟。这一幅图角色描绘完全，对于理解"射侯射爵"的说法很有启发作用。图 10-9 中两树的枝条编结，这种编结方式与山东嘉祥地区的《楼阁拜谒树木射鸟图》中的很相像，形成网状。

167

图 10-8　汉画像石拓片　射鸟图　　　图 10-9　汉画像石拓片　射鸟图

从时间来看，连理木大致是在东汉中期兴起的，在东汉晚期达到极盛。连理木的使用并没有特定的位置（活动内容）限制，任何环境都可以使用，因而得到了普及。

出现连理木图像最多的地区为山东，四川其次，其他仅甘肃、江苏徐州有极少数可见。不同地区的连理木造型手法各有所异。在山东，绝大部分树木都处理成了连理木的形式，其中以单树连理为主，少量为两树连理，尤其是单树连理木，又可见许多不同的造型变化。东汉晚期的连理木多将树木繁多的枝条做编结处理，稍早些的多见枝条简单的交接。因此，推断应是随着连理木越发普及，人们越对其枝条做更多的复杂的编结，形成严密的网状结构。四川地区所见的连理木几乎全为两树连理，多为两树树干扭结，不对树木的枝条做交接、编结等复杂的处理，树木的体量也没有山东地区大。

从图像来看，人们以此形式用于其他类型神树，使得不论什么类型的神树，都具备了祥瑞的色彩。

二、汉画像石神树图像的艺术分析

汉画像石树形图像作为一种特殊的艺术表现形式，它不但是研究汉代历史的一面镜子，而且在我国艺术史上具有重要的地位。它以简驭繁、形神兼具的艺术形式，成为我国造型艺术的基本规范。

造型艺术是指用一定的物质材料，以及形、光、色、点、线、面、体等造型手段占用空间，创造可视的平面、浮雕或立体形象，显示客观存在的具体事物，从而与视觉发生密切关系的一种艺术。我国早期的造型艺术是实用性与装饰性的统一，从造型艺术上看，汉画像石树形图像已从先秦的烦琐抽象的图案中解放出来，在二度空间中，创造出可视平面形象。画像石树形图像艺术冲击力的产生，在很大程度上是通过树木的动态形象和线性表达方式实现的，在发挥和融汇传统的基础上使表达更趋理性，给树形图像以独立表现的地位，刻画更倾向于写实，在写实的基础上充分运用艺术的想象与夸张。

（一）物象造型简括传神，于传统程式中体现理性和个性变化

善于用线造型是汉画像石树形图像塑造的一个重要特点，简洁排列的线的运用使画面更多了抽象的意味，是汉画像石对画面物象的造型中最主要的表现形式。汉画像石的发展早期，造型手法还未达成熟，但能看得出其由萌芽发展到成熟渐变期的简括、质朴的过渡风格。到中后期，汉代工匠对线条的运用渐趋成熟，对树形图像的刻画也丰富多彩起来。

（二）动静结合，动中有静，静中有动

画像石树形图像看上去是静止于粗粝冷硬石面的画像艺术，但寂静之中却容纳万种风情，在格局紧凑、疏密相宜的构图空间里，通过个体与全体、局部与整体的布阵取势，把线的运用和位置经营密切结合起来，创作出和谐有序的布局效果，形成一种多变中求得均衡、协调的造型美，成为极具装饰性的平面视觉艺术作品。

（三）造型技法复合多样，形成兼集雕刻与绘画之成的造型艺术风格

汉画像石树形图像在雕刻技法上以线为主，兼集雕刻与绘画之成的造型艺术特点，使其成为后人了解汉代艺术风格的杰出史料作品。以线造型是汉代画像石一个重要的装饰表现手法。中国传统绘画中的线，不仅表现为一个简单的形，而且是光、色、虚实、空间及质感的综合，更是画面、气势、意境、作者情感与心境的表达。画像石中的画像虽然不是用笔来表现的，但它是以绘画的线条和雕刻的技法来表现形象的，画像石的线条有阴线、阳线，有粗线、细线，有直线、斜线、曲线、弧线等，通过刻刀在石面上以不同的手法表现出来，千变万化，朴素而不单调，概括地刻画了不同的艺术形象。石匠以石为地、以刀代笔，在简洁凝练的线条中畅抒胸臆，也为后世线条艺术开拓了一个广阔的空间。

（四）现实主义和浪漫主义相结合的表现艺术

汉画像石树形图像是历史社会生活和自然生态的一面镜子，映射出了当时社会生活的景况，不仅因为其内容撷取于现实生活，而且还因其艺术表现手法有明显的写实特点，因此是充满现实主义特色的艺术作品；同时在民间神话传说基础上以丰富的想象力，以拟人化的手法刻画出神界天境、祥瑞鬼怪的故事，有着对天堂仙界的向往，在艺术表现手法上带有浓郁的浪漫主义色彩，因此是现实主义和浪漫主义相结合的产物（见图10-10）。

图 10-10　汉画像石　仙人、仙山、仙树　陕西绥德出土

汉画像石艺术反映了一个伟大时代的艺术精神和气质，它冲破和摆脱了商周宗教神秘艺术的禁锢，把目光转向了人类社会生活的自身，开拓了空前广阔的创作空间，表现出了多层次、多方面的社会生活画面和大量激动人心的历史故事，并以拟人化的手法刻画出了众多神仙、怪兽的形象。它既有着对现实人间的肯定，也有着对神仙天境的向往，它用艺术形象创造了一个五彩缤纷、琳琅满目的神奇美好世界，反映了汉代人们的伟大力量和进取精神。它所凝聚的东汉早期石刻画像艺术的构思与精髓虽拙朴简练但带有传统中国绘画艺术特征，其充实的意境、浑厚的气势，现实与浪漫相映生辉的艺术表现风格以及与绘画、雕刻、建筑相结合的实用艺术形式，都给后代以启迪和借鉴，成为记录汉代社会历史生活的珍贵画卷、中国古代绘画和雕刻艺术的瑰宝。

第三节　神树符号的宇宙论意义

一、神树符号的宇宙模式

汉画像石中的神树图像很大程度上起亡灵导引的作用，汉代先民相信死者的灵魂可以通过神树抵达不死仙界，升往神仙境地，获得永生。通过画像石刻画的场景可以看出，神树是宇宙的中心，是沟通现实世界与神仙世界的天梯，树干上那些攀缘的神兽极为明显地表明了这一点。这就意味着，神树图像是汉代人的通天神话，神树为图像表述的中心。它表明人类与神明的来往是借助于神树而进行的：人类的灵魂要通过神树树干到达不死的乐园，而天界的神明则通过神树下到人间，神鹿、三青鸟、九尾狐之类的神话动物在神树树干间自由穿越。当然，能量的运动也是通过神树进行的，人们认为神树是神界与人间沟通的唯一途径，两个世界之间的来往都依靠神树进行。进一步讲，汉画像中的神树图像叙述了这样一种宇宙论，即宇宙的层面是以神树为轴心而呈现的，宇宙的空间模式是垂直的，宇宙围绕神树而进行垂直运动。在神树神话的世界里，宇宙被垂直划分为两个层面，那就是神界与人间。神明居住在神界，人类居住在人间，神树为连接两个层面的通道。人类死后灵魂通过神树升到神界，神明通过神树降临人间，这是一种二元的垂直宇宙模式。

在陕北汉画像石中，这种垂直的宇宙模式表现得尤为明显，在淮北汉画像石中同样有所表现。安徽宿州时村出土的一块汉画像石上生动描绘了这样一种神话场景（见图 10-11）：周穆王将马交给车夫造父，造父将马匹拴在神树下。周穆王沿神树登上了昆仑山，在青龙的带引下最后抵达仙界，与西王母、东王公两位天神坐在悬圃之上宴饮，羽人在一旁翩翩起舞以助酒兴。从画像石所刻描绘的场景明显可以看出，较之于陕北汉画像石，淮北汉画像石更加强调神树是通天工具这样一种思想。另外一方面，淮北的神树图像更强调二元的宇宙模式，因为它直接将神树刻画在天地之间，树上面是不死的乐园，树下面是凡俗的人世间，树干中间有飞翔的青龙与神鸟，以及刚刚升起的太阳。在这里，神树是连接天界与人间的唯一通道，也是天堂与人间的边界。

图 10-11　汉画像石拓片
周穆王登树入仙界
安徽宿州时村出土

神树画像石中体现的这种垂直的宇宙论与文本神话是一致的。与汉画像处于同一时代的《山海经》的宇宙论同样是垂直的，它以建木与扶桑为中心建构了通天神话的叙述范式。从《山海经·海内南经》关于建木的叙述中能够明显看出，以建木为中心的二元神话宇宙论主要强调两点：第一，宇宙分为天界与人间两个层面；第二，建木是诸神而不是人类出入天界与人间的通道。此种以建木为通天路径的宇宙论与《淮南子》关于建木的表述是一致的，但后者倾向于将建木视为宇宙中心。文本神话中以扶桑为中心的神话则强调了神树与太阳之间的关系，以及神树是人类升天的工具这样一种思想，我们从相关的文本神话中可以明确看出这一点。《山海经·海外东经》这样表述扶桑："下有汤谷。汤谷上有扶桑，十日所浴，在黑齿北。居水中，有大木，九日居下枝，一日居上枝。"此处的扶桑是太阳树，也是太阳在天界与人间上下的通道。另外，《山海经·大荒东经》中还更为明确地描写了神树与太阳运行之间的关系："上有扶木，柱三百里，其叶如芥。有谷曰温源谷。汤谷上有扶木，一日方至，一日方出，皆载于乌。"《楚辞·九歌·东君》曰："暾将出兮东方，照吾槛兮扶桑。"不难看出，此处的扶桑已经成为人类通天的工具，它成为垂直神话宇宙论的话语中心。尽管汉画像石中的神树宇宙论与文本神话表述的并不完全相同，但二者关于神树的表述基本一致，即神树是天上与人间来往的通道，也是人类与神明进行沟通的工具。

如果运用比较神话学视角加以阐释，我们可以在世界各地的神话中发现以神树为中心的宇宙模式。在北欧神话中，有一棵宇宙树支撑着整个宇宙，它的根部分别指向了天堂、人间与巨人国。宇宙树是一棵高大的祥树，生长在宇宙的中心，扎根于所有世界，从至暗世界到最光明的国度，从极低之地到世界之巅。诸神每天在枝叶繁茂的宇宙树下集会，他们要通过由怪兽把守的燃烧的彩虹桥才能够抵达宇宙树。由此可见，北欧神话宇宙论与汉画像描绘的宇宙模式并无大的差异，只不过细节有所不同罢了。与此类似的一种情况就是，印度的神树古勒树是各界生灵进行沟通的桥梁。男神与女神，人类与动物在这棵古勒树下嬉戏玩耍，相互谈论一些神圣以及世俗的话题。类似的例子在世界各地的神话中比比皆是，它们以不同的叙述方式反映了这样一种宇宙论：宇宙从上到下分割成不同的层面，各个层面之间彼此并不是隔绝的，而是相互来往的，但只能通过神树或宇宙树进行垂直的交流与沟通。除此之外，没有其他路径。这实际上是一种神话宇宙论，它有着更为深远的源头。

二、神树符号的大传统神话源头

刻有神树图像的汉画像石所反映的以神树为中心的宇宙论模式，可以上溯到无文字书写的口传时代。进一步说，神树汉画像具有悠久的历史渊源，它与中国史前文化中的神树崇拜与神树神话信仰密切相关。这些以考古出土实物为主的图像以物质叙事的方式讲述了神树图像的史前史，也揭开了汉代神树画像石的大传统源头。

就神树的形态与发挥的功能而言，三星堆遗址出土的青铜神树（见图10-12）与陕北汉画像中的神树非常接近。三星堆遗址先后出土过8株青铜神树，其数量之多暗示神树在三星堆文化中占有非同寻常的地位。二号祭祀坑出土的青铜神树，其底座呈穹窿形，其下为圆形座圈，底座由三面弧边三角状镂空虚块面构成，三面间以内撇势的三足相连属，构拟出三山相连的"神山"意象，同时表明神树生于圣山之中的象征意义。座上铸饰象征太阳的"⊙"纹与云气纹，暗喻神树与天堂相关。青铜神话的这种造型直观地表明它是一株接连天地的宇宙树，而树上装饰的神鸟、苍龙等神话形象从另外一个侧面表明了这种属性。鸟类白天飞翔于天空，夜晚栖落于树枝间，其活动路线为上下垂直型，与太阳的运动路线类似。三层树枝间镶嵌的九只神鸟为沟通天地的使者，也是神树与太阳的伙伴。这样看来，三星堆的青铜神树就叙述了这样一种神话宇宙论：宇宙以垂直方式分为天地两种，有一株宇宙树位于作为天地中心的宇宙山上，它是连接天地的唯一通道，其间有神鸟、苍龙等神兽行走，它们来往于天地之间，传递着两个世界的信息。

图 10-12　青铜神树
四川三星堆遗址出土

就宇宙模式而言，三星堆青铜神树与汉画像石神树图像所表达的宇宙理念是一致的，二者都将宇宙分为天堂与人间两个部分，并且皆将神树视为连接天地的通道。三星堆青铜神树为商代晚期文物，其生成时间比神树汉画像早一千年左右，在青铜神树出现之前，就应该存在关于神树的神话宇宙论，只不过因历史久远，加之尚无文字记载，这种神话理念无法在文献中得到充分的表现，只能以实物形式出现在后人面前。因此，可以断定，汉代神树画像应该是在商代乃至于商代以前的神话理念影响下生成的，除却青铜神树之外，它还有更为古老的图像原型。

从三星堆青铜神树所在的位置来看，它位于宇宙山之上，山与树皆位于宇宙中心，这种山树一体的理念在安徽凌家滩文化遗址出土的玉器上得到了印证。凌家滩神树玉器系新石器时代产物，其造型具有极大的象征意味。等腰三角形造型的玉树暗喻其宇宙山之属性，而中间雕刻的 18 对叶脉则表明它同时又是一棵宇宙树，为接天通地之圣物。这棵玉树为墓主人的陪葬品，其功用很有可能就是墓主人用来登天的法器——亡灵死后借助宇宙树等进入天堂。不言而喻，这种登天的运动是垂直的——通过神树从地上上升到天堂。就这一点而言，凌家滩的玉器神树所表述的宇宙论与陕北神树汉画像并无大的差别，前者为口传时代神树神话信仰的产物，神话象征色彩更加浓郁。

以比较神话学的视野来看，这种以神树为中心的宇宙论是非常普遍的，神树造型在世界各地的神话图像中尤为突出，两河流域尼姆鲁德遗址出土的亚述时代的神树图像（见图10-13）就是明证。尽管我们从图像中无法知道亚述神树的具体所在位置，但从神树身边站立的两位神明的保护性姿态可以知道，亚述的神树是一株宇宙树，它是宇宙的核心。这棵宇宙树也是一株生命树，关涉宇宙的存亡，更是神明与人类交流的渠道。我们甚至可从迈锡尼出土的米诺时代的王室金戒指上看到这种宇宙论的另外一种表述方式。如同亚述神树一样，米诺神树亦由两位神祇看守，只不过亚述的神明是男神，而米诺的神明是女神。神树位于宇宙的中心，这一点可从其图像中心的位置判断，神树下有两扇门，门旁分别有两株小一些的神树。很显然，这两扇门就是所谓的天门，门上垂直耸立的是宇宙神树，它是连接天堂与人间的通道。从以上神树图像中能够看出，尽管世界各地的史前神树图像在细节上有差异，但表达的宇宙论却如出一辙：宇宙以垂直方式分为天堂与人间两个部分，神树位于天地之间，是连接二者的桥梁。就这一点而言，史前神树图像不失为陕北神树汉画像石的大传统原型，二者表达的宇宙理念并无本质区别。

图10-13　新亚述时期神明和神树　尼姆鲁德遗址出土

作为书写时代宗教信仰产物的汉画像，其上刻画的神树图像并非由汉代不死宗教理念塑造而成，当然我们不排斥它受到了汉代求仙与厚葬观念的影响。就神树图像表现的宇宙论而言，它为汉代神话思想的反映。从汉画像石神树图像的构图特征来看，它有着更为渊源的史前图像源头，其原型可上溯到史前时代各种器物上刻画的神树图像，如青铜器、玉器、浮雕、金戒指上描绘的神树图像，那才是大传统的深厚渊源所在。进一步说，汉画像神树图像表现的垂直宇宙论在东亚和地中海沿岸普遍存在，这就表明其宇宙模式具有超越时间与空间的特性，也促使我们进一步考察隐藏在图像背后的大传统深层观念。

图像并不是一种孤立的视觉性文本，其背后隐藏着更为复杂的意识形态与观念。催生神树汉画像的思想源头，乃史前口传时代以通天神树为中心的神话理念与神话信仰。这些以图像形式记载的神话因时间与叙述媒质所限，并未进入后世的文字书写世界，只能以考古文物的形式进入现代人的视界。但这些物质性文本以一种更加直观的方式叙述了口传时代人类对于宇宙与自然的认知，同时孕育了后世神树神话的各种母题与图像表现形式。

第四节　树形图像的文化人类学价值

文化人类学是人类学的一个分支学科。它研究人类各民族创造的文化，以揭示人类文化的本质。使用考古学、人种志、人种学、民俗学、语言学的方法、概念、资料，对全世界不同民族做出描述和分析。在艺术领域，文化人类学得到了越来越普遍的运用。汉代画像是人类行为的结果，它不仅仅是单纯的艺术形式，因而对汉代画像石树形图像的研究不能只停留在画像石的艺术形象上，要透过艺术形象，借助文化人类学进行跨学科的研究，我们会发现画像石树形图像所隐含的更多的文化价值和人类的精神内核。

任何历史"遗留"都是一部历史文献或者见证，汉代画像石的图像无疑就是一部"文化阶段的生动的见证或活的文献"，把我们带回到两千多年前的习俗、信仰等文化中去，从而窥视到了它隐含的文化人类学的价值意义。文化人类学研究的是人类的文化活动，关于"文化"的概念，早在《易经》中已有相关的揭示。关于"文"，《易经·系辞》曰："物相杂，故曰文。""文化"在《周易》的"贲"卦中出现，该卦辞曰："观乎人文，以化成天下。"意思是说，观察礼教文化，以使天下教化成功。这是中国最早的文化概念的解释。

从文化人类学的角度释义"文化"，或者人类学家的"文化"诠释中，最为经典的算是英国著名的人类学家泰勒的文化概念，他说："文化，或文明，就其最广泛的民族学意义来说，是包括全部知识、信仰、艺术、道德、法律、习俗以及其作为社会成员的人所掌握和接受的任何其他一切能力和习惯的复合整体。"当代文化人类学家罗斯曼也指出："文化是指人类的生活方式，而这种生活方式的研究又要以整体、整合的总的生活方式为研究重点，它包括对人类行为、人类制造的物件以及人类观念的研究。"看来，人类学的"文化"包含了人的总体行为或实践结果整合的特征和意义。

作为"人类制造的物件"的汉代画像石，在中国美术史上占有重要的地位，其中树形图像的艺术价值是毋庸置疑的。然而，它是包含了一个民族社会成员的"知识、信仰、艺术、习俗"的"复合整体"，如果我们仅仅从"艺术"的角度去探究画像石树形图像的艺术构成等视觉因素，是难以全面理解画像石的整体价值的，难以体会到画像石为什么能够成为一个民族的心理和精神的纽带，难以理解画像石为什么有汉民族的精神或者汉民族的魂的基因。要研究画像石背后深藏着的更深刻的文化因素，必然涉猎到文化人类学。同时，在这里使用了"图像"一词，人们立刻会想到西方的阿比·瓦尔堡的图像学。的确如此，图像学更多强调的是艺术作品形式中所隐含的信仰、习俗、道德等的象征意义，而这些象征意义正是文化人类学要探究的内容。汉画像石中树形图案多数是作为画面构图需要或是装饰需要而存在的，以树纹作为独立画面的鲜有看到。所以，研究树形图案就要把树形图案放到整体画面中分析。因此，要研究汉画像石树形图像就不能孤立地看，要看整幅画面及整座墓石，挖掘更深层的文化人类学价值。

事实上，我们可以根据画像石的内容和功能以及艺术特征等判断，汉代画像石不是文人画那种"自娱"的功能和艺术形式，更不属于后来的院体画的官方意志的行为，它是墓室或祠堂中的构成部分的功能显现，其最初的意义显然也不是艺术的行为。画像石很少留下作者的姓名，即使刻有姓名，在古代的美术文献中也从不提及和记载，说明"作者"的地位低下。由此可以判定，画像石属于民间工匠的物质行为和技术行为与墓主的信仰以及家族精神行为的"复合体"。当然，画像石的图像在被制作的过程中包含了民间工匠和墓主的审美倾向或意识以及民间工匠的艺术技巧，这样我们认定汉代画像石是由民间工匠为"他者"所营造的"民间艺术"。画像石表现出了"作者"和"他者"的互动关系，在这种互动关系中，我们去探究画像石图像的文化深层价值和意义，从而全面准确地把握画像石的全部文化和精神内涵。

汉代画像石是应"墓主"或其家眷这个"赞助方"而制作的，因此"赞助方"必然要提出自己相关的构想和要求，而民间工匠则根据"赞助方"的要求进行制作，最后结果必须符合"赞助方"的要求或者得到"赞助方"的认可，这是画像石产生的最基本的条件。同时，不否认民间工匠在制造过程中有自己的发挥和受民间工匠圈内人的相互影响。这里面要探讨的一个问题就是"赞助方"的要求所包含的最初的"文化"信息，它在很大程度上体现了画像石的文化含量和群体意识。一般而言，构建画像石的墓主多数是有钱和有一定权力的中层阶级，而绝非皇室和高层统治阶层，也不是最底层的无产阶层。这些中层阶级与"上"与"下"都有某种联系，而往往与民间有更多的生活联系和文化精神交往或本身就身处民间。因此，其中必然显示了当时某一地域的民间文化信仰特性。而民间工匠的制作技术也包含了当时的地方地域的民间审美趋向和观念。所以，我们要透过汉画像石图像具有的美术价值的层面，通过民风习俗去把握其蕴含的内在的地域文化中的文化人类学价值和民族文化意识。正如美国著名文化人类学家露丝·本尼迪克特所说："人类学家应当对在各种文化中发现的全部习俗感兴趣，其目的在于理解这些文化变革和分化的来龙去脉，理解这些文化用以表达自身的不同形式，以及任一部族的习俗在作为民族成员的个体的生活中发挥作用的方式。"因此，对汉画像石图像的研究，需要借助文化人类学的方法，整体地进行研究。

广义的文化人类学，主要是研究人类的"集体无意识"或"群体意识"。所谓"集体无意识"，就是荣格称作的"原型"。荣格说："原型的意思是指一种特征，一种确定的原始特征群，在形式和意义上都具有神话色彩。"它"描述了从意识向内进入无意识心灵的深层的心理机制。从这些内在层次中引出一种非人格的东西，即神话特征，换句话说就是原型，所以我们把它称之为非人格的或集体无意识"。人类特定的民间风俗习惯，必然包含着"原型"中的神话特征，画像石中的民间习俗充满了大量的中国神话因素，如"西王母""不老神树"等。汉代画像石作为汉代丧葬习俗的产物，它隐含了汉代人的群体习俗理念以及信仰等精神意识。在汉代，墓地或祠堂是中国汉代人氏族显现集体精神活动的重要场所。文化人类学就是通过跨学科的研究与整合，把实物（物质）、制度、精神三个层面综合起来放进特定的地域环境加以整体考察和研究，将物质、制度和精神三者文化层面之间的互相规定融会贯通、全面整合。因此，只对拓片或单个实物进行研究，而不对整个墓葬构造和丧葬仪式过程进行研究是难以探究到更深层的精神内涵的。这一研究方法近几年来已得到学者们的重视，并把文化人类学的方法运用到画像石的研究之中。例如，日本学者曾布川宽就对西汉墓室的壁画和帛画以及棺画进行了细致的考察，整体研究汉代图像中"原型"的神话意义，从而整体上探究了图像背后隐藏的文化人类学的价值，他虽然不是直接研究画像石，但已经触及了汉代画像石的整体研究范围了。我国学者张道一还提出了建立"汉画学"的构想，无疑也是站在文化人类学的角度提出的整体研究汉代画像石的思路。我国学者李松撰写的《论汉代艺术中的西王母图像》专著，研究了在中国民间崇拜的本土的神像，其中列举的大多是画像石中的西王母形象，阐述了图像背后的文化人类学中的偶像崇拜的神话意义。画像石本身就是墓葬的一部分，如果将它脱离这个整体的墓葬机制进行单独研究，显然不能获得完整的意义。因此，将画像石放置于整个墓葬构造及其丧葬习俗文化中加以实地考察和研究，对画像石图像所蕴含的精神和文化内涵进行梳理与探究，无疑是最佳的研究途径和方法。

汉代最高统治者虽然提倡"罢黜百家，独尊儒术"的政治主张和思想，但其他思想依然在民间广为流传。因此，汉代画像石作为民间艺术，其图像的文化背景是多元的。一般说来，是儒家孝道、民间盛行的厚葬和崇尚黄老道家升仙思想等，尤其与汉代盛行的厚葬与提倡孝道有关。例如，早期汉画像石图像中大多是孝道的故事，少有忠君的图像，体现了早期原儒文化背景，这与郭店楚简中提出的"为父绝君，不为君绝父"，即"孝"高于"忠"的儒家思想相印证。后来忠孝合一，如《祭义》中云："事君不忠，非孝也。"因此，后来也有反映帝王的图像，如山东嘉祥武氏祠西壁的画像石，其中就有祝融、神农、黄帝、颛顼、帝喾、尧、舜、禹等古代传说中的帝王图像。也有反映历史题材的图像，如《荆轲刺秦王》（见图10-14）等，实际上也是汉代特定的儒家思想的反映（因为秦始皇焚书坑儒）。还有大量黄老思想在民间深深扎根的图像，如化羽升仙或祈求长生不死等，宗教崇拜的偶像——西王母的形象随处可见。这些图像的思想和行为反映出浓郁的民间色彩，虽然有与大背景文化相联系的群体文化一面，但总体上依附于民间文化层。同时，画像石是民间工匠所为，这些民间工匠既不属于宫廷画家，也不属于文人画家，其画像石的图像手法和风格，既不是"院体"也不是"士大夫"，而是民间手法与风格。这种在思想上属于中下层文化思想，制作上属于民间的技术，是一种朴素的民风情怀和民俗文化及心理。图像中展现的受各种思想影响的民间民俗的文化，凸显出了汉代人追求"人生幸福"的理想和信念。所以，画像石反映的是民间世俗阶层的文化状态。

图 10-14　汉画像石拓片　荆轲刺秦王
山东嘉祥出土

在社会结构上，汉承秦制，版图和政治制度高度统一。文化也在统一，尽管难以实现，但各个地区民间有了充分交流的机会，原有的地方文化之间的文化离层的格局被统一的制度打破了，民间习俗和文化大融合，相互影响。在这样的文化背景下，汉画像石的图像与内容自然体现出了南方荆楚、北方燕齐等地方民间文化"不约而同"的内容，从而使不同地区的画像石有一种"同构"的现象。无论是画像石图像的形式、内容等方面，还是形成的艺术风格，都是相同的因素多，这使民间文化集中和突出地走向深层与深刻。长江中下游楚文化的神性与黄河中下游儒家文化的人性完美地整合在画像石中。例如，西王母图像就是这种完美整合的形象，她是具有民间宗教崇拜性质的、具有常人形态的偶像，在汉代大面积地广泛流行，在河南、山东、四川、山西、陕西、浙江、江苏、湖南等地区的画像石中都能见到。

汉画像石图像彰显的汉代民间群体的思想信仰与习俗礼仪非常丰富，如《山海经》《淮南子》等记载的远古神话及其故事等是画像石图像的神怪主题。画像石常见的题材有伏羲举日（见图 10-15）、龙凤呈祥（见图 10-16）、伏羲女娲、祥禽瑞兽、仙人御兽以及乐舞百戏、车马狩猎、历史故事和人物等。个体化羽升仙的民间信仰也是画像石常出现的主题，图像中处处洋溢着升仙成道的喜悦和欢乐气氛，民众把死亡当作了升仙至乐的境界。因此，汉代的丧葬形式和祭祀仪式构成了民间工匠自由发挥艺术想象力和创造力的场所。画像石图像的主题意义显现了汉代文化的南北方的综合性和复杂性，其显现的文化主要表现了汉代人的思想信仰和习俗礼仪。由于汉王朝是由平民阶层建立的，因而大量的民间信仰与习俗逐渐上升为统治阶层的思想，在接承秦制的基础上，学术思想再次交融与整合，对外来的文化兼收并蓄。统治阶层为维系自己的统治，推行儒家学说，但"独尊儒术"的体制并没能真正实现，实际上是以儒家为主融合了道、法、神仙方术等多家思想。礼仪制度和礼仪行为转变为"神人接近"和"礼下庶人"，祭礼场所也由庙堂移迁到墓葬，正如王充所说"古礼庙祭今俗墓祀"。汉代墓室是"墓祀"仪式的特殊场所，帮助死者实现化羽成仙的理想，这个特殊的场所是一种得道升仙的精神空间。故此，死者的家族亲属甚至邻里都可以在这个特殊的空间得到心灵上的慰藉和精神上的寄托。正因为如此，墓主生前就开始制作墓室中的画像石，并希望亲戚邻里来参观建造完工的"享堂"。因此，对汉画像石的研究，应当放进家族墓地这个"场所"的整体布局中，它与整个墓室一起共同具有一种呈展教化的功能。家族墓地这个"场所"是对家族成员进行训教的最有力度的场所，也是凝聚家族意识的一个场所。

图 10-15　汉画像石
伏羲举日
徐州汉画像石艺术馆藏

图 10-16　汉画像石
龙凤呈祥
徐州汉画像石艺术馆藏

汉代画像石的树形图像在表现现实世界中的墓主生前生活状况时，如狩猎图中的树、农耕播种图中的树、庭院中配置的树等，所使用的创作手法一般比较"写实"。然而，在处理幻想的神话题材时却使用夸张的形象，图像奇异，创造了浪漫的、激情的、非现实世界的另类仙境，用形象化的图像语言表达汉民族对天国的幻想和信仰与对祖先等的崇拜。

丧葬方式中的画像石及其图像所传承下来的精神内涵和文化内容，显然是我国氏族体制传统文化。如果我们将汉画像石放进整个汉民族加以考察，那么画像石的特定的视觉图像，原定的以家族单位为轴心的祭祀或礼仪场所，便内升为表征和维系汉民族特性的共同的民俗民风文化，成为汉民族人们的情感认同和文化认同的重要对象，同时也内升为民族文化深层集体意识里的精神内容。这种游离于官方政治和文化之外、发生于民间、群体创作、流传于民间的画像石，通过生动的形象，体现了民间朴素而真实的民俗民风以及中下层文化和信仰。在某种程度上讲，画像石是我国汉代时期民间文化、信仰、精神和心理的重要且独特的符号系统，正是画像石的这种民间性体现了文化人类学的价值。画像石的图像生成，无疑在维系民族共同心理方面扮演着某种重要而独特的文化角色。

第五节　树形图像的档案学价值

远在五千多年前，当人类发明了文字，并用以记言记事时，档案就出现了。档案是人类由野蛮时代过渡到文明时代的产物，并伴随社会的发展而发展，从古老的石刻、泥板、纸草、甲骨等档案到纸质档案的产生，再到近现代照片、影片、录音、录像、机读等档案的出现，构成了丰富多彩的档案财富，记录着人类历史的足迹。档案广泛产生于各项社会实践活动，又应用于社会实践，不仅对形成它的单位或个人有参考价值，而且具有广泛的社会价值和长远的历史价值，是国家文献宝库中不可缺少的组成部分。自古以来，人类就重视档案的保存和利用，设置馆库、选派专人进行管理。到近代，特别是现代，各种档案的数量以惊人的速度增长，社会各个领域对档案信息的需求也普遍增长，档案工作也由简单的、封闭的、经验性的管理方式发展到复杂的、开放的、科学的管理系统，并成为国家的一项专门事业。

汉画像石是一种独特的档案载体，它忠实地保存了古代中国社会的相关信息，其中涵盖了诸如政治斗争、经济生产、社会生活、民俗信仰、思想观念等历史信息及文学、绘画、雕刻、乐舞、形象化的自然科学知识等。汉画像石以石头为载体，具有经久耐腐、不易损毁和不惧迁徙的特点，对汉代历史信息的保存具有原始性、直观性和不易篡改等优点。汉画像石的档案价值应引起足够的重视，有必要加强保护和整理，并将其与传世文献结合起来应用于历史研究、文化诠释、艺术借鉴等各个方面。

汉画像石兴起于西汉中期，盛行于东汉中期，至东汉末年衰落，它以独特的表现手法和艺术形式再现了中国古代政治、经济、思想、文化艺术等方面的内容，成为中华民族艺术宝库中的珍贵遗产。作为历史遗存，汉画像石也是金石档案的一种。"档案是社会组织或个人在社会实践活动中直接形成的具有清晰、确定的原始记录作用的固化信息"，其中原始记录性是档案的本质特征。汉画像石是汉代人们在社会生活中创造出来的一种艺术形式，它忠实地记录了古代历史的各种原始信息，包括传世文献中不可能出现的信息，因而具有极高的史料价值和档案价值。

一、汉画像石树形图像的档案学价值的具体体现

汉画像石以树形图像再现了文学、绘画、书法等多种艺术形式，是汉代先民艺术智慧的结晶，可称之为文学艺术档案。其主要体现在以下几个方面：

（一）神话传说

神话传说是文学艺术的一种表现形式，也是汉画像石中独具艺术特色的部分。

汉画像石中的大树都居于画面正中，体量巨大，占据了画面的绝大部分空间。人物的活动都是围绕大树开展的。可见，这些大树在人们心目中应是具有神性的非凡的树，可以为人们提供精神上的庇护与依赖，可能也具有社树的性质（见图 10-17）。

图 10-17 汉画像石
羽人饲凤、连理树
徐州博物馆藏

神话题材中树形图像造型独特、形态优美，其中常青树、连理树、扶桑、社树、摇钱树等是汉画像石中常见的树木题材。

（二）建筑模型及建筑装饰和图案

汉画像石描画汉代的门阙、厅堂、楼阁、桥梁等建筑式样，展示了丰富多彩的汉代建筑艺术的同时，还会辅以树形图案作为装饰点缀，使得汉画像石建筑装饰图案内涵明确。这些树形符号一般都有特殊的含义，象征着美好的祝愿和希望。

（三）舞乐百戏

汉画像石还淋漓尽致地表现了盛行于两汉的舞乐百戏，这是一种糅合了舞蹈、音乐、杂技艺术和幻术的综合性表演艺术，是汉代舞蹈艺术的真实写照。在这种题材形式中，树形图案被融入其中，它以曼妙、飘逸、灵动、精美的图像档案补充了书面文献表达的不足。

（四）绘画和雕刻艺术

汉画像石树形图像融合了汉代的绘画和雕刻艺术。绘画方面采取散点透视、焦点透视等手法，布局合理、重点突出，但各地画像石的绘画风格不尽相同，如南阳汉画像石构图粗犷、古朴，山东汉画像石繁华、细腻，陕西汉画像石线条清晰，徐州汉画像石有类浮雕。雕刻方面，汉画像石采用平面阴线刻、凹面阴线刻、平面剔底浅浮雕、横竖纹衬底浅浮雕、局部高浮雕等雕刻技法布局画面，主题鲜明突出，体现出深沉雄大的审美特点。

（五）自然现象

除了政治、社会、生活领域外，汉画像石树形图像中也有关于汉代自然现象的刻画。大约从西汉开始，直到东汉早期，汉画像石之中的树木都是以常青树为主，并且广泛用于天门、仙楼、仙山等环境之中，用以作为仙界的象征。从东汉中期开始，常青树渐渐衰落，人们开始热衷于使用连理木。这可能与从东汉中后期开始逐渐兴盛起的谶纬思想有关。不论是树还是禽鸟或者兽类，都强调其祥瑞性。仙树与瑞树是两汉的主要主题，其他如太阳神树、方位神树等也有极少数的存在。仙树与瑞树也并不是截然区分的，人们有时会在仙境内表现瑞树，将仙树与瑞树融合。

由此可以看出，汉画像石树形图像不仅是一部文学艺术档案，还是一部自然现场档案，对于我们研究汉代文化具有极其重要的参考价值。

二、发挥汉画像石档案价值的途径

（一）依据汉画像石载体的特点进行保护和整理

汉画像石作为金石类档案的一种，是以图画形式（部分有文字）镌刻在石质载体上。相对于龟甲兽骨、竹木简册、绵帛纸张等档案载体而言，汉画像石具有易于长期保存、不易毁坏、更能保持原貌等特点。从汉代至今的两千多年间，汉画像石能够保存下来，与顽石的坚固、笨重等特点是分不开的。与石头本身坚固持久的特性相对应，汉画像石档案的保存就具有了原始性、直观性和不易篡改等优点。

保护是使汉画像石发挥档案作用的重要前提，但正是由于汉画像石笨重的特点，在集中保存和陈列方面又受到各种条件的限制。在漫长的岁月中，不少汉代画像石墓被盗掘和拆毁，或流落民间，或挪作他用，或遗失荒野，或流落海外。为对汉画像石进行有效的保护，各地的文博部门通过建立博物馆等途径对汉画像石进行保护。例如，河南南阳建立了我国第一座专门收藏、陈列汉代画像石刻的艺术博物馆——南阳汉画馆。南阳汉画馆新馆建筑面积2700多平方米，藏品3000多件，被誉为全国建馆最早、规模最大、品种最多的汉代石刻博物馆。还有徐州汉画像石艺术馆、榆林汉画像石博物馆、吕梁市汉画像石博物馆、青岛汉画像砖博物馆等。（见图10-18）

图 10-18 徐州汉画像石艺术馆和南阳汉画馆

整理汉画像石也是发挥其档案价值的重要方面，各地展出的汉画像石仅为其中的一小部分，还有许多收集到的汉画像石有待进一步整理归类、考证和编录成册。目前，中国学术界已出版了大量的有关汉画像石的图书，其中2000年出版的《中国画像石全集》是当前收集汉代画像石图片最多的一套丛书。但还有大量的汉画像石没有著录，汉画像石档案的整理工作仍有待继续和加强。

（二）建立汉画像石的档案信息库

著录汉画像石是利用汉画像石档案的重要步骤，但仅此还远远不够。在当今信息化高速发展的时代，建立可以检索的金石类档案数据库已经是大势所趋，汉画像石也不例外。按照我们的构想，汉画像石资料数据库应包括图片和文字介绍两部分，每一幅图片都附有相应的文字资料介绍诸如出处、规格、画面阐释等内容。而检索词的设定可以是汉画像石建筑类别（墓、阙、祠、棺等），如"武氏祠"；也可以是画像石产地，范围从省级、市级直到具体的地名，如"南阳麒麟岗"；还可以是画面包含的内容，如"常青树""连理木""扶桑"等。这种资料数据库还需要定期更新，把最新的发现和研究注入其中。这是一项庞大的系统工程，通过设定条件的检索，能够快速准确地找到自己需要的画像石资料。

保护和整理是利用汉画像石档案的重要前提，要真正把汉画像石的档案价值发挥起来，还必须从各个方面加强利用。

（三）通过科学、客观的诠释，从汉画像石档案中获取尽可能准确、丰富的信息

与甲骨、缣帛、简牍等档案资料一样，汉画像石档案资料的价值主要体现在文化方面。汉画像石题材繁多，内容涵盖汉代的政治、经济、文化、艺术、宗教信仰等各个方面，历来为学术界所重视，成为研究汉代政治、经济、科学和文化的珍贵图像档案。档案信息的清晰、确定是档案的一个重要特点，在汉画像石被制作出来之时，人们所要表达的观念和所要传达的信息无疑是清晰明确的。但时隔两千多年后的今天，我们已很难准确把握汉代人的思想观念，所以在诠释汉画像石上产生一些分歧是难以避免的，为此必须用科学态度，利用传世文献，结合汉画像石的构图来诠释汉画像石所包含的内容，力求获得最准确的信息。

补史书之阙也是发挥汉画像石档案价值的重要途径。史书所记载的汉代历史只是抽象的文字，汉画像石以图画的形式直观记载历史。有些汉画像石题记上所记载的内容不仅能与史书相参照，还能够补史书之阙。例如，《后汉书·舆服志》对东汉的官僚服饰和用车制度有详细的记载，服饰和车马出行的题材在汉画像石中非常普遍，可与史书相参照。结合题记及墓主人的生平、爱好、官爵记载等能反映出当时的政治制度，而描画的生活场景和游乐活动则能补史书之阙，是极为珍贵的参考资料。

汉画像石是研究汉代文学艺术、丧葬礼俗的宝贵资料，其广泛的题材、翔实完整的内容为研究汉代的政治、经济、文化、艺术、宗教信仰等提供了珍贵的图像档案。汉画像石中的树形图案装饰艺术值得我们借鉴，把汉画像石树形图案的造型、构图、文化内涵等应用到今天的图案装饰、艺术设计中去，定能产生返璞归真的美感，令人耳目一新，使古老的汉画像石艺术焕发生机。

总之，汉画像石是中国古代艺术的重要组成部分，树形图案又是汉画像石的重要组成部分，是汉代遗留下来的无与伦比的艺术瑰宝。它用图画的形式为研究汉代历史提供了宝贵的历史资料，以其丰富的文化信息反映了汉代社会生活的方方面面，给我们留下了珍贵的直观图像资料，有着极高的档案学价值。我们应通过各种途径，使汉画像石的档案学价值得到最大限度的发挥。

第十一章　汉画像石中的树形图像
对现代设计的启示

随着时代的变迁、经济的发展，现代设计作为一种装饰艺术有了更大的发展空间。现代设计的发展离不开对传统文化的借鉴，其中就有画像石艺术，对于汉画像石树形图案的借鉴更是不在少数。汉画像石是中国古代墓葬壁画装饰中的一种艺术形式，其内容、造型、布局安排对现代装饰艺术有着重要的借鉴意义。目前，现代设计在借鉴画像石方面虽有一定发展，但相比画像石丰富的装饰语言，还需进一步研究和借鉴。

第一节　树形图像艺术的现代化转化

在谈汉画像石的现代化转化尝试之前，有必要将"现代化转化"做一个分析，以明确什么是"现代化"的"转化"。"现代化"凸现的是"现代"的特征，即现代的意识、观念，但无可否认的是，现代化并非凭空而生，而是根植于几千年的中华传统。随着时间的推移、科学的发展、技术的进步，现代人的生存环境与古人已有大不同，这些差异性导致了现代人思考的问题与古人不同，对宇宙及世界的看法与古人不同，对艺术的看法也与古人不同。虽有不同，但由于历史脉络的连续性，内在的精神性却流传了下来，这就决定了"现代化"是立足于传统根基之上的现代意识的体现。"转化"表明的是一种变化，不是复古照搬。

在理解了"现代化"和"转化"的含义后，对于"汉画像石树形图像艺术的现代化转化"就明确了，即对汉画像石树形图像艺术中的艺术语言加以吸收、借鉴，并能体会其时代精神，创作出立足于中国传统艺术精神根基之上并具有现代特征的作品。这其中包括了两部分的内容：一是艺术语言的吸收；二是时代精神的体会。二者是相辅相成、不可分离的，在艺术语言的吸收中必然能体会到艺术作品所反映出的时代精神，而时代精神的体会可以使艺术语言的吸收更加到位。

185

从原始艺术到现代艺术，线条作为最基本的绘画元素在画面中一直占有着重要的位置，特别是在中国，"以线勾勒，施以淡彩"是中国人作画的思维模式。从已出土的汉画像石中可以看出，以线条为主的造型手法是汉画像石树形图像的主要特色。汉画像石树形图像无论是奔放洒脱的粗犷线条，还是表现细节的工细线条，都代表了汉代艺术工匠们驾驭线条的高超的艺术水平。汉画像石所先显示的线条表现特性应该是中国艺术传统发展成熟期的标志，具有承上启下的作用。汉画像石中的线条韵律给中国绘画带来了深远的影响。在现代艺术中，线条亦是重要的角色，而汉画像石中那些表现事物本质，有着抑扬顿挫、动静虚实之美的线条艺术，正是值得我们借鉴和学习的地方。

线是绘画中的一种造型手段，它的形态千变万化，有粗细、长短、曲直之分，这些不同形态的线条经过一定的编排组合会给人以不同的情感特征和审美效果，有的粗犷豪放，有的细如流水，有的清秀优雅，线描是对客观事物的一种高度概括，在汉画像石中我们就可以感受到，只有舍弃一些烦琐的细节，才能表现出事物最本质的特征。

夸张变形也是汉画像石艺术的一大特色，也正是因为运用了这种表现手法才使得汉画像石树形图像更加具有艺术的魅力，雄健豪迈，有一种震撼人心的力量。汉代艺术工匠们在表现物象的时候，敢于省去一些烦琐的细节，抓住事物的本质特征，运用丰富的想象力，打破原有物象的形态，对树木的动势、神态等进行适宜的夸张变形，从而彰显出事物的精神气质，使其形象更加鲜明、富有个性。

不夸张不足以表现胸中的雄壮气势，不变形不足以表现世间的神灵万物。汉画像石中的树形图像种类丰富、形象生动，往往都被赋予了夸张的运动感，造型规律多呈"S"形，如枝干交缠环绕的双株连理树等堪称经典。

艺术是一种对现实客观世界进行再创造的创作，它需要画家在主观审美意识的引导下进行创作，因此，夸张与变形的手法在现代艺术中更为重要。夸张与变形并不意味着所描绘的形象要完全脱离客观事物，而是追求一种"似与不似之间"的境界，这也是中国传统的审美思想。我们在描绘客观世界的同时，又将主观精神表达出来，这样的作品才更加具有艺术美感。

中华民族的艺术历来就非常重视"以形传神"这一美学观念。通观美术史，从新石器时代开始，人们就已经创造出很多传神的作品，如汉画像石中的连理树、社树、扶桑、枣树等，这些作品都达到了气韵生动的传神效果。南朝谢赫在《古画品录》中提出"气韵生动"的说法，所谓"气韵生动"就是指作者要以生动的"气韵"来表现对象的内在精神与神韵。这一观点成为中国艺术创作与批评的标准，也给我国现代设计的发展带来了深远的影响（如图11-1所示，山东省石刻艺术馆内，学生在写生创作）。

在20世纪30年代，鲁迅曾被粗犷奔放的南阳汉画像石所折服，他认为"唯汉人石刻，气魄深沉雄大"，这些看似古老残缺的东西中依然留存涌动着新鲜的艺术生命气息与光芒，表现了中国传统文化上升期昂扬饱满的精神风貌。他认为，中国的版画就可以从汉画像石艺术中汲取精华，再结合明清的书籍插图以及欧洲的技法，可以更好地创造出具有中华民族特色的版画插图。

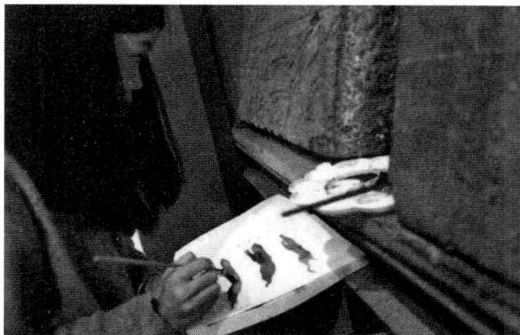

图 11-1　学生在山东省石刻艺术馆写生

　　的确，笔者在翻阅大量资料的同时也被汉画像石艺术的魅力所吸引。汉画像石是汉代出土存量最丰富的文化遗存，它表现了丰富的图像，有天上神灵、仙界景象、人间生活、冥间鬼蜮等大千世界，堪称中国的图像艺术史。汉画像石具有形式美感的构图艺术，树形图像中蕴含生命张力的线条艺术以及多种表现手法的结合形成了别具一格的视觉形式，这也是中国美术史上具有代表性的视觉形式，它对中国后世的美术产生了深远的影响。而中国现代设计的视觉语言，更应该充分地从中国这一土生土长的艺术形式中汲取营养，如汉画像石中上下分层、密实饱满、疏朗大方的构图模式，抑扬顿挫、动静虚实之美的线条艺术，夸张变形的表现手法以及以形传神的美学观念等。将汉画像石树形图像中所流露出的积极进取、奔放自信的时代精神注入现代设计中，再结合现代视觉审美观念，创造出具有中华民族特色的现代设计。

第二节　树形图像在现代设计中的应用法则

　　我国传统图形符号发展到今天已经有几千年的历史，具有很高的历史文化价值和艺术文化价值。这些传统图形符号随处可见：新石器时代的彩陶纹样与刻绘在崖壁上的岩画，商代青铜器上的饕餮图纹，春秋战国时期的蝌蚪文、梅花篆，汉代画像石上的树形图像，唐代的宝相花纹以及后来的金文等。这些图形随着时间的推移、历史的变迁，随着科学技术、材料工艺的不断演进，以及与外来文化不断融合而不断地延伸演变，从而形成了中国特有的造型艺术体系。这一体系凝聚了中华民族几千年的智慧精华，同时也体现出了中华民族所特有的艺术精神。

"传统"与"现代"之间的关系，是所有艺术门类关注的问题。现代设计也是这样，中国艺术设计现代转型应该注重传统文化的传承与现代发展的问题，深入我们的传统图形中去提取精华，古为今用，形成我们自主的设计立场和设计文化立场。

中国的现代设计艺术要走出一条自己的路子，必须依赖于中国丰厚的设计传统，把自己的双脚深入自己的传统中去体验和感受，通过其"形""意""神"来形成我们自主的设计立场和设计文化立场。

一、汉画像石中树形图像的"形"

作为中国传统图形的画像石树形图像是植根于民族性、地域性的传统艺术渊源中的，与现代图形的造型方式有着许多不同的地方。画像石树形图像主要注重的是实形或称为正形的完整性与装饰性，关注形与形之间的呼应、礼让和穿插关系。例如，由黑白两个鱼形纹组成的中国最原始、最基本的吉祥图形"太极纹"；由三个相同的小三角形叠加而组成树木的形状，这种叠加的处理方式，就是借鉴了汉画像石中原始的树形图像构建方式。

根据其"形"来创作，自然不是简单的照抄照搬，而是对传统图形的再创造。这种再创造是在理解的基础上，以审美观念对传统造型中的一些元素加以改造、提炼和运用，使其富有时代特色；或者把传统造型的造型方法与表现形式运用到现代设计中来，用以表达设计理念，同时也体现民族个性。

二、汉画像石中树形图像的"意"

从古至今，世世代代，人们之所以反反复复地描摹着同一个图形，不仅仅是因为它的外形具有多么美好的欣赏价值，更重要的是在于我们所看到的这些传统图形后面往往蕴藏着更多更深的吉祥意义。外在形态是内在意义的表达方式，是内在含义的外化和物化。所以，最初只是源于人们对自然和宗教崇拜的画像石树形图像，经过时间的演变，进而延伸出期盼"生命繁衍昌盛，生活富贵康乐"等许多美好象征意义，一方面通过新的造型发展传统的寓意，另一方面在传统的寓意中变革、发展原有的图形。

三、汉画像石中树形图像的"神"

虽然"形"在每个时期的变化往往与前一个时期大相异趣，但我们仍能感受到在这些形式多样的造型中所特有的精神气质。不论是彩陶上稚拙的鸟纹和蛙纹、青铜器上狰厉的饕餮，还是画像石中的树形图像，在经历了漫长的时间的洗礼之后，仍然呈现出一种惊人的生命活力，感动着我们现代人。而这种神韵的承传源于中国传统的造型观念，即中华民族特有的哲学观念和审美意识。

中国传统美学强调的是主客统一的"整体意识"，认为万事万物都是一个和谐统一的整体，都遵循同一个本质规律，因而中国古代的艺术家始终致力于"以整体为美"的创作，将天、地、人、艺术、道德看作一个生气勃勃的有机整体，把人的情感赋予物的形式，借物抒情、以形写意、形神兼备。在这种"天人合一"的整体的世界观与"物我同一"的审美观念的观照下，中国的造型艺术表现形式不重"写实"重"传神"，不重"再现"重"表现"，注重表现整体造型的气势，而不是对客观对象事无巨细的全盘描绘。

对于"形"和"意"的沿用，可以说是对传统造型的一种浅层次的发展和提升，而一种新的民族形式的创造，是需要我们摆脱美学传统的物化表象，进入深层的精神领域去探寻的。我们只有在深入领悟传统的艺术精神、充分认识来自现代西方的各种设计思潮的基础上，兼收并蓄，融会贯通，寻找传统与现代的契合点，才能找到真正属于我们本民族的，同时又能够为国际社会所认同的现代设计。

通过对"形"的解构、重构，来表现现代的"意"，传递出民族的"神"，这是一个整体的过程。"意"与"神"的表达在"形"的塑造之中。技术的发展已经给了我们更多有效的手段去把握"形"的本质，但是对于"意""神"的表达却在于设计师内在认识、理解的水准，而所有这些前提都在于我们至少要将一只脚伸入我们的传统之中（如图 11-2 所示，汉画像石树形图案的应用设计）。

图 11-2　汉画像石树形图案的应用设计　王志刚

第三节　树形图像在现代设计中的运用

　　画像石树形图像对于今天的文明来说，已是过去，无论哪一时期流行的纹样或造型艺术，都只适合于当时的社会环境与人们的审美水平。时至今日，人们对艺术的审美已有较大改观，传统艺术中繁复的花纹以及饱满、平稳、对称的构成形式，已不能满足人们追求新颖、独特的视觉要求。在设计提倡"发掘传统、体现民族特色"之时，一些设计者将传统图案原封不动地搬进我们的生活，多少会显得"格格不入"。艺术总是在不断推陈出新，在我们面对这些传统素材时，如何将其应用于现代设计，这是我们不断求索的问题。

　　同时，新思想、新观念以及国外的各种艺术思潮的涌入，给中国的传统文化艺术带来了前所未有的冲击。那么，画像石树形图像该如何继承和发展？设计师们要对几千年沉积下来的民族文化瑰宝有深入的学习和研究，才能感悟到如何去更广泛地取材、如何利用传统图形艺术特点来表现现代的精神观念，赋予其新的活力和新的生命，这对于进一步构建具有中国特色的现代设计理论体系具有现实意义。

一、中国现代设计现状及发展趋向

（一）中国现代设计现状

在中国，自改革开放以后，现代设计的概念才开始真正进入中国。从此，我们通过直接或者间接的方式对西方现代设计进行了认识、学习和模仿，在短短的二十多年里，遍尝了现代设计的各种风格，可以称之为中国的"追赶型设计"时期。虽然这使我们对当代世界设计潮流、设计思维有了一定程度的了解和掌握，但是这样做的另一个后果却是，我们在不断的模仿、抄袭中丧失了自己的创造力与个性，难以形成自己的设计风格。

（二）中国现代设计发展趋向

设计不仅仅是一种市场、经济行为，更是一种文化和美学行为。近年来，越来越多的中国设计师开始注重设计中的本土文化因素，并涌现出一大批优秀作品。设计师已经深刻体会到，优秀的传统文化与现代设计最终融合并共同发展，这才是中国设计师追求的目标。在今天，各种文化体裁之间的界限正在消失，设计师应将历史进程中流传下来的本土文化精髓加以消化，创造性地而不是怀旧式地，赋予传统元素新的生命。"一个国家和地区的设计产品在国际产品语境中，所体现的不仅仅是一种物质性的物品，而且也是一种文化理念、一种美学观念、一种整体形象。设计在当代国际政治经济文化和技术条件下，它所体现的已不只是赋予有用性物品以形式和外观的行为，而是体现一个国家和地区的整体文化形象和美学风格的创造性行为。"所以，中国现代设计的发展趋向必定是以自己的传统文化为根基，并结合国际化的元素来进行设计。

二、现代设计中画像石树形图像的重构

艺术是需要不断创新的，但是，我们也不能因为要创新，要"前无古人，后无来者"，就对画像石树形图像一概加以否定。创新，对画像石树形图像与艺术而言，是扬弃，不是否定。如果割裂了传统与现代的联系，那么，现代艺术与设计也将黯然失色。在传统图形的创新设计中，"民族化"并非将传统图形与设计载体简单相加。未经提炼和修改的设计是没有"设计性"可言的，那些照搬的传统素材仍属于历史，而不属于现代。用现代设计手段及表现语言对传统图案"元素"加以选择、加工或改造，在不脱离原有风格特征的基础上，使其成为符合当下人们审美要求的装饰图案，再现于我们的现代平面艺术环境中，这才是关键。那么，我们在现代设计中对于画像石树形图像应该如何运用呢？

首先，要对图形元素进行解构。在创新设计中，对元素的解构是指对图案元素的形态进行分解，将其分为特征部分和可塑部分。特征部分是传统图案元素特有的，可作为

识别依据的部分，在设计中要予以保留，以使受众由此辨识出来。受众在辨识的过程中会加深对传统艺术的印象。因此，保留下来的特征部分，可使传统的艺术面貌在新的设计形式中得以传承。可塑部分是指图案元素中可大胆改变并具有一定可塑性的部分，即非特征部分。在设计中对于这些部分要挖掘其再造重塑的可能性，进行创新的重建。例如，图 11-3 运用了汉代画像石中的树鸟纹，并对原图进行了解构、重构，保留了其特征部分，加进了一些设计的主题元素。图形中树的果实和女性乳房相结合，暗示人类与自然的关系，自然哺育人类、养育了人类，从而警示人类认识到自然的重要性，要保护自然环境。图 11-4 同样也是，取自汉代画像石中的树纹，并融合了人类劳动的图案，表明人类的生命与自然的关系，劳动、生命以自然为基础，自然环境遭到破坏必然会威胁到人类。

图 11-3　招贴设计生命树 -1
王志刚

图 11-4　招贴设计生命树 -2
王志刚

其次，解构之后要对图形元素进行归纳。在树形图像中寻求简化的规范图形并不难，传统装饰中，动植物的仿生纹样一直是主流。它是人与自然密切联系的产物，具有亲和力。这种纹样介于具象与抽象之间，保留部分具象形态特点，又通过大量的夸张、变形，使之简化、规范化，最终还是归结到以形式感取胜的装饰效果。它不是对植物或动物的摹写，不必追求再现自然形态，重点是在自然形态中吸取形式变化的灵感。归纳造型的妙处在于注重轮廓，并通过轮廓来表现形象，无论是造型朴实优美、风韵自然，还是线条婉转流畅、疏密相宜，都是靠提炼来传情达意的。设计师可通过归纳的强烈装饰效果和视觉特性，增强传统元素的现代美感。

最后，对图形元素进行重构。对于美的形式来说，仅仅停留在形态上的简化、秩序化阶段是不够的，通过进一步调整内容的组织秩序和结构，丰富形式变化，才能满足人们多样化的审美需求。研究多种秩序关系中适度变化的规律是更为复杂的秩序化方法，也是传统图案创新设计的关键所在。汉画像石树形图案的构成形式大多以对称为主，表现出平稳、规则的艺术特征。而现代设计则多强调变化、讲究动感以及丰富的色彩层次，以求引人注目，既要突出时尚简约的艺术风格，又要体现出强烈的视觉冲击力。因此，我们可以在借助原有图形的文化底蕴的基础上对画像石树形图像进行删繁就简、净化提炼和想象再造。现在，从以下五个方面叙述现代设计中画像石树形图像的传承与创新。

（一）繁复图形精简化

传统图形符号中装饰意味比较浓厚的图形形态相对来说比较繁复，形态表达中装饰性的线条和色块比较多。所以，我们可以对其形态的核心要素进行总结，在保留其精粹的基础上结合现代设计的手法，遵循韵律、节奏、对称、权衡、调和、比例、对比等形式美法则将其精简。从繁复到精简的过程，可以使图形更简洁、更具有现代感。

（二）图形符号抽象化

图形符号的发展经历了从写实到写意的过程，尤其是当图形符号具有了特有的含义之后，其表现形式中由写实到写意、从具体到抽象的演变过程就更加明显了。传统图形符号中装饰性图形抽象的过程可以理解为精简的过程，即总结与分析图形的构图，图形的点、线、面等形式要素以及形式要素之间的组合关系，删除烦冗的过程，使得画像石树形图案更加具有现代感的过程。

对于具有特殊含义和指示功能的图形符号来说，其图形抽象化的过程则是进一步把握和揣摩其含义与意境精髓的过程和写意的过程。因为这类符号具有较好的可认知度，所以抽象化的过程并不完全受到画像石树形图像原始的构图、造型等外在形式的限制，对于含义和意境的演绎是关键。例如，香港凤凰卫视的标志，取形于在传统文化当中具有吉祥寓意的双凤盘日纹样，但又不拘泥于其原始造型，抽象化后的图形在体现其吉祥寓意的同时更具现代感。

不论是装饰性的图形符号还是具有特定含义的图形符号，图形的抽象化对其形态都有着不同程度的延续，在表达其特定含义的同时给观者更多想象的空间，这也从另一个角度丰富了图形的文化内涵。

（三）表现维度变化

现代设计中的传统图形符号，运用比较成功的多是表现在平面上的。但是，现代设计中对于传统图形符号的表现形式不能仅仅局限于平面这一维度。在画像石树形图案的重构中，维度上的转换同样可以给传统图形符号带来新的视觉上的变化。

传统图形符号中维度的变化可以简述为两个方面：一是通过维度的增加来丰富图形符号的形象。例如，将平面的图形符号形象转换成立体的空间形象，从维度的增加上来增强传统图形符号的表现力。二是通过维度的递减来使传统图形符号形象变得简洁明快。

（四）视觉动态化

在传统图形符号几千年的发展历程中，文化的更迭丰富了传统图形符号的内涵，带来了传统图形符号表现内容的变化；技术的发展则带来了承载符号的载体媒介的变化和表现方式的变化。载体媒介的变化对于传统图形符号的发展来说，也有着巨大的推动作用。

随着网络的发展和数字图像技术日趋成熟，出现了很多的网络影像艺术。在网络影像艺术中，存在着大量动态的、静态的、真实的、虚拟的等各式各样的图形图案。传统图形符号摆脱原有载体对于形的束缚，结合网络影像艺术来寻求与以往截然不同的视觉上的动态化表现。

（五）中西合璧

画像石树形图像在现代设计中的应用不是简单的生搬硬套而是合理的应用，画像石树形图像的价值不只是形的外在表现，更多的是其内在的感性的寓意与哲理。所以，在对"形"的重构中不应该仅仅是拘泥于原有的形态特征范围内对它们进行增、减、拼合，我们应该将现代设计中好的设计理念、好的设计元素和艺术表现手法与画像石树形图像相糅合，从而进行再创造（如图11-5所示，王志刚、臧之筠的书籍设计《美哉生肖》）。

图11-5　书籍设计　美哉生肖　王志刚、臧之筠

综上所述，在树立本土文化设计话语和解决发展传统的问题中，画像石树形图像的重构起着至关重要的作用。无论现在还是将来，传统图形符号都会成为设计中的重要元素之一。我们在借鉴西方设计理念的同时也要融合传统图形符号精华，在传统与现代、东方文化和西方文化的糅合中，寻求我国传统图形符号的传承与创新。

三、自然设计对树形图案的传承

自然是设计永恒的主题。当代艺术的表现特点并不在于特定形式的具象或抽象、视觉的再现与表现，而在于强调自然的种种象征性意韵，运用意象、隐喻、符号等方式，传达人类回归自然的愿望，体现当代设计的必然趋势。当今信息传递逐步朝着符号化形式发展，人的思维、相互之间的交流方式及人对各种信息的接受和表达都离不开符号化的设计，从而使有象征意味的符号化设计变得尤为重要。此外，随着人们精神文化需求的日益提高，现代设计不仅要富有新颖的设计形式，更要有深厚的设计内涵和文化底蕴。在中外文明史中，产生过很多经典的图形符号，有些符号甚至在原始社会就已经出现，随后在不断的发展和流传过程中，融汇了多方面的因素，从而成为一个语义丰富的文化象征体。

人类的艺术史与设计史都有一个永恒的表现主题——自然。大自然中存在着比例、对称、平衡、肌理、协调、对比、线条、形态、光影、色彩等这些视觉形式的几乎所有要素。对人类而言，自然是取之不尽、用之不竭的设计资源。当代设计师的任务是要探究自然形式的内在运动规律，而不仅仅是描摹自然的外在形式。了解与获得艺术与视觉的抽象语言虽然可以离开自然的表象，但离不开它的规律。

树作为自然界中一种充满生命力的植物形态，它同时存在于各种内在与外在的表现形式当中。在人类文化的发展史中，树造型也大量地出现于许多图腾、绘画、建筑与雕塑中。有趣的是，它所表达的含义在世界各民族中出现了许多类似的含义，除反映大自然现象外，有极大部分是在传达生命的特质。树造型无论是古今中外或是在各个不同的民族中，其运用于生活、宗教等方面的频率非常高，这说明了树造型在视觉设计领域中是非常值得深入探讨的。

据文献归纳可发现，大部分对树形态的探讨皆以日常生活所认知的树造型为主，或者是从大自然中所呈现的树形态出发，但笔者认为，这些研究仅止于树造型的表象接触而已。如果换个角度切入探讨，树其实潜藏于人们意识的深层记忆当中，诸如哲学、原始思维、心理、神话、美学等领域中，其实都可发现树的踪迹。我们通过对自然物外在形态和内部构造的观察和分析，可以创造出与之关联的图形符号，但我们的任务不仅仅止于这种对形态的描摹和抽象，自然形态的内部发展变化规律同样是需要我们去研究和发现的，并使之成为新的设计资源。

自然界万事万物的存在是因为它的生长变化和发展符合了自然科学规律，从而获取了生存空间、资源和可能性。符合自然规律的事物可以经受得起时间的考验和环境的变迁，成为自然界智慧与理性的结晶，不符合自然规律的事物必将被自然淘汰。当我们观察自然界中的事物时，不仅仅是因为它的外在形态给我们视觉上的冲击力，更重要的是它的发展变化规律显示出一种强韧的生命力和对自然界的适应性。比如，我们观察宇宙中的银河系时，它向外无限扩展和延伸的特征符合宇宙的基本规律。由此，我们也可以联想到树造型。在现代视觉设计领域，树造型正逐渐成为重要的一员，它带着充满神秘感的外形和厚重的文化心理积淀，正慢慢地走向我们的现实生活，成为当今设计的重要组成部分。因此，对树造型的研究和应用，应该成为现代设计工作者的重要课题之一。

参考文献

［1］蒋英炬，杨爱国．汉代画像石与画像砖［M］．北京：文物出版社，2001.

［2］汪小洋．汉墓绘画宗教思想研究［M］．上海：上海大学出版社，2010.

［3］王建中．汉代画像石通论［M］．北京：紫禁城出版社，2001.

［4］信立祥．汉代画像石综合研究［M］．北京：文物出版社，2000.

［5］张道一．汉画故事［M］．重庆：重庆大学出版社，2006.

［6］朱存明．汉画像的象征世界［M］．北京：人民文学出版社，2005.

［7］范澍宁．汉画图像的形态特色［J］．美术界，2007（9）：60.

［8］冯军平，郝慧芬．离石汉代画像石的题材分类［J］．吕梁教育学院学报，2012，29（2）：134-136.

［9］冯林华．汉画像石的造型形式与艺术特征［J］．陶瓷学报，2012（2）：251-254.

［10］高明．汉画像石中"树"的图像［J］．文艺研究，2010（9）：135-137.

［11］韩冰．汉画像石的平面装饰方法简析［J］．中原文物，2014（3）：85-88.

［12］韩春明，孙雪．浅谈中国传统图形符号在现代设计中形的重构［J］．艺术与设计（理论），2011（4）：58-60.

［13］胡军．汉画像砖石中"树"图像特征研究［J］．中华文化论坛，2015（2）：103-108.

［14］黄雅峰．南阳汉画像砖石动物题材的艺术构成［J］．美术研究，1994（2）：10-15.

［15］黄雅峰．汉画像石的雕刻方法分析［J］．包装世界，2008（6）：112-113.

［16］李倍雷．汉代画像石图像中的文化人类学价值［J］．艺术百家，2004（5）：122-124.

［17］李波．谈谈汉画像石的彩绘［J］．美术观察，2012（11）：109.

［18］李晨．汉画像石祥瑞图像的发生学探讨［J］．大众文艺（理论），2008（12）：127-128.

［19］李海燕.汉画像石画面处理的艺术风格浅析［J］.山东省农业管理干部学院学报，2008（1）：154-156.

［20］李晓辉.传统图形符号与中国现代设计［J］.科技风，2009（4）：307.

［21］李英.论汉画像石的档案价值及其利用［J］.郑州大学学报（哲学社会科学版），2012（3）：153-156.

［22］陆南，王婷婷.论传统图形符号的艺术内涵［J］.河南工业大学学报（社会科学版），2010（4）：101-103.

［23］邱楠.汉画像石图像构成元素的表现形式研究［J］.陕西教育（高教版），2012（10）：14.

［24］孙静祎，黄茜文.汉画像石中"连理树"图像的内涵考析［J］.三门峡职业技术学院学报，2016（2）：103-106.

［25］唐建中."树"在汉代画像石中的造型格式［J］.装饰，2012（6）：72-73.

［26］王良启.试论汉画像石的艺术成就［J］.中原文物，1986（4）：83-86.

［27］王倩.论陕北汉画像圣树符号的宇宙论意义［J］.白色学院学报，2013（3）：15-22.

［28］王倩.汉代石椁墓神树图像方位结构研究［J］.民族艺术研究，2020（3）：24-32.

［29］王亚军.论汉画像石的灵魂信仰和象征艺术［J］.文物世界，2011（2）：22-24.

［30］王志刚，臧之筠.汉画像石中树纹的审美特征［J］.艺术评论，2016（9）：152-154.

［31］吴迎迎.浅析汉画像中的树木图像［J］.美与时代，2010（11）：47-49.

［32］徐亚慧.汉画像石构图方式之空间透视探究［J］.美与时代，2008（7）：48-49.

［33］杨爱国.五十年来的汉画像石研究［J］.东南文化，2005（4）：31-37.

［34］杨赫，杨孝军.汉画像石中树图像及其象征意义探析［J］.文物世界，2016（3）：25-30.

［35］张华珍，项章.楚"神树"研究［J］.江汉考古，2003（3）：73-79.

［36］张若晖.自然形态之意象于现代设计中的应用：以树造型为例［J］.科协论坛，2012（2）：108-109.

［37］张晓青，陈华.中国传统图案创新设计探讨［J］.安徽文学，2009（9）：171.

［38］郑立君.也论汉代画像石图像的构图方式［J］.杭州师范大学学报（社会科学版），2009（5）：117-120.

［39］周保平.对汉画像石研究的几点看法［J］.东南文化，2001（5）：32-37.

［40］朱存明.论汉画像石的地域分布及特征［J］.地方文化研究，2013（1）：14-22.